哲學、科學與邏輯、語法，以及其他

英文譯作

殷海光——著

五南圖書出版公司 印行

目錄

譯著：《哲學、科學與邏輯、語法》

單篇譯作

附錄

譯著

《哲學、科學與邏輯、語法》

序

這本書所敘述的，是一九三四年十月我在倫敦大學三次講演底內容。本書底第一章已經在《心理年刊》（一九三四）發表過；本書的印行，得到倫敦大學出版部基金的補助，我要謹致謝意。

我要在這本書裡說明我們維也納派所用的哲學思辨方法之主要的特色。我們用這種方法並且使他能進一步發展。這種方法是科學之邏輯的解析，或者，比較精密地說，是科學語言之語法的解析。在這裡我們只直接地討論到這種方法底本身；而我們由於引用這種方法所產生的種種特別的主張，則無寧是用舉例之形式表示出來的（例如，在第一章中，我們底經驗論的和反形上學的主張；在末一章裡，我們底物理主義的主張）。

這本書底目的——正如這些講演底目的一樣——是給那些還不知道我們底方法以及我們底問題和研究底趨向的人以初步的印象。所以，這本書底敘述形式，是比較注重到使一般人易於了解，而不甚著重於科學的精密。而比較精確的，因此也就是比較適於作爲論證之基礎的說法，則見於拙著《語言底邏輯句法》（*Logische Syntax der Sprache*）。

卡納普（R. Camap）波拉格（Prague），十一月，一九三四年

譯者引言

維也納學派是歐洲大陸年來新超的一個學派，維也納學派底學者們在一九二九年發表了一個正式的宣書，說明他們在哲學方面的態度，而「維也納團」（Wiener Kreis）這個名稱也就在這一年開始出現。自一九二九年以來，這個學派底學說經過了相當的變革；這個學派底學者有的故去，有的散處四方。維也納學派底領袖是石里克教授（Prof. M. Schlick）。他曾執教於維也納大學。不幸得很，在一九三六年的夏天，他在維也納大學圖書館前爲一患神經病的學生所刺殺。此後，維也納大學裡就沒有維也納學派底領袖之繼承人了。

本書作者卡納普教授也是維也納學派底學者之一。他底著作很多。他不但對於邏輯解析方面有很大的貢獻，而且對於維也納學派底哲學之系統化這一方面也盡著很大的努力。他是維也納學派底一支派的極端物理主義底創始人之一。卡氏現在美國大學裡任教。這一本書是卡氏於一九三四年在倫敦大學的演講整理而成的。在這一本書中，卡氏所注重的是維也納學派底方法論；而對於這一派在哲學方面的立論，也有簡明扼要的敘述。譯者爲了使讀者對於維也納學派底哲學有一個梗概的了解起見，在讀者未讀這本書之先，要將這一派哲學作一個簡略的敘述。

我們現在通常將維也納學派底哲學叫做邏輯徵實論。我們之所以用徵實論這個名字來稱謂這一派底哲學，乃是說它是經驗派的，是反對形上學的；我們用「邏輯的」來形容它，這是表示他們所用的方法乃是邏輯解析。從這個名稱——邏輯徵實論——我們就可以看出這派哲學底特色了。

所謂邏輯解析，可以說是語言底研究之一種。語言不能不用符號表示出來。所以邏輯解析可以說是符號研究之一種。這種符號的研究，所注重的是意義條件，眞假條件，以及推論條件。本書是邏輯解析之一個扼要的介紹，因此譯者在此可以不必多說。我們所要在這裡討論的，乃是根據這種解析所得到的結果。

一、**意義學說**：一個命辭底意義，就是它底徵實之可能性，而凡是沒有徵實之可能性的命辭，則都是沒有意義的；甚至於根本就不能說它是命辭。我們現在要將這兩句話解釋一下。「意義」本來是意義含混的一個名辭。我們在這裡所說的意義，可以說是理論的意義。通常的語言有兩種功用。一種用是表達情感；另一種功用是直敘事實。詩的語言是表達情感的；而科學的語言則是直敘事實的。表達情感的語言也有某種意義，否則我們不能了解它。但是，根據維也納學派底說法，這種語言沒有理論的意義。因爲它們沒有徵實底可能性。

這裡所謂的徵實，乃是在經驗中的徵實。譬如說，「北海中有五個亭子」，這句話是可以徵實的：我們可以走到北海中去看看，數數北海中的亭子。北海，北海中的亭子，我們數亭子的動作，都是可以經驗的。我們在這裡所說的可能，是理論上的可能，或意義上的可能，而不是事實上的可能。因爲，在事實上，我們也許不能夠到北平去做這一件事情。然而，像「宇宙底要素與原理是水」這樣的講，在理論上沒有徵實底可能。因爲，根據界說，所講宇宙底要素與原理，是超經驗的。既是超乎經驗的，所以不能在經驗中來證實。

二、**反對形上學底理由**：形上學到底是什麼，是不大容易說的。不過，根據一般哲學家對於形上學的了解看來，形上學是關於超乎經驗的事體之學說。超經驗的事體不在經驗範圍以內。所以，關於超經驗的事體的語言也就沒有徵實之可能；因此也就沒有理論的意義。維也納學派反對形上學，不是說形上學的語句在事實上不能徵實，而是根據界說，就無徵實之可能性。形上學的語句只有表達情感的功能；因此只能予我們以情感上的滿足。以往的哲學著作中的形上學裡面，也許有些部分不是關於超乎經驗的事體的。這些部分的命辭當然有理論上的意義。因此，也就有在經驗中徵實底可能。不過，這樣一來，它們就不屬於形上學，而是屬於經驗科學了。

三、**哲學底性質**：有理論的意義的命辭都有徵實底可能。而徵實既是在經驗中的徵實，所以凡屬有徵實的可能的命辭都是在經驗科學研究範圍之內的。關於超經驗事體的語句都是沒有意義的。哲學不是發現「理智的眞理」之一種研究；因爲並沒有這種眞理。哲學就是邏輯語法底研究。哲學分析命辭，分析命辭底系統；尤其是要分析經驗科學底命辭，經驗科學底命辭之系統。所以維也納學派注重經驗科學之系統的研究；因之也就注重科學之系統化。

四、**經驗主義**：維也納學派底哲學家們認爲，凡是對於事物有積極肯定的命辭，都是根據經驗而得到的。根據邏輯解析，算學與邏輯底命辭，都是對於事物無所積極肯定的命辭。對於事物有積極肯定的命辭，或是最簡單的命辭，或是由最簡單的命辭所組成的。這些命辭都是可以徵實的。如果有事實與某命辭相應，那末這個命辭便是眞的。如果不然，那末便是假的。事實是經驗的。所以維也納學派，從這一方面看來，是一種經驗主義。

五、**唯我論**：經驗底開始是知覺。知覺是個人所私有的。某甲只能經驗某甲底經驗而不能經驗某乙底經驗。反過來說是一樣的。根據維也納學派底意義學說，語言底意義是可能的經驗。然而，經驗既是個人所私有的，因此語言也只是對於個人才有意義，如果主張語言底意義是個人所私有的，那末這種主張便是語言的唯我論。知識起源於經驗，而經驗既是個人所私有的，所以外在事物，他心，以及他人底經驗，對於我都是沒有意義的。人與人之間，沒有一個公共世界可求。

我們在以上將維也納學派底哲學簡略地敘述了一下。維也納學派底哲學也有困難。唯我論不是有矛盾的主張。但是，根據唯我論底主張說來，人與人之間沒有一個公共的世界；因此也就不能解釋爲什麼科學是公的。根據語言的唯我論，我們知道語言的意義是個人私有的。既然如此，這就不能說明人類爲什麼能用語言達意。

以上這兩種困難是經驗底困難。維也納學派是經驗論者。他們主張眞理之相應說，即是說語句之可徵實性乃是它底意義條件；語句須與經驗相符。但是，經驗論引吾人走到唯我論底路上去。爲要補救這一缺點，所以卡納普與牛賴特博士（Dr. Otto Neurath）提出極端的物理主義及眞理之一致論。極端物理主義以物理語言爲公共的語言。而一個語句之去取還要決於它在一個系統之中的地位。這樣一來，就與傳統的經驗論多少不同了。

譯者現在介紹卡氏底幾本重要的書籍和幾篇文章。讀者如有興趣，不妨閱讀閱讀：

1. *Der logische Aufbau der Welt*, 1928, Berlin.
2. Abriss der Logistik, 1919, Berlin.
3. Die physikalische Sprache als Universalsprache der Wissenschanft. *Erkenmnis* Bd 2, 1932.
4. Ueber Protokollsatze, *Erkennis* Bd 3, 1932.
5. *Logische Syntax der Sprache*, 1937, Berlin.
6. *Foundations of Logic and Mathematics*, 1939, University of Chicago Press.
7. *Introduction to Semantics*, 1941, Harvard University Press.

第一章　形上學底否定

一、可證實性

通常所討論的許多哲學問題，是屬於極不相同的種類的。從我們現在所採取的觀點看來，我們可以將傳統哲學分作三種主要的問題和論說。爲了簡便起見，我們將這三部分叫做形上學、心理學和邏輯。或者，我們無寧說，在大多數的哲學的說理（theses）和問題之中，這三個部分是聯合在一起的三個成分，而不是三個分離的範圍：這三個部分是形上學的，心理學的，和邏輯的成分。

我們以下所要討論的屬於上述的第三部分：我們要作的是邏輯解析（logical analysis）。邏輯解析底功能，是分析一切知識，分析科學以及日常生活中的一切直敘辭說（assertions）；這是爲了將像這樣的每一個直敘辭說底意義以及它們之間的聯關弄得清清楚楚。我們對於一個命辭作邏輯的解析，主要的工作之一，乃是尋出這個命辭底證實方法（method of verification）。這裡的問題是：我們有什麼理由來直敘這個命辭呢？或者是說：我們怎麼能夠確定這個命辭之眞或假呢？哲學家們將這種問題叫做知識論的問題；知識論，或者關於知識的哲學上的學說，實在無異於邏輯解析之一個特別的部分；而這種學說往往與關於知識底過程（process of knowing），這方面的心理問題連在一起。

那末，我們要問，一個命辭底證實方法是什麼呢？我們在這裡必須分別兩種證實：直接的證實和間接的證實。假若我們所遇到的問題是關於一個直敘一種當前的知覺的命辭之間題，例如，「我現在看見一個紅色的方形在一個藍色的背景上」，那末這個命辭可以藉著我們現在的知覺來直接地試證。如果我們現在確實是看見一個紅色的方形在一個藍色的背景上，那末這個命辭就是爲我們這一看所直接地證實了；如果我們沒有看見一個紅色的方形在一個藍色的背景上，那末我們便直接地否證了這個命辭。的確，還有許多嚴重的問題，與直接的證實有關。可是，我們在這裡並不涉及這些問題，我們現在注意到間接的證實問題；因爲這個問題對於我們現在所要達到的目的比較重要。一個不可以直接證實的命辭P。只能夠藉著直接證實從P與其他已經證實了的命辭一起演繹出來的諸命辭以證實之。

我們現在假定有命辭P_1：「這把鑰匙是鐵做的」。我們可以用許多方法來證實這個命辭；例如：我們將這把鑰匙放在磁鐵附近；然後我們看見這把鑰匙爲磁鐵所吸引。在這裡，我們所作的演繹如下：

前題：

P_1：「這把鑰匙是鐵做的」；這個命辭有待於證驗。

P_2：「假若一塊鐵的東西放在一塊磁鐵附近，那末就被吸引了。」這是一條物理定律，並且已經證實。

P_3：「這個東西——一根棒子——是一塊磁鐵」；這個命辭已經證實。

P_4：「這把鑰匙是放在這根棒子附近的」；關於這一命辭，我們現在藉著觀察已直接證實。

從這四個前題，我們可以演繹出下面的結論：

P_5：「這把鑰匙現在要被這根棒子所吸引」。

這個命辭是一個預言，這一個預言是可以憑觀察來試證的。假若我們來觀察的話，我們也許看到吸引的現象，我們也許看不到吸引的現象。如果是前者，即是，我們看到吸引的現象，那末我們就是找到一個積極的例子，這個例子證實了我們所討論的命辭P_1；如果是後者，即是，我們看不到吸引的現象，那末我們就是找到一個消極的例子，這個例子否證了命辭P_1。

在第一種情形之中，我們對於命辭P_1底考驗還沒有完畢。我們可以藉著磁鐵來重複考驗，這也就是說，我們可以藉助於與前面相同或是相似的前題來演繹出與P_5相似的其他命辭。在我們做了這一步以後，或者是代替這一步，我們可以藉著電氣的試驗來作一種考察，或者是藉著力學的、化學的，或是光學的試驗，等等，以作一種考察。假若在這些考察之中，一切的例子都是積極的，那末命辭P_1底確然性就漸漸增加起來。我們漸漸可以得到一種確然程度；這種確然程度足以適合一切實際的目的，但是，絕對的確然性，我們則不能夠得到。我們藉助於已經證實了的其他命辭或者是可以直接證實的其他命辭而可由P_1演繹出來的例子之數目是無限的。所以，我們往往有在將來找出一個相反的例子之可能性，不管其概然率有多小。因此，命辭P_1從來不能夠完全證實。因爲這種理由，所以我們將它叫做一個假設（hypothesis）。

一直到現在，我們所討論的，是關於一個單獨事物的一個個體命辭（individual proposition）。假若我們來討論關於在任何時間和任何地方的一切事物（things）或是事件（events）的普通命辭（gerneral proposition），如所謂的自然律，那末，更是顯然易明的，可以考察的例子依然是無限的，所以這樣的命辭還是一個假設。

在廣大的科學領域之中，每一個直敘辭說P，都具有這種性質，即是，或者直敘關於當前的知覺的什麼，或者直敘關於其他的經驗的什麼，所以可以藉著當前的知覺或其他的經驗來證實；或者它具有以下的性質，關於未來的知覺的命辭，可以從P與某些其他已經證實了的命辭共同演繹出來。我們現在要問，假若一位科學家要作一種直敘辭說，而由這種直敘辭說裡又不能夠演繹出知覺命辭，那末我們對之將作何說呢？例如，假定這位科學家作一個直敘辭說，說，不僅僅有一個重力場（gravitational field），這個重力場，根據已知的重力定律，是能作用於物體的，而且還有一種輕力場（levitational field）。如果有人問他，依照他底學說，這種輕力場對於物體有那一種作用，他解答道，並沒有可觀察的作用發生；換句話說，他承認他不能夠建立什麼規律，使我們據之從他底直敘辭說得以演繹出可以證實的命辭。在這樣的情形之下，我們底解答是：這位科學家底直敘辭說完全不是直敘辭說；他所說的話實在沒有說及任何東西；他所說的話只是一串空虛的文字而已；簡直毫無意義可言。

的確，這位科學家對於他所用的文字也許附有種種影像，甚至於附有種種情感。這種事實，也許有心理學方面的重要；但是，從邏輯上著想，則是不相干的。我們必須知道，給予一個命辭以理論上的意謂的，並不是附隨於語言文字的影像和思想，而是由之可以演繹出知覺命辭之可能性，換句話說，證實底可能性，僅僅有種種影像，不足以給予一個命辭以何種意義；影像對於意義也不是必要的。我們並沒有電磁場（electro-magnetic field）之實際的影像，我們更沒有重力場底影像。可是，物理學家對於這些「場」所作的直敘命辭則具有完全的意義，因為由這些命辭可以演繹出知覺命辭。我們之所以反對剛才所說的對於輕力場的命辭，並不是因為我們不知道怎麼去想像或是思議像這樣的一種場。我們反對這個命辭的唯一的理由，乃是我們不知道怎麼來證實這個命辭。

二、形上學

我們一直到現在所做的，都是邏輯解析。我們現在不將這些道理引用到前面所說的物理命辭，而要引用到形上學底命辭。我們現在的研究是屬於邏輯，屬於我們在前面所說的哲學底第三部分，但這種研究底對象，則是屬於第一部分的。

我們要將企圖表示關於超乎一切經驗或是在一切經驗之外的東西之知識的一切命辭，叫做形上學的命辭。例如，關於事物之實在的要素（the real essence of things），關於物自身（things in themselves），絕對（the absolute），以及與此相似之命辭。我們卻不將有些理論——這些理論有時也叫做形上學的理論——包括在形上學之中，這些理論底對象，是以一種秩序良好的系統（a well-ordered system），來安排關於科學知識底各種領域的最普通的命辭；這些理論，確實是屬於經驗科學之範圍的，而不是屬於哲學之範圍的，無論這些理論是怎樣地大膽。我們所要叫做是形上學的命辭的一種命辭，可以藉著許多例子來很容易地弄清楚：太理斯（Thales）說，「世界底要素與原理是水」；黑拉克里特斯（Heraclitus）說是「火」；安那哲曼德（Anaximander）說是「無限」；畢達哥拉斯（Pythagoras）說是「數」。而柏拉圖（Plato）主張，「一切的事物並非別的什麼，只不過是外在的觀念之陰影罷了；而這些觀念底本身是在一個無空間無時間的領域之中」。從一元論者底主張，我們知道：「宇宙之間只有一個原理，而一切存在的東西是建立於這個原理之上」；但是二元論者告訴我們：「宇宙之間有兩個原理」。唯物論者說：「宇宙間存在的一切，其根本的要素是物質的」；但是唯心論者說：「宇宙間存在的一切，是精神的」。斯賓諾莎（Spinoza）、謝林（Schelling）、黑格爾（Hegel）和——我們至少列舉現代的一個人名——柏格森（Bergson）這些人之主要的學說，都是屬乎形上學（在我們對於這個名辭所了解的意義之下）的。

我們現在從可證實性底觀點來考察這一種命辭。我們容易知道，像這樣的命辭，都是無可證實的。我們從「世界底原理是水」這個命辭，不能夠演繹出直敘未來可以發生的任何知覺或是情感或是經驗的任何命辭。所以，「世界底原理是水」這個命辭完全沒有直敘什麼。這個命辭完全類似我們在上面所說的關於輕力場的這個虛構的例子；所以這個命辭不比那個命辭更有意義些。這位水的形上學家——我們不妨這樣稱謂他——對於他底論說無疑地附有許許多多影像；但是，他們不能夠給予這個命辭以什麼意義，正猶之乎他們之不能夠給予輕力場以什麼意義一樣。形上學家不能免於他們底命辭無可證實，因為，如果形上學家使得這些命辭可以證實，那末他們底論說之眞或假之決定便是以經驗為依據，所以也就屬於經驗科學底範圍。形上學家希冀免除這種結果，因爲他們想要教授比經驗科學較高一層次的知識。所以，他們不得不將他們底命辭與經驗底一切聯繫割離；恰好因爲用這種方法，形上學家使得他們底命辭弄得一點意義也沒有。

三、實在問題

一直到現在，我們所討論的只是尋常所謂形上學的命辭之例子，我們對於這些命辭所作的判斷，即是，說這些命辭沒有經驗的意義，也許並不希奇，而且甚至於有點不足道。但是，當著我們進而將這種判斷引用到尋常所謂知識論這一種類型底哲學論說的時候，我們恐怕讀者比較不易於同意。我們之所以贊成將這些命辭也叫做形上學的命辭，這是因爲，從我們現在所討論的觀點看來，這些命辭與尋常所謂的形上學的命辭相似。我們心中所要說的是實在論（realism）、觀念論（idealism）、唯我論（solipsism）、徵實論（positivism）等等論說；這些論說之傳統的說法，是肯定事物之實在（the reality of something），或是否定事物之實在。實在論者肯定外在世界是實在的，而觀念論者則否定之。實在論者——至少尋常是如此——又肯定別人底心靈是實在的，而唯我論者——一種極端的觀念論者——則反對這種說法，並且肯定只有他自己底心靈或意識才是實在的。這些直敘辭說有意義麼？

也許可以說，關於某種事物之實在或不實在的種種直敘辭說，一旦以經驗的方法來考察，是屬於經驗科學的，所以這些辭說也有意義。這是十分眞確的話。但是，我們必須分別實在之兩種概念，一種是在經驗科學之中的，另一種是在我們剛才所說的哲學命辭之中的。當著一個動物學家肯定袋鼠是實在的之時，他所作的直敘辭說底意謂是，有某一種東西，這種東西是可以在某些時候某些地方看得見的；換句話說，有某一種東西，這種東西是物理世界底時空系統（space-time-system）之成素，這種直敘辭說自然是可以證實的；每一個動物學家都可以藉著經驗方面的考察來得到一種積極的證實，不論他是一個實在論者還是一個觀念論者。在實在論者和觀念論者之間，關放這種東西之實在問題，可以有完全的同意，即是，關於在物理世界底系統中找出這種東西的可能，可以有完全的同意。而只在討論關於整個物理世界是否實在之時，不同意便產生了。但是，這個問題沒有意義，因爲任何事物之實在，不過是它在某種系統中有一位置之可能性，而我們所討論的實在問題，是一個東西在物理世界底時空系統中有一位置的可能性；但這個問題只在討論這個系統之分子或是部分，而不在討論這系統義底本身時，才有意義。

我們引用以前所說的標準可以得到相同的結果：演繹出知覺命辭之可能性。從肯定袋鼠的實在或存在，我們能夠演繹出知覺命辭；而從肯定物理宇宙之實在，則不能夠演繹出知覺命辭：我們從否定物理世界之實在，即是說物理世界是不實在，也不能夠演繹出知覺命辭。所以，這兩種直敘辭說都沒有經驗的內容，——完全沒有意義。我們必須注意，我們說，以物理世界是實在的，這種論說沒有意義，這種批評，也可以同樣地應用到肯定物理世界之不實在的這種主張。有的時候，有的人對於維也納學派（Vienna Circle）底看法發生一種誤解，以爲維也納學派底人否認物理世界是實在的；但是，我們並沒有否認物理世界是實在的。的確，我們反對以爲物理世界是實在的這一種說理；但是，我們之所以反對這種說理，並不是由於這種說理是假的，而是說它是沒有意義的；而我們之所以反對與這個說理相反的觀念論的說理，也恰好是因爲這種相同的理由。我們既不肯定這些說理，又不否定這些說理，我們是反對整個的問題。

我們引用於關於物理世界底實在的問題的一切理由，也可以引用到關於實在的其他哲學問題，例如，別人底心靈之實在，所與之實在，共性（universals）之實在，關係（relations）之實在，數（numbers）之實在，等等問題。假若我們將肯定地或否定地解答這些問題之中之任何一個的哲學上的論說，加入科學假設底系統之中去，那末一點也不會使得這個系統變得比較有效用；我們對於未來的經驗不能作更多的預言。因此所有的這些哲學的說理都沒有經驗的內容，都沒有理論上的意義；這些說理都是擬似說理（pseudo-theses）。

假若我們現在所說的是對的，那末關於實在的種種哲學上的問題——這類底問題與關於實在之經驗方面的種種問題不相同——與我們在前面所已經說過了的關於超驗形上學的種種問題（或者，無寧說是擬似問題），具有相同的邏輯性質。因爲這種理由，所以我們不將關於實在的這些問題叫做知識論方面的問題——像平常所稱謂的一樣——而叫做形上學方面的問題。

在許多沒有理論上的意義的形上學的論說之中，我們又曾提到徵實論；雖然有的時候有人認爲維也納學派是徵實論的。至若這種稱謂加諸吾人之身是否十分適當，乃是一件可疑的事。傳統的徵實論者之主要的論說之一，乃是認爲只有所與（the given）的東西才是實在的。可是，我們在任何情形之下沒有肯定這個說理。邏輯徵實論（logical positivism）這個名稱對於我們似乎比較適當。但是這個名稱也可以引起誤解。無論如何，重要的事是認識清楚，我們底論說是一種邏輯的論說；這種論說與關於任何事物是否存在的這種形上學的說法毫無關係。至若邏輯的說法之性質是什麼，我們要在以後幾章加以說明。

四、倫理學

哲學還有一部分，這一部分在許多哲學家看來是最重要的一部分。這一部分，一直到現在我們還沒有討論過。這一部分就是價值哲學。這價值哲學底主要部分就是道德哲學（moral philosophy）或是倫理學（ethics）。「倫理學」這個名稱底用法有兩個不同的意義。有的時候，某種經驗的研究，叫做「倫理學」，即是，關於人類底行爲，尤其是關於情感的和決意（volition）的行爲的起源，以及這些行爲對於別人的影響，等等心理學方面的和社會學方面的研究。在這種意義之下，倫理學是經驗的，是一種科學的研究；所以，與其說在這種意義之下的倫理學屬於哲學，不如說它屬於經驗科學。而倫理學這個名稱還有第二種意義。在這種意義之下的倫理學，與在第一種意義之下的倫理學，根本不同。在這種意義之下的倫理學，是道德價值或是道德規範底哲學；有人也許將這個名稱指謂規範倫理學（normative ethics）。這種倫理學不是事實底研究，而是要研究何者爲善何者爲惡，那種行爲是正當的，那種行爲是錯誤的。所以，這種哲學的倫理學之目的，或者說，這種規模的倫理學之目的，是敘述人類行爲之種種規範，或是關於種種道德價值之判斷。

我們容易知道，在我們陳述一個道德規範或作一個價值判斷時，僅僅有表現方法的不同。一個道德規範或是規律有一種命令的形式（imperative form），例如，「不可殺人！」我們知道，與這個規範或規律相當的價值判斷則是：「殺人是一種罪惡」。這種表現方式之不同，實際上極其重要；尤其是對於哲學思想底發展。「不可殺人」，這條規律在文法上具有命令形式，所以我們不將它看作是一種直敘辭說。但是，價值陳說「殺人是一種罪惡」，雖然，像這一條規律一樣，僅僅是某種願望底一個表示而已，可是在文法上卻具有直敘命辭底形式。大多數的哲學家爲這種文法上的形式所欺騙，進而以爲一個價值判斷的確是一種直敘命辭，因此必須爲眞或者爲假。所以，他們替他們自己底價值陳述找出種種理由，並且試行否證反對者底價值陳述。但是，在實際上，一個價值陳述無異於以一種錯用的文法形式表現出來的一個命令。這種陳述對於人類底行爲可以發生影響，而且這些影響也許合於我們底願望，也許不合於；但是，這種陳述既不爲眞又不爲假。因爲這種陳述並不肯定任何事物，所以既不能夠證明又不能夠否證。

只要我們將我們底邏輯解析方法引用於像這樣的陳述，立刻就可以將這一點顯露出來。我們從「殺人是一種罪惡」，不能夠演繹出關於未來經驗的任何命辭。所以，這個陳述是無可證實的，而且沒有理論的意義：同樣的道理，對於其他一切價值判斷都是眞的。

也許有人不贊同我們所說的。也許他高興作這種反對，即是，他以爲下面的一個命辭是可以從「殺人是一種罪惡」演繹出來。這個命辭就是，「假若一個人殺了任何人，那末他在情感上是很懊悔的」。但是，這個命辭並不能從「殺人是一種罪惡」這個命辭演繹出來的。「假若一個人殺了任何人，那末他在情感上是很懊悔的」這一個命辭，只能夠從關於這個人底品性和情緒的反應的這些心理學上的命辭之中演繹出來。這些命辭的確是可以證實的，而且也不是沒有意義的。這些命辭是屬心理學的，而不是屬於哲學的；是屬於心理的倫理學的（如果我們願意用這個名辭的話），而不是屬於哲學的倫理學或規範倫理學的。規範倫理學底命辭，無論是否具有規律底形式或是具有價值陳述底形式，都沒有理論的意義，所以都不是科學命辭（我們將「科學命辭」這個名辭用來意謂任何直敘命辭）。

爲了免除誤解起見，我們必須說，我們並不完全反對對於價值陳述以及評價作用作科學的研究之可能性與重要性。這兩者都是個人底行爲，而且像其他一切種類底行爲一樣，是經驗的研究之可能的對象。歷史學家，心理學家，和社會學家，可以分析這些東西。並且說明其因果關係；而且關於評價行爲的命辭與關於價值陳述的命辭，的確是富於意義的科學命辭，並且是屬於在第一種意義之下的倫理學。但是，價值陳述之本身，在此處只是研究底對象，而不是這些學理之中的命辭；而且在任何地方都沒有理論上的意義。所以，我們將價值陳述歸到形上學底範圍之內去。

五、形上學乃一種表示

我們已經分析了廣義的形上學之命辭，所謂廣義的形上學，不僅僅包含著超越的形上學，而且還包含著關於哲學的實在（philosophical reality）之問題，最後還包含著規範倫理學。也許有許多人會贊同我們底論說，認爲所有的這些種類底形上學之命辭都是無可證實的，即是，這些命辭之眞，是不能夠藉著經驗來考察的。也許還有許多人甚至於承認，因爲這種理由，所以這些命辭沒有科學命辭的性質。但是，當著我們說這些命辭都是沒有意義的時候，也許他們就不大容易贊同了。有些人也許會反對我們底論說。他們認爲：在形上學的書籍中的這些命辭，對於讀者顯然有一種影響，而日有的時候有一種極其強烈的影響；所以，這些命辭的確表示某種事物。這話是十分眞確的，這些命辭的確表示某種事物，然而這些命辭還是沒有意義，沒有理論的內容。

我們在這裡必須分別語言文字底兩種功能。一種功能我們可以叫做表達功能（expressive function）；另一種功能可以叫做摹述功能（representative funtction）。幾乎一個人所有意識的和無意識的動作，連他所發出的語言文字在內，表示他底某些情感，他現在的心境，他暫時的或永久的反應傾向，等等。所以，我們幾乎可以將他底一切動作和語言作爲徵象。我們由此徵象可以推出關於他底情感或者是關於他底品性的什麼事情。這便是動作和語言文字底表達功能。但是，除此以外，我們所發出的某一部分的語言文字（例如，「這本書是黑的」），與我們所發出的其他的語言文字和動作不相同，這一部分的語言文字，具有第二種功能：我們所發出的這些語言文字是摹述某種情況的；這些語語言文字告訴我們某些事物是如此如彼；這些語言文字直敘某種事物，說某種事物有某種性質，並且判斷某種事物。

在某些特殊的情形之中，我們所直敘的一種情況，也許與由某種表達的言辭而推論出來的情況是相同的；但是，即使是在這情形之中，我們也必須判斷地分別直敘辭說和表示，例如，如果有人在笑，我們可以認爲這是他底心境愉快之一種徵象；如果在另一方面，他並沒有笑容而只是告訴我們，「我現在愉快」，那末我們從他所說的話可以得到與我們從他底笑容這種情形中所推出的相同的東西。可是，在笑容和「我現在愉快」兩者之間，仍然有一種根本的差別。我現在愉快這種語言的辭說直敘愉快的心情，所以或者爲眞或者爲假。而笑容並不是愉快的心情之直敘，只是這種心情之表示而已。這種表示，既不爲眞又不爲假，因爲這種表示不直敘任何東西；雖然這種表示也許可以是眞實的，也許可以是騙人的。

許多語言方面的辭說類似笑，因爲這些辭說只有一種表達的功能，而沒有摹述功能。只有表達功能的語言，例如，種種叫聲，「啊，啊」，或者較高一層次的，如抒情詩。在抒情詩裡，常常有「太陽之光」和「浮雲」這些字樣。可是抒情詩底目的，並不是告訴我們以氣象學方面的某種事實，而只是表達詩人底某些情感，並且激起我們相似的情感。一首抒情詩沒有直敘的意義，沒有理論方面的意義，並不包括著什麼知識。

我們之反形上學之說理（amti-metaphysical thesis）之意謂，現在可以說得比較明白一些。我們底這種說理是說，形上學的命辭——像抒情詩一樣——只有一種表達的功能，而沒有摹述的功能。形上學的命辭既不爲眞又不爲假。因爲這些命辭不肯定什麼，這些命辭既不包含知識又不包含錯誤，這些命辭完全在知識底領域之外，在學說底領域之外，在眞與假底討論範圍之外。這些命辭像笑，抒情詩，和音樂一樣，是表達的。形上學的命辭不大表示暫時的情感，而且表示永久的情緒或是決意的傾向。例如，一元論底形上學的系統乃是一個均適和諧的生活形態之表示；二元論底形上學的系統則將人生看作一種永久奮鬥的過程的人之情緒狀態之表示；嚴肅主義底倫理系統足以表現一種強烈的義務感覺，或者表現嚴肅統治的一種要求。實在論往往是心理學家所謂的外向（extraverted）類型的人之一種徵象，這種類型的人之特徵是易於形成與人或與物之間的關係；而觀念論則是另一種類型的人之徵象。心理學家將這個類型的人叫做內向的（intraverted）人。觀念論者有一種趨向，就是要離開這冷淡的世界，而生活在他自己底思想和幻象之中。

所以，在形上學和抒情詩之間，有一個很大的相似點。但是，在二者之間，也有重要的差別。兩者都沒有摹述功能，都沒有理論的內容。而一個形上學的命辭，無論怎樣——既然與抒情詩不同——似乎還有一點摹述功能。因此，不僅是讀者爲其所欺，而且形上學家自己也爲之所欺。形上學家相信，在他底形上學的討論之中，他直敘了某種事物，並且以此爲論據而反駁其他形上學家底命辭。而一個詩人則不肯定別人底詩句是不對的或是錯誤的；他對於別人的詩句的批評只是限於說這些詩句不好。

形上學之非理論的性質，並不是它本身底缺點；一切藝術都有這種非理論的性質，可是並不因此而對於個人生活以及社會生活失去其高尚的價值。而危險是在形上學之欺誤的（deceptive）性質；這種欺誤的性質給予我們以知識之幻象，而沒有實際給予我們以任何知識。這是我們爲什麼反對形上學底理由。

六、心理學

當我們將形上學的問題和論說擯出於知識或理論底範圍之外的時候，還剩下兩種哲學上的問題：心理學的問題和邏輯的問題。我們現在又要取消心理學的問題。我們之取消心理學的問題，並不是將這種問題排斥於知識底範圍之外，而是要將它排斥於哲學底範圍之外。這樣一來，最後，哲學只有文化而爲邏輯（我們在這裡是用「邏輯」這個名稱之廣義的意義）了。

心理學的問題和命辭的確不是沒有意義的。我們從這樣的命辭可以演繹關於未來的經驗之其他的命辭，並且藉著這些命辭之助，我們又可以證實原來的心理學的命辭。但是，心理學底命辭屬於經驗科學底範圍，正猶之乎化學、生物學、歷史、等等學問底命辭之屬於經驗科學底範圍一樣。心理學底性質並不比我們所

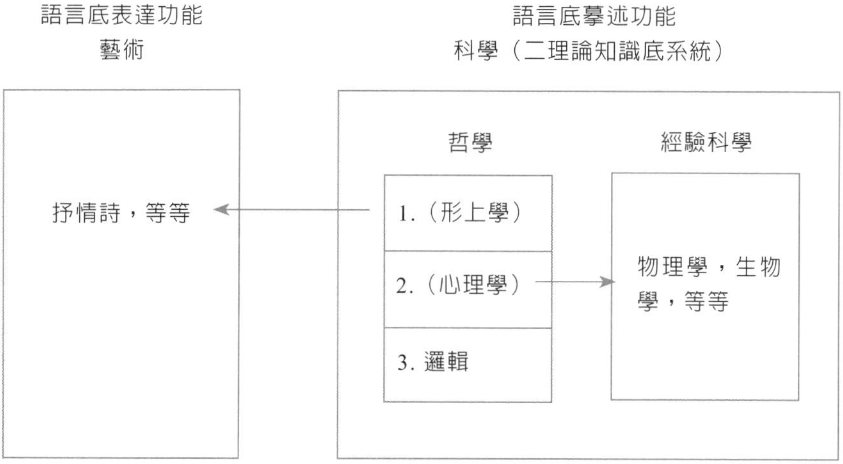

第一圖

說的這些科學要較為帶有哲學意味些。當著我們考察科學之歷史的發展之時，我們就知道哲學曾經是一切科學之母。科學一個跟著一個地脫離了哲學，而且成為一門獨立的科學。只有在我們底時代，才將心理學和哲學之間的臍帶割斷。許多哲學家還沒有十分認識清楚，心理學不復是一個胚胎，而是一個獨立的有機體，並且心理學的問題必須從經驗方面來研究。

自然，我們並不反對將心理的研究與邏輯的研究聯繫起，像將任何種類底科學的研究聯繫起來一樣。我們只反對將這兩種問題混為一談。我們要求，心理學的研究和邏輯的研究即使在實際上是聯在一起的，可是還得清楚地分別開。這種混亂，有時是起於將一個邏輯方面的問題當作像是心理學方面的問題。這種錯誤——叫做心理主義（psychologism）——使得有些人產生一種意見，以為邏輯是涉及思維的一門科學，即是，涉及思維之實際的運用，或者是涉及思維進行必遵的種種規律。但是，在事實上，研究實際的思維運用，是心理學底任務，與邏輯沒有關係。而學習怎樣正確地去思維，是我們在每門別的科學以及在邏輯中所要做的事。在天文學中，我們學習怎樣正確地思維關於星體的什麼；在邏輯中，我們學習怎樣正確地思維特別的邏輯對象。至於這些特別的邏輯對象是什麼，我們要在下一章裡去討論。在任何情形之下，思維不是邏輯底對象，而是心理學底對象。

心理學的問題所討論的，是一切種類底所謂心理的或心靈的事件。一切種類底感覺、情感、思想、影像、等等，無論我們是否意識到的。這些心理學底問題，只能藉著經驗來解答；而不能夠藉著哲學思辨來解答。

七、邏輯的解析

哲學之唯一正當的任務是作邏輯的解析。在這裡所必須解答的主要的問題：「什麼是邏輯的解析呢？」我們在以前的討論裡，一直在用著邏輯的解析：我們已經決定了物理假設之性質，形上學的命辭（或者無寧說，是擬似命辭）之性質，以及心理學的命辭之性質。我們現在要將邏輯解析引用到邏輯底自身；我們現在要決定邏輯命辭性質，決定邏輯解析底種種結果——這種結果也是一些命辭——之性質。

以爲形上學的命辭之所以沒有意義是因爲這些命辭不涉及任何事實，這種意見，休謨（Hume）早已經表示過了。休謨在他底《人類理解研究》（*An Enquiry Concerning Human Understanding*）（一七四八出版）最後一章裡寫道：「在我看來，抽象的科學或者證明（demonstration）之僅有的對象，似乎是量與數。……人類之一切其他的研究只是涉及事實與存在；而這些顯然是不能證明的。……假如我們相信這些道理而在圖書館翻閱書籍，我們將如何大刀闊斧地去作呢？假若我們手中拿著任何一卷書，屬於神學的，或者經院派的形上學的，我們現在要問，這本書是包含著關於量或數的任何抽象的推理麼？不曾。這本書是包含著關於事實與存在的任何實驗的推理麼？不曾。把它燒了吧：因爲，它沒有包含什麼，只有詭論和幻想罷了。」我們贊同休謨底這種看法，這種看法是說——翻譯成我們底名辭——只有算學命辭和經驗科學底命辭才有意義，而一切其他的命辭都沒有意義。

但是，也許有人反對我們底話。他們也許要說：「關於你們自己底命辭，則又如何呢？根據你們自己底看法，你們自己底著作，連這本書在內，也是沒有意義的；因爲這些東西既不是算學的，又不是經驗的，這也就是說，不能藉著經驗來證實。」我們對於這樣的反對如何解答呢？我們底命辭之性質是什麼呢？而且，一般地說，邏輯解析底命辭之性質是什麼呢？這種問題，與我們在這裡所述說的看法之是否一致，很關重要。

對於這種反對之解答，是維特根什坦（Wittgenstein）在他所著的《邏輯哲理論》（*Tractatus Logico-Philosophicus*）中所提出的。維特根什坦很澈底地主張下列看法，他以爲形上學底命辭，藉著邏輯的解析可以證明它是沒有意義的。如果在這種情形之下有人說他自己底命辭也是沒有意義的，那末他對於這種批評怎樣解答呢？他是同意於這種批評的：他認爲他自己底命辭也是沒有意義的。他說：「哲學底結果不是一些『哲學命辭』，而是將命辭弄清楚罷了。」（第七十七頁）我底命辭是以這種方法來說明的：那了解我的人最後知道我底命辭沒有意義。當著他攢進這些命辭，看透了這些命辭，超過了這些命辭的時候，他就會知道我底命辭沒有意義。（在他爬上了梯子以後，他必須丟掉這梯子。）他必須超過這些命辭，然後他可以正確地看這個世界。凡人之所不能說者，他必須默然。」（第一八九頁）

我個人，以及維也納學派底朋友們，很感激維特根什坦，尤其是他對於形上學的解析。但是，對於他剛才所說的一點，我卻不能同意。第一，在我看來，他似乎與他所做的不一致。他告訴我們，人不能陳述哲學命辭：所以，凡人之所不能說者，人必須默然。可是，他並沒有默然，他寫了一整部的哲學書。第二，我不能同意於他底說法，說他底一切命辭都是像形上學的命辭一樣，完全沒有意義。照我底意見看來，在他所說的命辭之中，大多數（可惜並不是全部）的確是有意義的，如同一切邏輯解析底命辭都有意義一樣。

我們在以下的兩章裡的目的是要積極地解答關於哲學命辭底性質這個問題，要說明如何表示邏輯解析底結果之方法。這種方法是不易遭受我們所已說過的反對的，並且顯示一種精確的哲學方法。

第二章　語言底邏輯句法

一、「形式的」理論

在這一章裡，我們要說明一種理論。這種理論，我們叫做邏輯語法（logical syntax）。我們並且要表明如何運用語言的方法（syntactical method）。雖然，我們不在這裡用到「哲學」這個名稱，可是，語法的方法關涉到哲學之眞正的基礎。關於這一點，我們要在後一章講得清楚。

某一種語言文字底邏輯語法乃是這一種語言文字之形式的理論（formal theory）。關於這一點，還須要解釋。我們要將關於語言文字底表示（expression）而不涉及其意義（sense）或意謂（meaning）的直敘辭說叫做「形式的」直敘辭說。某個語句之形式的研究，並不涉及這個語句底意義，或者是單字底意謂，而只涉及文字底種類其秩序。例如，這個語句：「這書是黑的」。假若我們直敘地說，這個由五個字所形成的表示乃是一個語句，復次我們又直敘地說，第一個字是一個冠詞，第二個字是一個名詞，第三個字是一個動詞，第四第五兩個字合起來是一個形容詞，那末所有的這些直敘辭說都是形式的直敘辭說。可是，如果我們直敘地說這個語句是關於一本書的語句，或者說這個語句末尾的兩個字是指明一種顏色，那末我們所作的直敘辭說就不是形式的，因爲這些直敘辭說與字底意義有關。一種語言文字之形式的研究，似乎範圍很小。然而，在事實上，並不是如此。因爲，正如我們在以後會知道的，許多以一種非形式的方法表示出來的問題和討論可以用形式的方法表示出來。

語言文字之這種形式的理論，關於算學的已爲見於希伯特（Hilbert）的著作。希伯特發表了一種學理，他將這種學理叫做算學後論（metamathematics），或者是證明論（theory of proof），在這種理論之中引用了形式的方法。在希伯特底這種理論之中，將算學當作某些符號底一個系統。這些符號必須依照某些規律來運用，在任何地方沒有說及這些符號底意謂，而只說及符號之各種不同的種類，以及這些符號所依照的形式的運算（formal operations）。算學是全部語言文字之一個特殊的部分。這全部的語言文字包含著許多其他全然不同的部分。希伯特在他底算學後論之中所引用於算學系統的相同的形式方法，在我們底邏輯語法之中，我們引用於科學底全部語言系統，或是引用於其任何特殊的部分，或是引用於任何其他的語言系統。

二、形成規律

當著我們說邏輯語言底對象是種種語言的時候，「語言」這個名辭，必須了解作說話底種種規律之系統。這種系統，與說話這種動作是不相同的。像這樣的一種語言系統包含著兩種規律，我們要將這兩種規律各別地叫做形成規律（formation rules）和形變規律（transformation rules）。某一種語言系統S底部成規律決定系統S底語句（sentences）是怎樣可以由不同種類底符號構作出來的。例如，英文底形成規律之一決定四個字所組成的一串，第一是一個冠詞，第二是一個名詞，第三是某一類的動詞，第四是形容詞，構成一個語句。像這樣的一種形成規律與文法規律顯然相似，尤其是與文法的語法（grammatical syntax）顯然相似。但是，尋常的文法方面的語法之規律並不常常是嚴格形式的。例如，我們可以引拉丁文法底一條規律作例證，這條規律決定，那指明男女、國家、城市，或是樹這些東西的名稱，都是屬於陰性的。對於字（words）底意義的這種關涉（references），在邏輯語法之中，是在排斥之列的。邏輯語法，與文法方面的語法，是不相同的。

一種語言系統S底全部形成規律即是「S底語句」這個名辭之界說。這個界說可以用如下的形式陳述出來：「如果一串字具有這種形式，那種形式，或是其他形式，那末這一串字便是，而且只是系統S底一個語句」。對於一種自然的語言文字（natural language），例如英文，形成規律是很難完全舉出的；其中的形成規律是太複雜了。照我們所知，邏輯家們已經構作了種種語言系統——或者構作了這種種語言系統之格架——這些語言系統比自然的語言要簡單得多，而且也要嚴格得多。邏輯家們不用文字，而是用符號來代替文字。這些符號是與算學符號相似的。例如，在這些符號語言中最發達的一種，像懷特海（Whitehead）和羅素（Russell）在他們所著的《算學原理》（*Principia Mathematica*）中所構作的，就是用的與算學中相似的符號。這一種語言之主要的形成規律之中的兩條是如下：㈠包含著一個謂辭（即是，在希臘字'φ'，'ψ'，等等之中之一）和一個或一個以上的個體變項（小羅馬字'x'，'y'等等）的一個表示是一個語句；㈡包含著兩個語句和兩個語句之間的一個連接記號（'∨'，'·'，'⊃'，'≡'）的一個表示也是一個語句。

三、形變規律

比形成規律更較重要的，是形變規律。形變規律決定所設的語句怎樣形變而成其他的語句；換句話說：怎樣從所設的語句推論其他的語句。例如，在英文中有一條現律，從這兩個語句：

「一切a是b」

而且「一切b是c」

我們可以推出：「一切 a是 c」

我們在這裡所說的只是語句底格式，而不是語句本身。爲了做成語句，我們必須以三個多數的名詞來代替這三個字母'a'，'b'，'c'。我們舉例來說明一下，從這兩個語句：

「一切鷹都是鳥」
而且「一切鳥都是動物」
我們可以推出：「一切鷹都是動物」

在懷特海和羅素底符號語言之中，我們可以得到以下的規律：從具有這種形式兩個語句

"A"
和"A∪B"，在此'∪'是蘊涵記號
我們可以推出："B"

一個語言系統S底全部形變規律可以當作「S中的直接結論」這個名辭底界說。所以，《算學原理》這部書中的形變規律可以陳述如下：「在《算學原理》底系統之中，一個語句在而且僅僅在滿足了下列條件之一時，這個語句便叫做一類其他語句——叫做前題——之直接之結論。」

㈠這個語句具有形式'B'而那一類前題包含著'A'和'A∪B'；

㈡……；

㈢……。

我們必須注意，一種語言底公理（axiom）或是基本語句（primitive sentence）也可以用推論規律底形式表現出來，所以也可以用「直接結論」底界說之一部分表現出來。其差別，在這種情形之中，只是其前題是空類（即是，沒有分子的類）。所以，我們不規定「'P∪·P∨Q'是語言系統S底基本命辭」，而我們可以說：「'P∪·P∨Q'是一空類底前題之直接結論」。假若一類前題P藉著一串語句而與某個語句C聯繫著，其聯繫是，這一串語句之中的每一個語句是在這一串語句之中的前面的某些語句之直接的結論，那末我們就將語句C叫做這一類前題P之結論。我們就會知道，「結論」這個名辭是邏輯語法中最重要的名辭之一。

我們已經知道一個語言系統是形成規律和形變規律底一個系統。依此，一個語言系統S底邏輯語法包含著兩部分：S底形成規律之研究或解析，以及S底形變規律之研究或解析。我們就上面所說的看來，第一部分多少與文法相似；第二部分則多少與邏輯相似，尤其是以推論或演繹底邏輯相似。一般的人往往以爲文法與邏輯底性質截然不同，文法所涉及的是語言之表示（linguistic expressions），而邏輯則是涉及思想或是命辭底意謂。但是，恰好相反，現代邏輯底發展，一步一步地漸漸明白地表示推論規律能夠用純形式的方法表現出來，這也就是說，絲毫不涉及意謂。我們底任務，僅僅是從這種發展裡推出結論，而且以一種嚴格的形式方式來構作全部的邏輯系統。我們既不涉及思想這種心靈活動，又不涉及思想底內容，我們只涉及語句。我們不涉及作爲表示意謂或是意義的語句，我們只將語句作爲一串寫的，說的，符號或是其他的記號而研究之。我們現在可以明瞭我們在此爲什麼不應用平常所說的「命辭」這個名辭之理由。命辭這個名辭底意謂有時不是一個語句，而是語句所表示的東西，並且時常用得非常混亂。所以，我們採用「語句」這個名辭。

在邏輯和文法之間，或者換句話說，在形變規律和形成規律之間，並沒有基本的差別。形變或者推論只是依據於語句之形式的性質之上，只是依據於這些語句之語法的形式之上。這就是我們不像語言學中平常一樣，將「語法」這個名稱只應用到形成規律，而是應用到包含著兩種規律的系統之理由。

四、語法名辭

「語句」和「直接結論」這兩個名辭是邏輯語法底兩個基本名辭。或者，在沒有誤解底危險的時候，我們將邏輯語法就簡稱爲「語法」。每個別的語法名辭可以用這兩個名辭爲基礎來界定。我們現在要界定幾個最重要的語法名辭。我們將會知道，這幾個名辭在引用於哲學問題的時候，尤其重要。

假定有任何語言系統，或者是一組形成規律與形變規律，在這個語言系統底語句之中，有眞的語句和假的語句。但是，在語法之中，我們不能夠界定「眞」和「假」這些名辭。因爲，一個所設的語句究竟是眞的還是假的，普通不僅僅是以語句之語法的形式爲依據，而且也還要以經驗爲依據；這也就是說，是以語言以外的某些事物爲依據。不過在有些情形之中，一個語句是眞的或是假的，僅僅根據語言底規律就可以知道。像這樣的語句，可以各別地叫做有效的（valid）語句和反有效的（contravalid）語句。

我們對於有效性（validity）所定立的界說是：假若一個語句是一空類底前題之結論，那末這個語句便是有效的。例如，在羅素底語言系統之中，'P∨～P'這一個語句——這個語句通常叫做排中原理——是一個有效的語句；同樣，在《算學原理》中已經證明過了的其他一切語句，亦復如是。《算學原理》之中的證明，是這樣的種類之一串語句，即是，在這一串之中，每個語句是一個基本語句，或是由這一串語句中前面的語句所推論出來的語句。一個基本語句是一空類底前題之直接的結論。所以，《算學原理》之中的證明是一串直接的結論。這一串直接的結論，始於一空類底前題，而終於被證明的語句。因此這個被證明的語句是一空類底前題之結論，所以——依照我們底界說而言——是有效的。

我們現在要進而討論「反有效的」這個名辭：假若某個語言系統底每個語句，都是語句'A'底一個結論，那末這個語言系統之中的語句'A'便是反有效的。在《算學原理》之中的語言系統的每個語句，如果在這個系統之中可以被否證（例如，"P．～P"和"～(P≡P)"），那末便是反有效的。在我們否證一個語句'A'的時候，我們是指明，某一個語句'B'以及'～B'——'B'底否定——都是'A'底結論。但是，從兩個相反的語句，例如'B'和'～B'，可以演繹出任何語句，所以，如果'B'和'～B'都是'A'底結論，因而每個語句是'A'底結論，則'A'是反有效的。

假若一個語句或者是有效的，或者是反有效的，那末我們將這個語句叫做是有定的（determinate）語句。假若一個語句既不是有效的，又不是反有效的，那末我們將這個語句叫做是無定的（indeterminate）語句。於是，所謂有定的語句，是其眞値（truth value）被語言系統的規律所決定的語句。在羅素底語言系統之中，有人可以藉著介紹非邏輯的常項（non-logical constants）來構作無定的語句。例如，假定'a'和'b'是人名，'S'表明兒子底關係，那末'aSb'（用語言來說「a是b底兒子」）是一個無定的語句。因爲，這個語句之眞，顯然不能夠藉著羅素底系統之規律來決定。

五、L名辭

我們在上面已經說過，基本語句也屬於形變規律。在現代邏輯之符號語言中的形變規律，我們是往往以這種方法來選擇的，即是，在這些規律根據邏輯的或是算學的理由似乎是正確的之時，我們才選擇之。但是，我們也能夠陳述一個語言系統；這個語言系統，除了像這樣的邏輯規律以外，又包含著邏輯以外的規律。我們以《算學原理》底系統爲例。照《算學原理》底系統現在的形式，這個系統只包含著具有一種純粹邏輯性質的基本語句和推論規律。具有這種邏輯的性質或是算學的性質之形變規律，我們叫做L規律（L-rules）。我們現在可以將具有邏輯以外的性質之形變規律加入《算學原理》底系統之中去，將某些物理的定律當做基本語句，例如，牛頓（Newton）底力學原理，馬克斯威爾（Maxwell）底電磁公式，熱力學底兩個原理，等等。爲要給邏輯以外的種種形變規律以一個概括的名稱，我們要將這些形變規律叫做物理規律，或是P規律（P-rules）。

這樣一來，一個語言系統底形變規律，是一種L規律，或者是一種P規律。這兩個規律底區別是極其重要的。我們只不過已經粗粗指出這種區別而已；但是，我們能夠以一種精確而嚴格的形式方法來界定這種區別；這也就是說，我們能夠絲毫不涉及語句底意義來界定這種區別。不過，爲了簡單起見，我們不要這種精確的界說，而我們只簡單地假定，有某一個語言系列，例如《算學原理》底系統再加上某些物理定律作爲基本語句；在這個系統之中，所設的形變規律已經分爲L規律和P規律。

假若有一串語句，這一串語句是依照形變規律而構造的，將一類底語句P與一語句C聯接起來，那末我們將那語句C叫做這類語句P——前題——之結論。假定在某種情形之中我們只引用了L規律；那末我們將C叫做P底L結論（L-consequence）。在另一方面，我們只有又引用P規律C才能夠從P演繹出來，換句話說，如果C是一個結論，可是卻又不是P之L結論，那末我們就說C是P之P結論。讓我們且例舉以下P類底兩個前題：

P_1：物體A有3格蘭姆底質量（mass）。

P_2：物體B有6格蘭姆底質量（mass）。

於是，我們可以從P演繹出許多別的結論之中的兩個結論如下：

C_1：B底質量是A底質量之二倍。

C_2：如果相同的力作用於A又作用於B，那末A之速度爲B之速度之二倍。

我們演繹C_1，只需要L規律，這種規律是邏輯與算學底規律；而演繹C_2時，除了這些規律以外，我們還需要P規律，即是力學定律。所以，C_1是P類底前題之一個L結論，而C_2則是P類底前題之一個P結論。

我們已經界定，相當於「結論」這個名辭的，有L名辭（L-term）和P名辭（P-term）。我們可以用類似的方法來界定相當於其他已經界定了的普通名辭之L名辭和P名辭。於是，我們將只因L規律而眞的語句叫做L有效或是解析的（analytic）。這個名辭之精確的界說，與「有效的」這個名辭之界說，是完全類似的：假若一個語句是一空類底前題之L結論，那末我們便說這個語句是解析的語句。同樣地，假若一個語句僅僅因L規律而爲假，那末我們便將這個語句叫做是L反有效的，或者是矛盾的（contradictory）。其形式的界說如下：假若這個語言系統底每個語句是這個語句底一個L結論，那末這個語句便是矛盾的。假若一個語句或者解析的或者是矛盾的，那末這個語句便是L有定的（L-determinate）。假若L規律不足以決定一個所設的語句之眞或假，換句話說，假若這個語句不是L有定的，那末這個語句便是L無定的，或者是綜合的（synthetic），綜合語句是肯定事態（states of affairs）的語句。「解析的」和「綜合的」這些名辭，在傳統哲學中已經用到；這些名辭在康德（Kant）底哲學中尤其重要；但是，一直到現在，這些名辭還沒有好好界定過。

在只包含著L規律的一個語言系統之中，例如在《算學原理》底系統之中，每一個界定過了的普通名辭完全與相當的L名辭一致。所以，每個有效

普通名辭	L名辭	P名辭
結論	L結論	P結論
有效的	（L有效）解析的	P有效的
反有效的	（L反有效）矛盾的	P反有效的
有定的	L有定	
無定的	（L無定）綜合的	
內容		
同義的		
同謂的		

第二圖

的語句（例如，'P∨～P'）是解析的，每個反有效的語句（例如，'P・～P'）是矛盾的；無定語句，而且只有這些語句（例如'aSb'，「a是b底兒子」），才是綜合的。

假若一個語句是有效的，而卻不是解析的，那末我們將它叫做P有效（P-valid）。假若一個語句是反有效的，但是卻並不矛盾，我們便叫它做P反有效的（P-contravalid）。其他的P名辭，則不像這樣重要。

我們剛才界定的一些名辭，使我們得到一個語句之分類。我們可以將這個分類用下列的圖式表明出來：

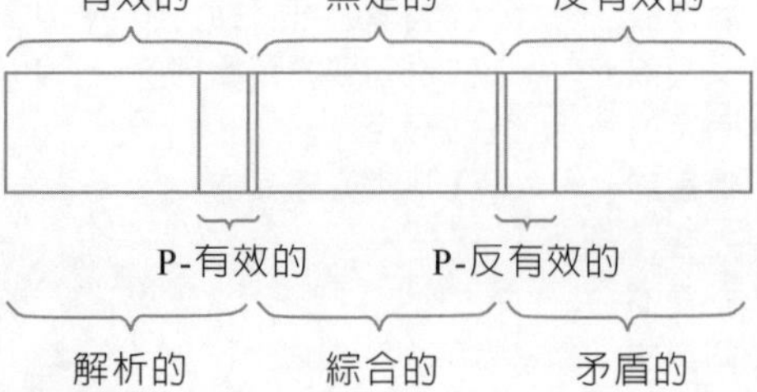

第三圖

那個語言的全部語句都包括在以上的圖解裡。依照一般的形變規律來說，有些語句或者是有效的或者是無效的；而其他的都是無定的。在有效的語句之中，有些是解析的，即是只依據於L規律而有效的：其他的語句則是P有效。同樣的，有些反有效的語句是矛盾，其他的語句則是P反有效的。既不是解析的，又不是矛盾的語句是綜合語句。三種L名辭，即是，「解析的」，「綜合的」，和「矛盾的」，在任何科學理論之邏輯解析中是時常用到的，在以後我們還要舉例說明一下。

六、內容

假若我們想要表徵一個所設的語句之意謂，例如說，它底內容（content），它底直敘能力（assertive power），那末我們必須注意到從這個所設的語句演繹出來的那一類底語句，那一類底語句是這個所設的語句之結論。在這些語句之中，我們可以撇開有效的語句不講，因爲有效的語句是每個語句底結論。所以，我們將

「內容」界定如後：一個所設的語句之一類非有效的（non-valid）結論，乃是這個語句底內容。

我們在這裡所用的方法，即是我們所謂的邏輯語法，這種方法底特徵是，只限於引用以一種嚴格形式的方法界定了的名辭，也許有人會想到，這種形式的方法不能論究意義問題，因此這乃是形式方法底一種缺點。但是，這種方法實在能夠論究意義問題，至少能夠論究問題底某一方面。關於一串所設的符號，例如在一種有字的語文（word-language）之中的一串字，有兩種意義問題。第一種問題是，這一串字是否有意義。假若在這裡所謂的「意義」是意指著「理論的意義」（theoretical sense），「直敘的意義」（assertive sense），那末這種問題可以在形式的研究之範圍內來解答，即是，藉助於被這個語言系統底形成規律所界定的形式的語法名辭「語句」來解答。第二種問題是，我們可以問，一種所設的語句底意義是什麼。這種問題，可以藉著我們剛才所說的形式的語法名辭「內容」來解答。

如果「意義」這個名辭是用來指謂具有純邏輯性質的東西，那末一個語句底內容就代表這個語句底意義。有的時候，「意義」底意思是，與所設的語句相聯的某種思想和影像，但是，在這種情形之中，這個問題便是一個心理問題，而且必須藉著心理學底實驗方法來考察。在邏輯的解析之中，我們不涉及這樣的問題。一切確然具有邏輯性質的意義問題，都可以用語法之形式的方法來研究的。

有的時候藉著全然不相同的字所表示出來的兩個語句仍然有相同的意義，直敘相同的情況。我們將這樣的語句叫做同義語句（equipollent sentences）。同義這個名辭之形式的界說是顯然易明的：假若兩個語句具有相同的內容，那末這兩個語句便是同義的；換句話說，如果兩個語句互爲結論，那末這兩個語句便是同義的。同樣地，如果有兩個表示（expressions），其本身不是語句，但是出現於語句之中，還是可以有相同的意義，相同的意謂；即使它們是用完全不同的文字表示出來的，還是如此。這種關係，我們要用「同謂的」（synonymous）這個名辭來表示。這種關係也可以用一種形式的方法來界定，假定有兩個表示，而且這兩個表示之一是在一語句裡，在這種情形之下，如我們以另一個表示來代替這一個表示，而這個語句底內容不變，那末我們便說這兩個表示彼此是同謂的表示。例如，'5+2'和'4+3'這兩個表示是同謂的。因爲，如果在一個語句之中，我們以'4+3'來代表'5+2'，那末這個語句底內容不變；或者以'5+2'來替代'4+3'，其結果也是一樣的。

七、擬似指物語句

我們在以上所說的是語法名辭底幾個例子。這幾個例子，都是依據於「結論」這個名辭，這個名辭是語法之主要的名辭。語法底作用乃是藉助於像這樣的語法名辭來陳述，像我們在上面所說的例子那樣的界說，並且分析所說的語句，證明，理論，此及與此相似的東西。這種解析底結果說出來即是語法句子（syntacical sentences）。這種語法的句子具有下述的形式，例如：「某理論中底如此如彼的一個語句是綜合的，但是某個其他的語句則只是解析的」，或者是：「這個理論底這個特別的字是與那個字以及那一組字同謂的，但是卻不是L謂的」，等等。

假若我們有這種簡單的語句，而且這些語句又包含著經過良好界定的語法名辭，那末我們就容易知道這些語句是語法句子。但是，還有某些別的語句，這些語句似乎是屬於完全不同的種類的，可是實在仍然是語法的句子。這種事實是極其重要的，尤其是在討論哲學的語句之時，更爲重要。我已經提到過我底意見，說哲學的語句是屬於語法的。這種意見，在下一章還要討論。我們必須承認，這種意見似乎與表面的事實不相一致，因爲哲學的語句——即使在消除了形上學以後——似乎不僅是涉及語言的表示之形式，而且也是涉及其他的對象，也許主要地是涉及其他的對象，例如，空間與時間底結構，原因與結果之間的關係，事物與事物底性質之間的關係，物理的東西與心理的東西之間的差異以及眞實的關係，數底性質和函數的性質，條件之必然性，偶然性（contingency）和可能性或不可能性，以及與此相似的東西。我們在以後要指出，屬於這些種類底哲學語句，僅僅由於其欺人的外表而似乎是涉及我們剛才所提的那些東西；然而，這些語句實在只是涉及語句的形式。現在，我們不預備進而討論這些哲學問題，而只試行一般地說明在什麼條件之下一個語句有這種欺人的形式。

因爲這種目的，我們要分別三種語句。第一是語法句子。關於語法句子，我們剛才已經說過了。語法句子所涉及的是語言的表示之形式。與語法句子不同的有那不涉及語言的表示而只涉及語言以外的對象的語句，這樣的語句可以叫做眞實的指物語句（real object sentences）。還有第三種語句，這種語句是介乎前兩種語句之間的一種語句。屬於這一種的語句，是有歧義的；這種語句，在形式方面類似指物語句，但是其內容則類似語法的句子。這樣的語句叫做擬似指物語句（pseudo-object-sentence）。

我們看看在這個表上所舉的例子。(1a)「這朵玫瑰是紅的」，這個語句是一個眞實的指物語句；這個語句是討論玫瑰這個東西。(1c)「『玫瑰』這個名稱是一個指物名稱」，這個語句是一個語法的句子；這個句子底對象不是玫瑰這個東西，而是「玫瑰」這個名稱；這個名稱是一個語言的表示。最後，(1b)「這朵玫瑰是一個東西」，這個語句是擬似指物語句底一個例子。這個語句有與(1a)這個語句相同的文法句主，所以似乎像這一個語句一樣，是涉及玫瑰這個事物的；但是，在這兩個語句之間有根本的差異。(1a)這個

1.眞實的指物語句（經驗科學）	2.擬似指物語句語言之指物語態（哲學）	3.語言的句子
1a.這朵玫瑰是紅的。	1b.這朵玫瑰是一個東西。Q2(a)	1c.「玫瑰」這個名稱是一個指物名稱。q'a'
	2b.第一講是討論形上學的。	2c.第一講包含著「形上學」這個名辭。
3a.A先生到非洲去了。	3b.這本書是討論非洲的。	3c.這本書包含著「非洲」這個名稱。
4a.金星和地球底大小大概相等。	4b.金星和曉星是相等的。	4c.「金星」這個名稱和「曉星」這個名稱是同謂的。

第四表

語句是綜合的；這個語句的確直敘著玫瑰底某種性質。但是，從(1b)這個語句，我們無從知道玫瑰底任何性質，或者是它底顏色，大小，形式，或任何別的東西。(1b)這個語句是解析的語句；我們只須考察「玫瑰」這個名辭是屬於那一類底表示，即是，我們只要知道「玫瑰」這個名辭是一個指物名辭，那末我們就能夠確保這個語句是眞的，而無須乎觀察任何玫瑰。所以，我們知道，語句(1b)所直敘的與語句(1c)相同；因爲，往往而且只在某一個對象是一個東西時，指謂它的名辭便是一個指物名辭。

我們可以將是一個事物指謂（thing-designation）這種性質叫做與是一個事物這種性質相當的語法性質（parallel syntactical quality）。「相當的語法性質」之普通的界說是：假若在而且僅僅在一個對象具有性質Q_1時，這種對象底指謂（designation）具有性質Q_2，那末我們便說語法性質Q_2與性質Q_1是相當的（parallel）。而一個擬似指物語句底標準，現在可以陳述如下（假如我們只涉及最簡單的話句的話）：像這樣的一個語句賦予一個對象（例如a）以一種性質Q_1，對於這種性質，有一種相當的語法性質Q_2。像這樣的一個語句'$Q_1(a)$'可以翻譯而成爲語法句子'Q_2('a')'；這個句子將性質Q_2賦與這個對象底指謂。

這種說法可以比較清楚地表明語句(1a)和語句(1b)之間的差別。是一個東西這種性質，有一種相當的語法性質，即是，是一個事物指謂；可以，對於「是紅的」則沒有相當的語法性質——紅的東西之指謂，沒有共同的語法特徵。例如，僅僅從「我底鉛筆」，我們不能夠決定它是否一個紅的東西之指謂；我們必須觀察所指的東西之本身，即是，我底鉛筆，然後才能決定。所以，「這朵玫瑰是紅的」這個語句並不是一個擬似指物語句，而是一個眞實的指物語句。

八、語言底指物語態與形式語態

經驗科學底一切語句，直敘事實的一切語句，無論是普通的（general）或是個體的（individual），都是眞正的指物語句。可是邏輯解析底一切語句，以及——如我們在下一章所要談到的——哲學底一切語句，是屬乎第二類或是第三類的。所以以後我們主要地要討論到這兩種語句，我們已經知道，這兩種語句只有說法方面的不同，而不是意謂或內容有什麼太大的差異，在擬似指物語句中所用的語言之語態裡，我們所用的字是指謂事物或是物質的，而在語法的句子中所用的字則顯然是涉及形式的。因爲這種理由，我們將擬似指物語句又叫做語言之指物語態（material mode of speech）之語句，而將語法的句子叫做語言之形式的語態（formal mode of speech）之語句。

這兩種語言之語態間的差異，我們舉幾個例子就可以說得明白一點。試看下列的一個語句：「第一章討論形上學」，這一個語句是屬於語言之指物語態的；與這個語句相當而且屬於語言之形式語態的一個語句是：「第一章包含著『形上學』這個名辭」。我們且舉一個更顯而易見的例子，假定我們有一本關於非洲的地理書，而且我們作這個陳述：「這本書討論非洲」。這個語句(3b)是屬於指物語態的；而與這個語句相當的屬於形式的語態的一個語句是：「這本書包含著『非洲』這個名辭」(3c)。(3b)這個語句在形式上類似於「A先生到過非洲」(3a)這個語句；但是，在這兩個語句之間有一種根本的差異。(3a)這個語句直敘關於非洲的什麼。(3b)這個語句，既然與(3a)類似，所以似乎也是直敘關於非洲的什麼，然而實際上並不曾。在那一本書中所要討論的不是非洲底性質，因爲我們可以知道非洲一切事，可是仍然可以不知道那一本書所講的是什麼。只有「非洲」這個名辭底一種性質包含在這本書中。可是，被A先生拜訪過，的確是非洲之一性質。在此，我們可以看出指物語態之欺人的性質；屬於這種語態的語句，似乎是涉及什麼，而其實並沒有涉及什麼。

我們可以考察考察語句(4b)，這個語句是一個不大相同的例子。「金星和曉星是相同的」或者是，「金星和曉星是相同的東西」。這個語句在形式上類似於語句(4a)：「金星和地球底大小約略相等」。但是，(4b)實在是一個擬似指物語句，這個語句可以翻譯而爲以下的語法句子(4c)：「『金星』和『曉星』這個名辭是同謂的」。語句(4a)直敘在某兩個東西之間有某一種關係。語句(4b)似乎直敘同樣的關係，但是，顯然實在不是如此。在這裡不能涉及兩個東西，因爲這個名稱只指謂一個對象，即是一個特殊的行星。但是，在語句(4b)之中，即使連這個對象也沒有涉及，因爲我們容易看出來(4b)並不直敘這個行星底任何性質。(4b)只直敘關於兩個指謂的什麼，即是這兩個指謂表示相同的東西；或者，以語法名辭來說，這兩個指謂是同謂的。我們在此又看出指物語態底語句之欺人的性質，使我們誤解它的題材。大多數的哲學語句是這樣地欺誤我們；因爲，我們將會知道，大多數的哲學語句是用語言之指物語態說出的。

第三章　語法為一哲學方法

一、語言底指物語態

在第一章裡，我們試行說明了我們爲什麼反對形上學，而且我們爲什麼相信哲學底任務是作邏輯的解析。我們現在所必須解答的主要問題，是：什麼是邏輯的解析呢？什麼種類底語句是表示邏輯解析底結果之語句呢？我們底解答——如我們已經指明過了的——是，這些語句是語法的句子，是邏輯語法底語句，而且哲學是語法的方法之引用。

在上一章中，我們發現屬於語法的句子之數目較之乍看起來的數目要大得多；因爲許多語句實在是語法的句子，可是卻具有一種欺誤的形式，這種形式使得我們錯誤地以爲這些語句是指物語句。像這種形式的語句，我們已經叫做擬似指物語句或是屬於語言之指物語態之語句。我們已經知道，這些語句是怎樣可以翻譯而成語言之形式的語態，即是，翻譯而成顯然屬於語法的句子。這些理由，對於表示邏輯解析底結論之語句特別重要；因爲我們所要指出的那些語句常常，也許大部分，是表示而爲指物語態的，而引用這種指物語態便往往引起混亂，而且種種無根無據的哲學論爭可以藉著將論爭之中的這些說法翻譯而成形式的語態以解決之。

我們現在從已經提到過的幾個例子開始。「這朵玫瑰是一個東西」，這個語句是屬於指物語態的。這個語句可以翻譯而成屬於形式語態的語句，如下：「『玫瑰』這個名辭是一個事物指謂」。一般說來，具有「什麼什麼是一個東西」這種形式的每個語句是屬於指物語態的。還有許多別的字，其作用與「東西」相同，例如，「性質」，「關係」，「數」，「事件」，等等。像這個陳說「友誼不是一種性質而是一種關係」，這是一個屬於指物語態的語句，這個語句可以翻譯而成形式語態底語句，如：「『友誼』這個名辭不是性質指謂（quality-designation）而是一個關係指謂（relation-designation）」。這樣一翻譯，我們就可以明瞭，我們在這裡所討論的是「友誼」這個名稱，而不是友誼之本身；而原來的語句，使得有人以爲我們是討論友誼之本身；這是一個錯誤的想法。我們現在列舉另外的一個例子，這次所舉的這個例子，是由數底意念之邏輯的解析而產生出來的，「7不是一個東西而是一個數」，這個語句，只是將一個形式的語句表示而爲指物語態的語句；這個形式的語句是，「『7』這個記號不是一個指物記號（thing-sign）而是一個數的記號（numerical sign）」。

因此，似乎是，如果我們要免除危險的指物語態，我們必須免除「東西」（thing）這個名辭，而用那個相當的語法名辭「事物指謂」以代替之；同樣地，我們不用「數」這個字，而用「數目指謂」這個名辭以代替之；用「性質指謂」代替「性質」；用「關係指謂」代替「關係」；用「事件指謂」（event-designation）代替「事件」（event）；用「空間指謂」（spatial designation）或「空間座標」（spatial co-ordinates）來代替「空間」（space）；用「時間指謂」（time-designation）或「時間座標」（time-co-ordinates）來代替「時間」（time），等等。我們用不著再舉其他的例子就可以知道，我們用這種方法，可以使邏輯解析底許多結果，在事實上變而爲語法的句子。

在上一章我們說過，「這本書討論非洲」這個語句，是屬於指物語態的一個語句，這個語句可以翻譯而爲形式的陳述，「這本書包含著『非洲』這個字」，同樣地，一切直敘某個語句或論著（treatise）或理論（theory）或科學討論如此如彼的對象，或者是描寫或直敘如此如彼的事實或情況或事件的語句，都是屬於指物語態的；或者，一切直敘下列情形的語句，即是，某一個字或某一個表示指謂（designates）或表記

（signifies）或意謂（means）作如此如彼的對象的，也是屬於指物語態的。

在討論某種事物之意思（purport），意謂（meaning），或意表（signification）的諸語句之中，那些表示兩個說法或兩個理論或與此相似的東西之比較的結果，而且直敘兩者有相同的意思或意謂，或是直述兩者表示相同的事實或情狀的語句，都是特別重要的。在我們將這樣的語句翻譯而成形式語態的時候，我們是引用如上所界定的語法名辭「同義」；這樣一來，於是我們所直敘的就變成：「這些說法，理論，等等，都是同義的」。類似地，像「這些表示具有相同的意表」或「這些表示指稱相同的對象」這樣的語句，依照我們對於「同謂的」這個名辭之界說，可以翻譯而成這個形式：「這些表示都是同謂的」。

我們藉著這種方法將指物語句翻譯而成形式語態，我們因此可以將邏輯解析從對於語言以外的對象本身之一切關涉裡解放出來，於是，我們僅只涉及語言之表示之形式了。也許我們不必再特別聲明，這個結論只引用於邏輯解析，並沒有取消事物科學（object-sciences）之與對象本身的關涉。反之，這些科學的確是涉及對象本身的，的確是涉及事物的，而不僅是涉及事物指謂的。

二、種種模態

我們現在要討論一種完全不同的名辭，即是，所謂的模態（modalities）。這些模態是可能性（possibility），不可能性（impossibility），必然性（necessity）和偶然性（contingency）。這些觀念不斷地耗費了哲學家們底心思。最近，模態底邏輯（logic of modalities）的研究，藉著構作公理系統（axiomatic systems），而大爲精密。在這些公理系統之中，模態是當作主要的概念的。但是，我們發現，構作這些系統的人討論某些問題（例如，可能性之眞正的意義），他們對於這些問題既不能夠給予一無有歧義的解答，又沒有解決之方法。照我底意見看來，這是一個徵兆，表示在這些系統之中模態底邏輯性質還沒有完全清楚地思議過。

模態語句（modality sentences）實在是掩蔽了的語法句子，即是，屬於語言之指物語態的語句。我們尋常將模態，例如，可能性或不可能性，引用於什麼呢？我們將模態引用於情況（conditions），情狀（sates），事件，以及與此相似的東西——例如，「A底年齡大於B，而且B底年齡大於A，這是一種不可能的情狀」。這個語句可以用如下的方法從指物語態翻譯而爲形式語態：「『A底年齡大於B而且B底年齡大於A』這個語句是矛盾的」。「不可能」這個名辭實在是屬於指物語態的，這一點藉著我們在前面所說的標準就容易指明出來：不可能性是一種性質，對於這種性質，有一種相應的語法性質，即是矛盾性（contradictoriness）。因爲，往往在而且只在一種情況是不可能時，述說這種情況的語句才是矛盾的，例如，在我們剛才所說的例子中就是如此。

有的時候，不可能這個觀念具有不屬乎邏輯的意義，而有屬於物理的（physical）或是實際的（real）不可能之意義。在這後一種情形裡，相當的語法名辭不是「矛盾的」，而是相當的普通名辭，即是「反有效的」。例如，這個語句「一個特殊的實心的鐵球浮游在水面上，這種情狀在物理上是不可能的」。這個語句可以翻譯而爲：「『一個實心的鐵球浮游在水面上』這個語句是反有效的。」在此，這個語句的確是P-反有效的，即是，與物理定律底系統不相容。

其他的模態名辭（modality terms）也是屬於指物語態的。正如可能性與不可能性是對立的，顯然得很，與「邏輯地可能」這個名辭相當的語法名辭是「非矛盾的」；而與「物理地可能」這個名辭相當的語法名辭是「非-反有效的」（non-contravalid）。類似地，我們將「邏輯地必然」（logically mecessary）翻譯而成「解析的」，而將「物理地必然」（physically necessary）翻譯而成「有效的」。例如，我們不以指物語態來說「一個鐵球比同等大小的木球較重，乃是物理地必然的」，而我們用形式語法來說：「『一個鐵球比同等大小的木球重些』這個語句是有效的」。在這種情形之中，這個語句是P-有效，即是，在邏輯上可以從物理定律演繹出來。最後，我們有模態名辭「偶然」（contingent）。（它底意義是，既不是必然的又不是不可能的」。）我們將「邏輯地偶然」翻譯而爲「綜合的」，而將「物理地偶然」翻譯而爲「無定」。

模態名辭	相當的語法名辭	
	L-名辭	普通名辭
邏輯地或物理地不可能	矛盾的	反有效的
邏輯地或物理地可能	非矛盾的	非-反有效的
邏輯地或物理地必然	解析的	有效的
邏輯地或物理地偶然	綜合的	無定的

三、關於語言的相對性

也許有人問，我們爲什麼一而再再而三地主張將表現爲語言之指物語態的語句，翻譯爲形式語態的語句。我們之所以這樣做，爲的是表示這樣的語句是屬於語法之範圍的。因著引用指物語態，於是乎這些語句底這種性質隱蔽住了；關於這些語句的眞實題材，我們是被欺誤了。但是，指物語態還有更大的不便之處。指物語態含有使我們陷入無用的哲學論爭之危險。

我們試舉相關的一點，在以邏輯方法來研究的不相同的現代算術系統之中，數，是有不同的型模。例如，在懷特海和羅素底系統之中，將數當作類底類（class of classes），而在柏阿諾（Peano）底系統和希伯特底系統之中，將數當作是基本的對象（primitive objects）。假定有兩位哲學家爭辯起來，一個人直敘：「數是類底類」，而另一個人說：「不是這樣的，數是基本的對象，獨立的分子」。他們可以無窮無盡地對於數實在是什麼這個問題，作哲學的思辨。但是，用這種方法，他們底意見永遠不會一致。假定他們將他們底說法，翻譯而成形式語態，於是，第一個哲學家作這個直敘辭說：「數的表示（numerical expressions）是第二級

（order）的類之表示（class-expresseions）」；另一位哲學家說：「數的表示亦不是類之表示，而是基本的表示（elementary expressions）」。

我們知道，用這種形式表示出來，這兩個語句仍然不十分完備。這兩個語句乃是關於語言表示的語法句子。但是，一個語法句子必須涉及一種或是幾種特定的語言系統；除非這個句子說及這種語言系統，要不然這個句子就不完備。假若柏阿諾底語言系統叫做L_1，羅素底語言系統叫做L_2，那末這兩個語句可以完備地表示如下：「在L_1中，數的表示是基本的表示」，而且：「在L_2中，數的表示是第二級的類之表示」。這麼一來，這些直敘辭說就彼此相容，而且是同眞的；於是，論爭爲之頓息。

許多無謂的哲學論爭，常常是由於說理的這種不完備的情形所生。可是，這種不完備的情形，因我們將語句表現而爲尋常的指物語態以致隱匿不見。然而，一旦將指物語態底語句翻譯而成形式語態之語句時，我們底說理之缺乏語言的關涉，便立刻可見。如果加上這種語言關涉，那末我們底說理便現得完備，因此論爭也變得清楚而且準確。即使我們有時仍然不易決定論爭底那一方面是正確的：但是有時是像我們剛才所提到的例子一樣地簡單，而且論爭顯然消失了。一切哲學的說理之語言上的相對性，這也就是，一種或幾種特殊的語言系統底關涉之需要，乃是我們不可忘記的一個極其重要之點，因爲一般人常用語言之指物語態，於是幾乎常常將語言方面的這種相對性忽略了。

四、擬似問題

在我們所提到的例子中，我們所提到的種種說理，只是些不完備的；這些說理容易翻譯而成形式語態，而且表現得完備，因此可以變得精確，而在別的情形之中，由於我們用指物語態，於是引起形上學的擬似說理

（pseudo-theses）；這些擬似說理，是不易改正的。我底意思並不是說，指物語態底語句之本身必然是擬似的說理，或者是沒有意義的，而只是說，指物語態底語句往往誤引我們陳述擬似的或者是沒有意義的其他語句或是問題。例如，在指物語態中，我們不說數的表示，而說是數。這種說法底本身並非不好或者是不對的，但是卻引起我們企圖產生關於數之眞實的本質之種種問題。例如，關於數是否爲實在的對象或觀念的對象，關於數是否在心靈以外（extramental）或者是在心靈以內（intramental），關於數是否爲對象自身（object-in-themselves），或者僅僅是思維之意指的對象（intentional objects），以及與此相似的哲學上的種種問題。我們不知道像這樣的一些問題怎樣能夠翻譯而爲形式語態，或者是翻譯而爲任何其他無歧義而又清楚的語態；而且我懷疑，討論這些問題的哲學家們，他們自己是否能夠精確地型定這些問題。所以，在我看來，這些問題似乎是形上學的擬似問題。

假若我們用語言底形式語態，那末我們不說及數，而只說及數的表示。於是，我們可以提出在某一個系統或是在不同的系統之中的數的表示之語法的性質，然而我們不會發生才將所提到的這一類底擬似問題。我們若是用形式語態，那末自然而然地得免於這些危險了。

在我們將這些哲學的說理加以型定之後，其實際的結果是什麼呢？我們無需乎完全消除語言之指物語態。這種語態是很尋常的，或者有的時候是適合的。但是，我們用這種語態的時候，必須特別小心才行。在討論的時候，如果我們遇到重要的論點，我們最好不用指物語態，而用形式語態。在引用形式語態時，我們不可忽略了對於語言系統的關涉。可是，我們所發出的論說，並無需乎涉及我們提到的語言系統；我們有時須以我們現在尚未知悉的語言系統爲基礎來型定一個說理，而這個說理恰好表徵這未知的語言系統之特性。在像這樣的一種情形之中，這個說理便不是一個直敘辭說，而是一種提議（proposal）或是一種計畫（project），換句話說，是我們所構作的語言系統底界說之一部分。

假若在一個哲學的討論之中，有一方面不能夠或是不願將他底論說翻譯而成形式語態，或者，如果他不表明，他底說理所涉及的是那一種語言系統，那末別人最好拒絕和他討論。因爲，他底說理是不完備的，而且這樣一來，討論不會有何結果，徒徒引起無謂的爭吵而已。

哲學家之間的論爭之所以發生，一種最常見的原因是，爭論關於事物實在是什麼的問題。徵實學派的人肯定地說：「一個東西是一叢感覺基料」；而與之相反的實在論者則回答道：「不是這樣的，一個東西是一叢物理的質料」；於是，無休無止的沒有意思的辯論就開始了。然而，畢竟都是眞的；這種論爭之所以發生，只是由於不幸用到指物語態。

我們現在將這兩種說理翻譯而成形式語態，於是，徵實論者底說理就成爲：「每個包含著一個事物指謂的語句與一類不包含著事物指謂而只包著感覺基料指謂（sense-data-designation）的語句是同義的」，這是眞的；將包含一個事物指謂的語句形變而爲表示感覺基料的語句，這在知識論中常常見之，實在論者底說理便變成這種形式：「每個包含著一個事物指謂的語句與一個不包含著事物指謂而卻包含著時空座標和物理函數（physical functions）的語句是同義的」，這個語句顯然也是眞的。

在這種情形之中，我們甚至於無須乎涉及兩個不相同的語言系統來使得這兩種說理彼此相容。在我們普通的語言之中，這兩種說理就是眞的。在這兩種說理之中，每一種說理都是直敘地表示，形變事物語句之某種可能性。既與我們發現這兩種形變都是可行的，所以兩者並沒有什麼不一致的地方。這兩種說理原來是表現而爲指物語態的，在這樣的表現方式之中，這兩種說理似乎是不相容的，因爲二者似乎是論及事物底本身，二者都具有這種形式：「一個東西是如此如彼的」。

五、知識論

我們直到現在已經討論過哲學問題底幾個例子。我們已經知道，我們能夠從尋常所用的語言之指物的語態，將這些問題翻譯而爲形式語態。既然有這種翻譯底可能，於是可以證明這些問題是屬於語法的。可是，現在又有一個問題，這個問題就是，相同的道理是否也可以引用到哲學底一切其他的問題和說理（「哲學」這個名辭，我們在前面已經說明了，既不包含著形上學，又不包含著心理學）。照我看來，是可以的。我們現在不妨看看哲學之主要的部分，來考驗我們所說的這種話是否爲眞。

知識論，或者是關於知識的理論，在其一般的形式中，包含著心理學的問題和邏輯的問題。在此，心理學的問題所討論的是知識底程序，即是，我們由之而知道什麼事物的這種心靈事件。假若我們將這些問題交給心理學家，讓他從經驗方面來研究，那末所剩下的問題就是知識之邏輯的解析，或者比較精確地說，是對於這一類底直敘辭說之考驗和證實之邏輯的解析。因爲，知識是由已經積極地證實了的直敘辭說所構成的。這種知識論方面的問題，確乎是可以用形式語態表示出來的，因爲知識論的解析（epistemological analysis），一個所涉的語句之證實問題，必須涉及——如我們在第一章已經說過的——那些觀察語句（observation sentences），這些語句是可以從我們所討論的語句演繹出來的。所以，證實之邏輯的解析，乃是形變規律之語法的解析，這些形變規律是決定怎樣演繹觀察命辭的。因此，知識論——在消除了其形上學的和心理學的成分以後——是語法底一部分。

六、自然哲學

我們可以更注重哲學底某些特殊的部分，這比之討論普通的知識論底問題，似乎更重要些。尤其是所謂的自然哲學（natural philosophy），現在漸漸使大家發生興趣。這一部分哲學底主題是什麼呢？自然哲學底任務是對於自然哲學的研究嗎？我們底解答是，否；沒有對於自然之哲學的研究這樣的東西，因爲，凡能說及自然者，便是說及時間和空間之中的任何事件以及其間之關聯的。而關於這些方面，必須科學家依據於經驗的研究之基礎來討論。在這個範圍之內，再沒有什麼留給哲學家來說了。形上學家們的確嘗試地說了許多關於自然的話。但是，我們已經知道，像這樣的形上學，並不是理論，而無寧是詩。用科學方法來研究的自然哲學，其對象並不是自然，而是自然科學；而且，這種哲學底任務，是對於科學作邏輯的解析，換句話說，是對於科學底語言系統作語法的解析。

我們如果在自然哲學中討論空間與時間底結構，那末我們在實際上就是研究那些決定如何形成並且形變空間表示（space-expression）和時間表示（time-expression）的規律之語法的解析。關於這一點，我們考察考察以下的說理，就可以弄明白了。這個說理是說及時空結構（space-time-structure）底主要特色之一：「時間是一度的，空間是三度的」。這個語句可以翻譯而成如下的形式語態：「一個時間指謂包含著一個座標；一個空間指謂包含著三個座標」。同樣的，「時間在兩個方向是無限的，即是在過去和未來都是無限的」，這個語句可以翻譯而成這一個語句：「任何正的或負的無極限的實數表示（real-number-expression），可以當作時間座標」。「空間有歐基理德的還是有非歐基理德的結構呢？」這個問題，用形式語態表示出來，就是：「我們依之而由某些距離可以計算其他距離的語法規律，是屬於歐基理德形式的呢？還是屬於非歐基理德的形式之一的呢？」

所以，關於空間和時間之結構的一切問題，都是語法的問題；這也就是說，是關於語言之結構的問題，尤其是關於空間座標和時間座標的形成規律和形變規律之結構的問題。

除了空間和時間底問題以外，現代自然哲學尤其是討論因果問題。這些問題是關於物理定律底系統之語法結構的問題。例如，關於基本的物理定律是否是有定的定律（deterministic laws）之形式，還是只爲統計律（statistical laws）之形式的問題。這種邏輯的問題是全部有定論（determinism）底問題之核心。這個問題幾乎常常是以指物語態表示出來的，而且還與形上學的擬似問題混起來了。結果，其性質之爲一語法的問題，反被人所不認識了。

也許有人持反對的意見，他們反對這一點，即是，他們以爲物理定律形式是依據於物理研究底實驗的結果之上，物理定律底形式不僅僅是被理論的語言方面的理由所決定的。這種說法是很對的。但是，我們必須注意到一種事實，物理學家們藉著實驗而得到的經驗的結果，並不限制他們在有定的定律之形式和統計的定律之形式二者之間任擇其一。我們要以什麼形式來陳述一個定律，這是必須以一種決意行動來決定的。的確，這種決定，是以經驗的結果爲依據，但是，這並非是邏輯地而是實際地以之爲根據。試驗底結果，只能夠表明這一種型定方式比另一種型定方式要適當些；這也就是說，試驗底結果，只能夠表明這一種型定方式比另一種型定方式對於整個的物理系統要適當些。無論試驗的結果和物理定律底形式二者之間的實際的關聯是怎樣密切，而關於這些物理定律底形式問題，在每一種情形之中，都是一個語法問題，即是，一個必須以語法名辭表示出來的問題。

的確，這個問題乃是關於一個語言系統之語法問題。這個語言系統，我們還不曾談到，但是仍然爲一個討論底題材。在我們討論的物理的語言（physical language）之未來的形式時，尤其是關於基本的物理定律之形式時，物理學家和邏輯家都得努力。一種適當的解決，只有在兩種看法——物理學之經驗的看法以及語法之形式的看法——都考慮到的時候，才能夠發現。這，不僅僅是對於特殊的因果問題和決定論爲然，而且對於自然哲學底一切問題，以及經驗科學底邏輯解析之一切問題，莫不皆然。所有的像這樣的問題，都是語法問題（syntactical problems）。但是，在研究這些問題的時候，經驗的研究之結果，也是必須顧慮到的。

七、物理主義直敘什麼

既然沒有自然哲學，而只有自然科學底哲學，於是，也就沒有特殊的生命哲學或足有機世界底哲學，而只有生物學底哲學；沒有心靈之哲學，也沒有心靈世界之哲學，而只有心理學底哲學；而且，最後，沒有歷史哲學或是社會哲學，而只有歷史科學和社會科學底哲學；我們必須時常記住，科學底哲學，乃是這種科學底語言之語法的解析。

關於科學底某種範圍底語言之種種主要的問題，乃是關於包含在其中的名辭之性質的問題，開於其中語句之性質的問題，尤其是關於聯繫這種語言和其他特殊語言的形變規律或是翻譯規律（translation rules）的問題，這也就是說，是關於聯繫這種語言與整個科學語言之其他的部分系統（part-systems）的問題。在這些語言之中，物理語言，或者是我們用來說及日常生活中或物理學中之物理的事物（physical things）的語言，乃是重要的一種。在維也納學派裡，我們由討論而得到一種意見，即是，認爲這種物理的語言是一切科學底基本語言，物理語言是包括一切其他科學語言之內容的一種普遍語言（universal languge）。換句話說，科學語言底任何一支之每個語句與物理語言底有某一語句，是同義的；所以，也就能夠翻譯而爲物理語言，而不改變它底內容。牛賴特博士（Dr. Neurath）對於這種論說之建立，大有貢獻，他主張將這種論說叫做物理主義（physicalism）。

爲了便於說明起見，我們可以列舉一個心理的陳述如下：「在十點鐘的時候A先生發怒」。我們知道，和這個語句同義的物理語言中的語句是：「在十點鐘的時候，A先生底身體起某種變化，其特徵爲呼吸底速率增加，脈搏底速率增加，某些肌肉緊張，有產生某些強暴的行動之趨向，等等」。我們現在以'Q_1'來表示發怒這種性質，而以上所說的身體之物理的性質用'Q_2'表示，以't_1'來表示十點鐘。這樣一來，我們可以用符號表示這兩個語句如下：

（心理的）$Q_1(A, t_1)(S_1)$

（物理的）$Q_2(A, t_1)(S_2)$

於是，這裡有一條科學定律，即是，屬於科學語言系統之有效的語句之一個普通的語句。這個普遍的語句是說，無論何時有人在發怒，他底身體便呈所述的物理情況；反過來說，也是一樣的。這可以用符號表示爲：

$$(X)(t)[Q_1(x, t) \equiv Q_2(x, t)]$$

（相等記號'≡'表示兩個方向的蘊涵。）我們已經假定性質Q_2是以這種方法而選擇的，即是，這些定律是一條有效的科學定律，這也就是說，或者它底本身是一條形變規律，或者是藉著像這樣的規律之助而可以演繹出來的。這條定律無需乎是解析的；我們只需假定這條定律是有效的。這條定律可以是綜合的；在這種情形之中，這條定律是**P**-有效的。顯然得很，語句S_2藉著這條定律之助可以從語句S_1演繹出來；同樣，S_1也可以用相同的方法從S_2演繹出來。這樣一來，S_1和S_2互爲結論，所以二者是同義的。（我們必須聲明，S_1和S_2可以是**P**-結論。因此是**P**-同義的。在我們前面對於物理主義的解釋之中，沒有將這樣可能性加以充分的說明。）

在這裡也許又發生這樣的一個問題，即是：我們是否能夠確定，對於任何心理的性質Q_1，我們可以發現一種相當的物理性質Q_2，並且我們因之而能夠有效地說這二者是普遍相等的。假若有一種性質Q_1，可是它沒有一種相當的性質Q_2，那末心理的語句'$Q_1(A, t_1)$'就不能夠翻譯而爲物理的語言，而且物理主義底說法就被否證了。

我們底解答是，在心理的語言中，不能夠有像這樣的一種不可翻譯的性質記號（quality-sign）或者是謂辭（predicate）。因爲，如果在這種語言之中有一個謂辭'Q_1'，而且這個謂辭具有一個意義，那末'$Q_1(A, t_1)$'這個語句必須可以藉著經驗來考察；心理學家必須能夠認識在適當的情境之下，A這個人是否在情況Q_1之中。但是這種認識是以A之可觀察的物理的行動爲依據；因此是有一種相當的物理性質Q_2，與這種行動相聯繫著。

無疑，有人會反對，說，我們可以思議有一種心理的性質Q_1，這種性質對於我們底行動不產生任何影響；雖然像憤怒或快樂這類的情感大部分是以一種易於觀察的情況表現出來，可是還可以有其他的心理狀況，例如像思維，則從來沒有外表的結果。我們假定有一種心理狀態是沒有外表的結果的，而且我們選用'Q_1'這個謂辭來指稱心理語言中的這個狀況。如果這種狀況一點結果也觀察不到的話，那末心理學家藉著什麼來肯定一個人A是在情況Q_1之中呢？對於這個問題，也許有人解答道，心理學家雖然不能夠認識別人底這種心理狀況，可是他仍然可以用'Q_1'這個謂辭來描寫他自己底心理狀況，因爲他認識他自己底心理狀況，並無需有任何外在的表象；他可以用內省法（introspection）來直接認識他底心理狀況，然後用'Q_1'這個謂辭來表示他底發現，例如，這個形式，'Q_1（我，現在）'。我們姑且假定像這樣的一個極端的情形是可能的，可是並不因此而影響到我們底論據；因爲，如果這種心理事件底發展是像我們所假定的，那末仍然有一種可以觀察得到的心理狀況，即是，那個心理學家所寫的或是所說的直敘辭說。

假若我們相信這位心理學家——像在適當的情況之下我們所可以相信的一樣——這也就是說，如果我們承認這位心理學家所作的陳述是他眞有的心理狀況之一充足的徵兆，那末我們自己就可以肯定他現在是在這種心理狀況之中，即是，我們可以肯定'Q_1(P，現在)'這個語句是眞的——'P'是這位心理學家底狀況，但是，像這樣的一個陳述只是以心理語言來表示物理陳述'Q_2(P，現在)'。在此Q_2是P底身體之物理狀況，這種物理狀況是我們從觀察某種物理的動作而演繹出來的，這種物理的動作是P傳達他底內省之結果的物理動作。

我們可以將我們研究底結果總括如下。第一：假若在心理的語言中有一個謂辭，這個謂辭原來只是用來描寫一個人自己底心理狀況——這種心理狀況是由內省而經驗到的——那末在說話之中或寫字的時候，一用到這個謂辭，實際就是表示這種心理狀況。所以，心理的語言並不能夠含有指稱一種不能夠表示的心理狀況的謂辭，第二：即是一個謂辭原來只是用來表示說者自己根據他底內省而得到的心理狀況的，而這個謂詞所指稱的心理狀況沒有語言以外的物理表示，可是終究也能夠被一個人用來表示別人底心理狀況，這個人是以別人底語言表示爲根據來用這個謂辭的。以上是我們用來回答對於物理主義的一個最強烈的反對的一些理由。

八、物理主義不直敘什麼

我們現在要再說一點關於物理主義所實在直敘的是什麼。因爲，對於這種論說如果有人反對，並不使得主張這種論說的人發生什麼煩惱，而主張這種論說的人所怕的，是將這種論說底意謂誤解了。爲了要使物理主義儘可能地被大家所理解，我們不妨表現如下：對於每一種心理的狀況，有一相當的身體上的物理的狀況與之相當，而後者藉著種種普遍的定律而與前者聯繫起來。所以，對於每個心理的語句，比方說S_1，就有一個相當的物理的語句，比方說S_2，S_1和S_2因某些有效的定律而同義。但是，只有這個說法A之二半，即是，關於S_1和S_2的這一半，才是正確的。而第一半則是指明心理狀況和物理狀況的；這一半是屬於語言之指物語態的，因此易於使我們產生擬似問題。

例如，假若我們說及語句S_1所描寫的心理狀況以及S_1所描寫的物理狀況，那末我們便可以發生這個問題，即是，S_1和S_2所描寫的是否實在是兩種狀況，或者只是從兩種不同的觀點來看的同一種狀況；復次，如果它們是兩種狀況，那末我們就可以問，在它們之間的關係是什麼，來說明它們之同時出現；尤其是要問，這種關係是否爲因果關係，或者只是平行的關係。這樣一來，我們就是陷入形上學之中——這就是陷入泥沼之中了。

的確，我們所提到的問題，是屬於最有名的哲學問題之一，這個哲學問題便是所謂的心物問題。這些問題依然是擬似問題，這些問題沒有理論的意義。在這裡，一切有意義的問題都可以用形式語態表現出來，即是，只涉及語句。我們在上面所說的形上學的問題只能用指物語態表示出來，只能述及狀況，而不能述及語句。這是以上所說的形上學的問題之特徵。

在確實有意義的形式問題之中，也許最重要的問題是，對於每個心理的語句S_1，是否有一個相當的物理語句S_2，而S_2又與S_1同義。物理主義對於這個問題底解答是正面的；但是，如果有人提出反對的意見的話，那末這種主張，自然的，往往有討論的餘地。關於物理主義底問題，是一個科學的問題，更精密一點說，是一個邏輯的和一個語法的問題；這個問題，只有更加詳細的研究和討論，才能解決。但是，在一個人應用指物語態時，是否必須說及兩種不同的狀況，一種心理的狀況或是一種物理的狀況，或者只須說及一種狀況，這只是語言底用法之決定問題，也許可以說是一個鑑賞問題。這個問題，並不是事實底問題，像形上學家們在他們爭論的時候所相信的一樣。

九、科學底統一

我們知道，與物理主義有密切關係的，是科學底統一（unity of science）這種主張。假若每個語句可以翻譯而爲物理語言，那末這種語言便是包羅一切的語言，是科學底一種普遍語言。假若有一種語言系統包含著每個科學名辭，那末所有的這些名辭在邏輯上是聯關著的，而且在科學底各種不同部門底名辭之間不能有根本的分類。物理科學，心理學，社會科學，爲了實際的目的確乎是可以分開的，因爲一個科學家不能夠研究所有的題材：但是，這些哲學是立於相同的基礎之上的；最後分析起來，這些科學構成一個統一的科學。

假若有人問我，以上的說法底意思是不是科學底一切部門之中的一切對象，都是屬於同一種類的，那末我底答覆也許是正面的。但是，我們必須注意，這裡所問的問題以及所作的解答，都是屬於指物語態的，而且我希望讀過本書的人，都充分地提防到一種陷阱，而不將我底解答解釋爲是承認一元論這種形上學的說法。物理主義，以及語言底統一（unity of language）和科學底統一之說法，與一元論，二元論，以及多元論這種說法，毫無關係。我們之所以涉及對象底齊一（uniformity of objects），只是爲了遷就尋常的語言之語態罷了。正確地說，我們不應該說及對象，而只應該說及名辭；這樣一來，我們底陳述就變爲：科學之一切部門底名辭在邏輯上是齊一的。

我們現在底目的不是要說服任何人，要他相信我們所主張的物理主義和科學底統一之說法。我們只是試行將這些理論弄清楚；尤其是要指明，這些說法無論如何不是關於事物之本質的形上學的說法，而只是邏輯的說法，我們叫做語法的說法。我們對於物理主義之說明，不過只是我們在前面所說的普遍的道理之一例而已；我們在前面所說的普遍的道理是，邏輯解析底一切說法和問題都是屬乎邏輯語法的，所以哲學（照我們底意義來用這個名辭）底一切論說和問題，也是屬於邏輯語法的。邏輯語法底方法，這也就是說，一個規律系統的語言之形式結構底解析，是哲學底唯一方法。

單篇譯作

自然思想與人文思想

菲格（Herbert Feigl）原著

譯者的話

這篇文字是菲格教授（Professor Herbert Feigl）所作〈自然思想與人文思想：一個科學的展望〉（The Scientific Outlook: Naturalism and Humanism）一文底翻譯。這篇文章原載今年出版的Feigl and Brodbeck合編*Readings in the Philosophy of Science*, Appleton-Century-Crofts, New York。

菲格教授生於奧國萊興堡（Reichenberg），在維也納學派中為積極活躍的要角。一九三〇年來美以後，氏即與懷德海，路易士（C. I. Lewis），及布利基曼（Bridgman）共同工作；現在則任明理蘇達中心（Minnesota Center）科學的哲學之導師，並任幾種重要哲學專刊底編輯；論著頗多。在懷德海，路易士，及布利基曼三人之中，後二者或少為東方的讀者所知。路易士原任教於哈佛大學，現在普林斯頓大學任Hibben Research Fellow。除了邏輯方面的貢獻以外，氏在認識論上的貢獻為「概念的實用論」。彼在美國哲學思想界的影響，僅次於杜威。布利基曼底名字對於東方人或許更較生疏，但在西方哲學思想界幾乎無人不知。「布利基曼」這個名字，到了現今，已經印「運作論」（operationism）不可分了。依據運作論，一概念底意義乃被一組運作手術所規定。如果我們不能舉出某一概念成立所經由的手術——可以是廣義的和間接的，則此一概念對於吾人為不可了解者。此說對於科學底理論與實際之影響至鉅且大。

這篇文章，前半部扼要論陳科學底性質；後半部例舉對科學的十二種誤解並逐條予以解答。愈到後面愈見精彩。讀罷此文，我們可以知道一般對科學的反批評是如何地不能成立；我們更可以知道科學思想與人文思想不相容之說，乃是起於對科學之不甚了了。我們要了解並安排人文問題，必須——雖非必須而又充足地——自科學入手。科學，對於自然界已經獲得重大勝利，我們想不出一絲半毫理由來說科學不會有效地勝利於人文界。而科學之所以能在知識層面不斷擴張其領域，端賴科學方法應用範圍之不斷擴大。當然，這話並不蘊涵「科學萬能」之說。但是，我們要老誠地了解這一點：當著某個問題一時不是科學方法所能解決時，用別的方法更少可靠的解決機率。如果，科學一時力有未逮而過分濫用「先驗」，「超越」，「理性」，等等其本身就大有問題的名詞來求解決，這是玩弄虛妄的名詞。自然，玩弄虛妄，也是人底興趣之一。既然如此，它不會在人間絕跡的，小學生不是常因讀劍俠連環圖畫而著迷嗎？成人也有他們底劍俠連環圖畫哩！成人底劍俠連環圖畫，就是什麼「主義」，什麼「體系」，以及各種各色的「玄學」。當然，在久已受「古文詞章」支配的地區，忽然出現了「玄學詞章」，這不能不算順著這一傳統的大進步。只可惜這一進步距離平實的土地更遠了，一般缺少「慧根」的人跟不上。黑格爾底泛邏輯主義（panlogism）之被套用，算是爲禮教式的泛道德主義蒙上一層新的色彩。但是，其「現實化」底結果，卻是緊跟著希特勒與史達林混合的靈魂走。雖然混血兒如此之缺乏動激力，但已夠大家「受用」了。

現在，毫無例外，擺出英勇姿態來打擊科學的人，他們對於科學的了解程度與提倡「中學爲體，西學爲用」的張制臺（張之洞）不相上下。以這樣的知識程度來打擊科學，其英勇之態，正不下於當年義和拳之拿起九連環，陰陽瓶，如意鉤來與外國人底洋槍大炮對仗。所不同者，今日的義和拳主義（Boxerism）有玄學詞章爲之文飾。不過，其受實際政治需要之導演，則無不同之處。天花總是要出盡的，可惜只怕再沒有當年那樣雄厚的資本做善後工作。這是唯一令人提心吊膽之處。

近來有人提倡「人文主義」。「人文主義」作為一專門哲學（as a technical philosophy）來看，困難問題殊多；作為一社會哲學（as a social philosophy）來看，是否可行，那就要看所謂「人文主義」是那一種人文主義。人文主義，有以傳統主義為背景的一種；還有一種是以科學為必須基礎的。前者可以叫做禮教式的人文主義；後一種可以叫做自然論的人文思想。而近來宣傳人文主義的人則造成大家一種印象：以為人文主義只有禮教式的；而且一談人文主義，一定是超科學的，唯心的，等等。其實，離開科學而談人文，結果不流於虛玄，便流於不近人情，強人所難，或大唱高調，這種禮教式的人文主義，是經不起考驗的。「三月不違仁」者，一碰到西洋來的下流的唯物論，便如湯澆雪，大垮而特垮，可為明證。但是，提倡禮教式的人文主義者，還至死不悟。其所以如此，就中理由之一，乃誇大「超越」，「先驗」之範圍，以為世有騰空於經驗事實的道德律令。今後欲抵狂瀾，唯有建立科學的人文思想。詳細的道理，以後有機會再討論。

菲格教授這篇文章對於頭腦稍微清楚而不想走義和拳路線的人在對科學與人文的了解方面可能有些幫助。為著提高讀者底了解，譯者擇要加以註釋。不過，譯者抱歉沒有把這一工作做到應有的充分地步。這是為了節省篇幅所致。原作者底註釋，譯者也照樣放在正文中。二者都在括號中分別標明。原作中有一處譯者基於學理的觀點認為欠妥，沒有照譯。經譯者與原作者討論後，原作者提出修正。這一討論對於時下也極有價值。茲摘要譯出如後：

菲格教授：

前函收讀，我已經設法買到一冊，《科學之哲學文選》，這部書底內容如此之豐富，對我極為有用。尊作〈自然思想與人文思想〉為我最喜作品之一。這篇文章可以澄清東方人在人文思想與自然思想之間瀰漫的許多擾混念頭。……所以，我想把它譯成中國語言。請您惠予允諾。

關於尊作，鄙意尚有數點還待討論。尊作云：「比較確定地說，現代科學的態度產生了其他兩種思想派別：其一是辯證唯物論。辯證唯物論乃蘇俄官方的哲學，但也時興於英國某些科學團體之間……。」（原書第九頁）在此，我有四個問題：㈠照我想來，辯證唯物論，從其填料方面看，似乎走科學的，但是，它底思想型模卻衍發自黑格爾的形上學。就「科學」一詞之嚴格意義言之，它不大能說是「科學的」。用波柏教授底名詞來說，辯證唯物論，與其謂之為「科學的預見」，無寧說它是「歷史的先知之預言」。您以為然嗎？㈡在民主國邦是否有「官方哲學」？㈢「時興的」是否一真理標準？㈣這種「官方哲學」時興於那些「英國的科學團體」之間？這些問題，很使我惶恐，請您抽點空為我解答。……

菲格教授來函云：

殷教授：

我很高興地允許您把拙作〈自然思想與人文思想〉譯成中文並予發表。……關於您底問題，我可以對您保證，我完全同意波柏教授對於辯證法之批評的衡量——無論是黑格爾式的還是馬克斯式的，都是如此。我說辯證唯物論可以看作是現代科學態度底產物，這話也許說得過分客氣了。幸運得很，在民主國邦，並沒有「官方哲學」。去年八月，科學之哲學國際大會在瑞士楚理希開會，我前往參加。那一次蘇俄哲學家底表演，我到現在仍感到沮喪。事實很明顯地擺在大家面前，蘇俄只有一種哲學，任何個人都不得改變它。至於「時興」是否為一真理之標準，我覺得這個問題是一個修詞問題，似乎不必討論。我所說的英國辯證唯物論者，例如，海勒登，尼德門、柏納勒、康夫司等等。在這四位之中，頭三位可巧都是第一流的科學家。然而，這些輝煌的心靈，竟陷入這樣一種主義之中。這是我覺得幾乎不可解的事，而且確乎是令人傷心的事。如果我們對於科學方法有正確的了解，那末我們對於辯證唯物論是應須譴責的。……（下略）

我們在這裡可以窺見西方科學的哲學家對於辯證唯物論之類底東西所持的態度為何。而西方學人勇於修正自己的觀點的風度，尤其值得我們注意。

自然思想與人文思想

在普通教育中，非常需要把科學的思想和人文的思想作建設性的綜合，而且使二者相輔為用，可是，不幸得很，迄今為止，在科學的思想和人文的思想之間，有某些混亂和誤解。本文之主要目標，在消除這些混亂和誤解的想法。

照我看來，科學與人文二者之哲學基礎迄為大家所誤解。有許許多多人以為，科學與人文二者在根本上是不相容的。這種看法，係起於許多哲學上的成見。由於文化進展之遲滯，我們還沒有把這些成見完全廓清，這是很不幸的事。時至今日，有些人一提起科學來，以為它不過是可笑的機械式的對於宇宙之一減削的看法而已。（譯者按：所謂減削的看法，即把事實看得太簡單，而忽略了相干的重要因素。例如，只以經濟因素為歷史發展的導力，便是減削的看法。同樣，以為只要根據物理科學的定律即可說明宇宙萬象，就是機械式的減削論。不過，時至今日，很少科學家持執這種十九世紀的觀點。）這種對於科學的看法，是人文思想的代表人物對科學的諷刺。這些人大都不明瞭現代科學底性質，也不明瞭新近哲學中的科學觀。保衛人文思想的人常把人文思想置於歪曲的哲學基礎之上。這種辦法，徒足增加自然思想與人文思想間不諧和的程度而已。

保衛人文思想者所犯的種種錯誤之特徵，可以各別地叫做減削的謬誤（reductive fallacy）和抽引式的謬誤（seductive fallacy）。他們說，科學忽略了最重要的人文價值。之所以如此，也許是由於他們採用科學方法所致。或者，科學家在用科學方法來說明現象時，天然把最重要的人文價值取消了。照這種看法來說，科學是犯了減削的謬誤。這類底人文思想者又常以爲，人底心靈有許多方面，尤其是在道德，宗教，和藝術的範圍裡，含有精神的要素。這種精神的要素是不能化約而成其他要素的。因此之故，無論科學方法怎樣發達，這種精神的要素總不能用科學方法來解釋。我把這種謬誤叫做抽引式的謬誤。因爲觸犯這種謬誤的人，往往是詹美士（William James）所說「軟心腸的人」。所謂「軟心腸」，意即如願的想法和情緒的想法，等等。

抽引式的謬誤和減削式的謬誤之間的死結只能藉著建設性的綜合來解開。抽引式的學說往往狀貌堂皇，言詞冗長。（這真是東西如出一轍。抽引式的學說之引人入勝處，也往往下在其內容，而在其「體系」狀貌堂皇與言詞冗長，甚至在其言詞之不能通解。這與菩薩並無靈驗，而殿堂陰森則令善男信女肅然起敬正同。——譯者）而減削式的學說則設詞苛刻而嚴酷。不過，這兩種思想除了這些毛病以外，也有些可取之處。我們可藉建設性的綜合方法把二者可取之處加以保留和發展。時至今日，無論是「還有許多」的哲學，或是「不過如此」的哲學，都是不行的。我們今日所需要的哲學是求解答「什麼是什麼？」的哲學。只有這種哲學，才既不會引我們走上神祕之路，又不會使我們把經驗世界看得太簡單。這種哲學的展望，即使尚未完成，可幸正在建設之中。

美國的思想，目前正在高度發展的途程裡。在美國思想界，自然思想和人文思想中有價值的要素正在漸漸結合起來，形成一種新的整合的思想。查理・斐士（Charles Peirce）、詹美士・杜威・梅德（Mead）、鄂圖（Otto）、凱倫（Kallen）及胡克（Hook）底實用論；柏利（Perry）、賀特（Holt）、塞拉斯（R. W.

Sellars）、德瑞克（Drake）及山大耶納（Santayana）底自然觀的實在論；布利基曼、赫勒（Hull）、托勒門（Tolman）、倫德堡（Lundberg）、維納（N. Wiener）、法蘭克（P. Frank）、莫利斯（C. Morris）、洛索普（Northrop）、開納普（Camap）、萊新巴赫（Reichenbach）及奈格勒（Nagel）等人底科學經驗論；功利主義底自由派，即「美國的人文主義者」；這些思想在美國都是很有影響力的。所有的這些思想趨向，與許多別的思想趨向，輻湊成一個廣大的思想運動。這一廣大的思想運動，可以看作是十八世紀的啓蒙運動在二十世紀的承續。（所以，反十八世紀的啓蒙思想者亦必厭惡英美現代思想的主流。這等人士，主張恢復「中古精神」，甚至某種「古代精神」；其結果則幫助了極權統治。因為，中古精神，一碰到現代統治技術，剛好化合而成極權統治。無論是法西斯納粹，還是共產黨，他們底「精神結構」都是中古式的；而其統治技術則極現代化。此可謂「古學為體，今學為用」。在走向淪落與毀滅的社會，提倡這類「古學」，不獨無一絲一毫「正面」的好處，徒成罪惡虛偽之飾帳。石頭滾下山，其勢不到底不止，而各種因素則又從而助長之。患夫！——譯者）

上面所列舉的哲學思想是受科學影響的哲學思想。一般人所注重的人文思想在這些哲學思想中占有極其重要的地位。這一事實，非常顯明，幾乎用不到再詳細的說明。自古以來，自由與責任，權利與義務，創造力與欣賞力，等等屬乎人的價值，充滿了神學的和形上學的色彩。時至今日，這些屬乎人的價值已經透過前述的那些思想而與神學及形上學分了家。（譯者按：許多提倡「古學」的人，泥於書本文字的記載，不察古來這些屬乎人的價值之所以充滿了神學和形上學的色彩，主要係因人底理知在原始階段未曾發達所致。這是一偶有屬性。這一偶有屬性，將隨人底理知逐漸發達而逐漸消失。切合人生需要的一個或多個倫範系統將漸在科學理知之光的燭照之下建立起來，代替舊有妨害人底美滿生活的神權式的或「法師式」的倫範。而此時正在這一新舊交替之秋。舊的堤防崩潰了，怎麼辦呢？一、腐頑又妄自尊大的分子，一方面拼命逆水搶救；另一方面嚴禁他人建築新堤。二、狂悖無知的分子拼命破壞舊堤；而自己築不起新堤。三、富於理知的分子，一方面徐徐穩步拆除徒足藏汙納垢而又擋不了洪水的殘缺舊堤；另一方面設計建立以科學為必須礎石的新堤。第三種辦法，係得自科學的哲學之啓示。）我們知道了屬於人的價值脫離神學與形上學的這一變動，就足以知道前述的哲學思想之影響是怎樣重大。近五六十年來，哲學解析日漸正確，日漸不抹煞問題。哲學的解析工作，就是哲學的重建工作。這種工作依然在繼續之中。現代的哲學，由於受現代科學底影響，已經放棄了早前的許多言大而誇的和野心過大的企圖，轉而從事小心翼翼和比較有用的工作。（譯者按：這是哲學底重大進步，也是人類知識演進之結果。可是，在東方許多人昧於此理，還在把哲學當作「上下古今談」。這真是自誤誤人。）現在，哲學所從事的工作，乃釐清知識和價值底基礎。我現在要把我認爲這些思潮中最重要的看法和啓示，應用到一般教育底宗旨上。

顯然得很，時至今日，就教育而言，最迫切的事無過於有一適合於科學時代而且可行的社會哲學。自昔至今，有許多重要的教育哲學。在這些教育哲學中，我首先要舉出兩種潮流：一種是新多瑪主義（neo-Thomism）；另一種是禮法式的人文主義（literary humanism）。這二者都是傳統主義的，而且整個昧於科學時代所發生的事實，或者試行與科學時代所發生的事實抗爭。當然，照我看來，這種抗爭是不成功的。這些思想都是以神學或形上學的臆設爲根據，因而與現代的科學展望不相容。（譯者按：在東方世界，於文字語言中出現所謂的「人文主義」，正是這一路底貨色。這一路底「人文主義」者不懂科學，而要假「吸納」科學或「收縮」科學以取消科學。例如，提出所謂「人文主義的經濟學」。真是荒謬絕倫！吾人需知，科學如戴上任何「主義」的帽子，將不復為科學矣！浩劫即臨頭矣！你既然有「人文主義的經濟學」，在邏輯上，也就可以提出所謂「馬克斯主義的經濟學」。科學而成「主義」甚至政治之婢僕，尚得謂之為知識乎？科學之所以可貴，就在它能「免於」或「中立於」任何「主義」。「唯物史觀」固然有顏色；「唯心史觀」又何嘗沒有顏色！數十年來，吾民苦「主義」、「體系」、「史觀」久矣！吾人茲所要求者，為居住於一無任何「主義」染色的世界之中，然後依據獨立於任何傳統哲學成見尤其政治成見的知識，而確立行為之標準。）其他兩派底教育思想則爲現代科學的產物。一派是英國某些科學團體之間所流行的思想。另一派是美國教育中十分流行的職業主義。這種思想很難說是一種哲學。這兩派底共同興趣，都是極力在實用方面和技術方面應用自然科學與社會學底成果。這種看法似乎是有反對之餘地的，至少是亟待修正與補充的。照我們看來，比較可以接受的思想是「科學的人文論」。這種思想，至少在其一般的展望之中，是與美國教育中的進步思想或改造思想有關聯的。這類思想把科學態度與全部人文價值的積極興趣綜合起來。科學教育與人文教育乃今日時代所迫切需要者。但是，我們怎樣把這兩種教育適當聯繫起來呢？如果我們說科學思想與人文思想並無何等不調協之處，也許引起某些人底不快之情。我們現在所提出的這個問題，卻可以把這種不快之情顯露出來。

許許多多人之所以認爲科學與人文不相容，在基本上係由於他們對於科學底性質有所誤解。我們需要對於科學之歷史的發展和科學底性質作適當的說明。我們也要把科學底種種特點與科學前期的以及非科學的態度加以比較。這類工作可以幫助我們明瞭，人類只有藉著科學的思考方式，才能達到知識的成年。（譯者按：這話非常重要。我們可以承認情感與信仰底價值——至少工具價值。但是，在純知識範圍裡，如作非科學甚或反科學的想法，便是知識方面尚未成年的表現。）

在我們這個時代中，仍然充滿了科學前期的思想型模所遺留下來的殘渣。魔術，生機主義，神話，神學，和形上學，都是殘渣。（譯者按：把無所謂有生命或無生命的東西當作有生命的東西之看法，便是生機主義animism。這是科學前期人類原始思想方式之一。例如，山川有精靈，樹有樹神，日月星辰可敬可畏，「文化生命」，等等。）魔術，生機主義，神話，神學，和形上學，都是人類理知尚未成熟的表現。在這些東西裡，我們找不到現代科學方法底顯著特徵；即使是有的話，也不過只有一點模糊的輪廓而已。

科學方法底標準

科學方法底基本特徵是什麼？許多人往往以爲我們很難替科學下一個適當的界說。這個問題之所在，照我看來，主要地是一個名詞的問題。首先，我們得把純數學和事實科學分開。（譯者按：嚴格地說，這種區分，只是便利之計；並不能表示純數學與事實科學在性質上有何基本差異。數理科學也是一種經驗科學。近年以來，「理性主義」底論據日在動搖之中。請參看H. B. Curry: *Outlines of a Formalist Philosophy of Mathematics*, 1951）純數學只是一種形式概念的訓練。所謂事實科學，即經驗科學。經驗科學包括自然科學，以及社會文化科學（social-cultural science）。（譯者按：若干人所說的「歷史文化」，如有確定的意指，便是社會文化科學一部分的題材。時至今日，這類題材，已可逐漸納入科學方法研究範圍以內，非復如昔日科學對之無辦法而一任「哲學家」閉眼玄想也。）純數學底性質是有確定性的，完全精準，並有必然性。之所以如此，因純數學離越於經驗事實。（譯者按：這只是就系統形式之構作來說。）當數學應用於事實科學時，只把它底形式和演繹結構應用於經驗所提供的內容而已。然而，在組織經驗事實並且推演經驗事實時數學無論怎樣重要，經驗知識不能到達純數學那種絕對精確和必然有效的地步。自然科學與社會科學所要求的知識是繼續不斷向著確切的標準逼近，並且增加其可印證的程度。在經驗科學中，我們所能得到的，只有保證的斷說性或蓋然性。經驗科學乃一無有止境的追求。經驗科學的眞理很少能說是最後的眞理。在這種意義之下的科學，與藉健康的常識而逐漸累積起來的知識，只有程度之不同，並無性質之別。（這種看法，平實之至。而「聖殿哲學」oracular philosophy，則其貌巖巖，高出眾黎之上，懍然不可犯。兩相比較，何種態度可能導向民主，何種態度可能培養極權，吾人可思過半矣。——譯者）

科學底目標是記述，說明，並作預斷。記述是基本工作，而且也是不可少的。說明和預斷的關係極其密切。如果科學的研究不只限於搜集事實的階段的話，那末說明和預斷乃科學工作中最受人歡迎的果實。歷史往往被人看作是一種藝術。這種看法目前還是十分流行。可是，照我們看來，歷史在某種程度以內是一種科學。歷史學家要細心考訂現有的證據來確定過去的事實。在這種程度以內，歷史就是一種科學。我們要說明歷史事實底因果關係，往往比說明自然科學所研究的事實之因果關係要困難些。雖然如此，可是，就原則而論，二者並非在邏輯上有何不同之處。同樣，我們也可說明心理學，社會學，文化人類學，和經濟學所研究的事實之因果關係，純經驗科學底目標，在整個科學領域中，根本是一樣的。科學家所追求的，是對事實之記述，說明，以及預斷。科學家並且要求盡可能地把這些研究工作做得適當和精確。

所以，科學知識之尋求，是被某些標準所規定了的。這些標準是我們所要逼近的一些理想形式。我們將這些理想形式懸爲科學所要到達的目標。然而，科學也許永遠不能完全達到這些目標。我們現在將科學研究所本之最重要的規範理想陳述如下：

㈠互爲主觀的可檢證性（intersubjective testability）。一般人常說，科學要有「客觀性」。我們現在說，科學需有互爲主觀的可檢證性，我們這種說法比一般的說法要適當些。我們這種說法，可以使科學免於個人的或文化的偏見；不僅如此，而且使任何具有適當知能以及在觀察或實驗方面有專門技術的人，都可在原則上把科學知識付諸檢證。這裡所謂可在原則上把科學知識付諸檢證，意思就是說，科學知識至少可以間接地或在某種程度以內予以證明或予以否證。我們之所以提出「互爲主觀」這個名詞，爲的就是著重科學研究工作之社會的性質。假若有何「眞理」只能爲少數特殊分子所接近，那麼這類所謂的「眞理」不是我們在科學中所能找得到的。例如，神祕之說或玄幻之說，都是這類底東西。這類底東西，就其性質說，不能爲任何其他的人來獨立地檢證。所以，我們說科學必須要有互爲主觀的可檢證性，這個標準可以幫助我們把人底科學活動與非科學的活動分別出來。

宗教的狂熱，愛之激情，藝術家底靈感，甚至科學天才底靈光一現，都不能算是科學底活動。這類底活動，也許可能變成科學研究之題材。但是，這些活動之本身不足以成爲有效的知識。在科學的直觀中，或者像在心理文化範圍裡的同感作用一樣，這些活動可能是衍生知識的工具。然而，要把這些活動變成知識，必須滿足兩個條件：第一、把他們組織成互爲主觀因而可以理解的狀態；第二、可以付諸適當的檢證，俾便確定其是否可靠。有許多信仰是超乎一切可能的檢證的。這也就是說，我們無論用觀察，對己觀察，（譯者按：即舊式心理學中所說的「內省法」。）實驗，測量，或者是用統計的解析方法，都無以檢證。這類底信仰，有人認爲是神學的信仰或形上學的信仰。這類底信仰既然無法檢證，因而也就沒有常識或事實科學所有的意義的那種類型底意義。在原則上不能印證的神學和形上學可以叫做超越的神學及形上學。從科學的哲學之觀點看來，超越神學和形上學中的那些說素，其所以激動那麼多人，主要地是其情緒的因素使然。（請讀者注意：《紅樓夢》和《茶花女》感動了更多的人。固無待乎「哲學大師」製作超越的形上學之說素也。——譯者）我們承認，語言文字之圖畫的，情緒的，和動機的聲訴力，在實際的生活，藝術，教育，觀導和宣傳方面，是不可少的，也許是有價值的。不過，無論如何，我們不能把這些東西與認知的意義（cognitive meanings）混爲一談。所謂認知的意義，包括純形式的意義和經驗的意義。認知的意義乃科學之要素。吾人須知，每種類型底意義各有其功用。在語言文字最大部分的用法之中，認知的意義和非認知的意義是聯在一起的，甚至是融合起來的。我們在此所要注重的唯一之點，是不要把這兩種意義攪混起來。如果我們要認清我們所說的是什麼，那麼不可把認知的意義當作非認知的意義，也不可把非認知的意義當作認知的意義。

(二)可靠性，或有足夠的印證程度。這是科學知識之所以爲科學知識的第二個標準。這個標準幫助我們將通常所說的「意見」（或更糟的東西，「迷信」）與知識（即有良好根據的信仰）分別出來。這個標準也可以看作是把科學知識從非科學知識裡劃分出來的一個標準。顯然得很，這個標準與第一個標準不同。依據這個標準，科學知識與非科學知識之不同，只是程度之不同而已。我們固然可以說科學中已經印證了的定律，定理，或假設，與不十分有根據的猜測及試行提出的觀念，二者之間並無顯著的界線。然而，通常試行提出的觀念，有時被吸收到科學知識裡去，有時因得不到印證而被排除。我們有時所追求的眞理，其實是「迷信」。這樣的一些眞理，又常常是基於輕率的推廣作用而形成的判斷，或者是基於薄弱的類比作用而形成的判斷。這類底判斷，即使合於可檢證底標準，可是與蓋然程度極低的「科學眞理」還是不同。蓋然程度極低的科學眞理雖然蓋然程度極低，但是究竟還可以拿出有利的證據來支持它，所以我們把它當作科學的眞理。例如，占星術或鍊丹術，這些東西並非全然沒有事實上的意義，但是我們認爲這些東西是假的。之所以如此，因爲這些東西與所有的證據都不相合。現代的實驗技術和統計的解析是我們用來分辨何者爲機遇，何者爲定律之最有力量的工具；因而二者也是我們用來增進知識底可靠程度之最佳的工具。

㈢確定與精審。這一條是科學方法之顯著的標準，依據這個標準，我們在組織科學知識時，必須盡可能地界限確定，到現在爲止，有些科學還是依照性質而分類的。依照性質而分類的科學，不免有界線互相跨越以致弄得混淆不清的情形。依照確定與精審這一標準，我們就應把這種情形減少到最低程度。至於定量的科學，由於應用測量技術，其概念之精確已達到驚人的地步。測量方法往往也增進科學知識之客觀的程度。當我們將現代科學所用的測量方法與那純憑印象而估計的辦法作一比較時，這一點便顯得特別易於判明。自然，我們現在所討論的問題，則尤其需要弄得很明白而精確。（我們切奶油時是無需用剃刀的。）

㈣融貫或有系統的結構。赫胥黎（T. H. Huxley）替科學下一個定義，說科學是「有組織的常識」。當赫胥黎替科學下這樣的定義時，他底意思就是說科學知識必須是自相融貫的，或是必須有系統結構的。我們在科學裡所尋求的，並非一堆雜亂無章的片斷的消息，而是一組安排得很好的命辭。這一組命辭，是對事實之說明。就科學的記述來論，融貫即是分類，歸類，圖解，用統計表來表示，等等。就科學的說明而論，融貫表現於科學定律，或理論的假設。科學的解釋係由假設的演繹程序構成。科學中的定律，定理，或假設，都可以當作前題。從這樣的前題出發，我們以邏輯數學的方法，推演出已被觀察或可被觀察的事實。這些事實，本來是屬於各種不同範圍裡的，經過這一番系統化的處理程序，於是整合於一個融貫的統一的結構之中。（神學的體系或形上學的體系之建立者，往往野心甚熾，試行模倣科學這一特點，建造體系。即使他們所構造的體系比較類似於幾何學，可是依然與科學大不相同：他們所構造的體系沒有我們在前面所說的可檢證性或可靠性。）（譯者按：這是因為形上學的體系乃玄想之產物，有時甚至係一堆空無認知意義的詞句。）

(五) 廣含性，或知識底範圍。這是我們所舉科學知識之最後的一個標準。依據這個標準，我們也可以知道科學知識與常識在程度上不同，而且常常不同得很多。科學靠著大膽的及廣含的假設，尤其靠著精巧的檢證方法。因此，科學知識所達到的範圍，遠非常識所能企及。我們現在所能操縱的儀器很多很多，例如望遠鏡，顯微鏡，析光鏡，蓋氏檢測儀，測謊機，以及其他許許多多現代科學上的設備。我們利用這些設備來擴大我們底識見範圍，窺見那極其遙遠的世界，極其廣漠的宇宙，極小的原子構造，並且掀開僞裝的事物使其眞相顯露。結果，科學知識日趨完備。因此之故，一般人對科學所獲得的最深印象，就是以爲科學乃完備的知識。不過，我們必須知道，科學知識之所以得有今日的成就，乃辛勤工作之結果。科學底這種成就，與形上學家所幻構的所謂完整的宇宙圖象，是不可混爲一談的，形上學家底宇宙圖象，乃語言魔術之產品。（譯者按：此語乃現代語意學的研究之結晶，不可等閒視之也。）科學家並沒有想對於整個宇宙有一個一掃無餘的說明。眞正的科學家總是亮開知識之門，對於他所提出的假設，隨時歡迎別人提出修正。如果別人所提出的證據使得他們所立的假設可疑，他們便改變其假設，甚至不惜予以放棄。科學家底這種態度和辦法，叫做科學之自我修正。科學家極其注重這一點，所以這一點也可看作是科學最重要的特徵。當科學家企圖用科學來說明宇宙時，常常把這一點放在心頭。這樣，他們才能時時提防，看他們底說法是否有誤。夫生也有涯，而知也無涯。吾人能否時常自動修正自己底知識，乃吾人理知是否成熟之一記號。

我們在以上把科學底標準說了一個大概。我們以上所說的，似乎多少出之以武斷的態度。我們之所以出此，只是由於圖簡便起見。（原作者註：如果我們要將有關科學標準之邏輯的，知識論的，方法論的，和歷史的諸方面加以徹底的討論，那末另外寫一篇文章是不夠的，必須寫一整本書才行。）照作者看來，我們要能了解在科學標準背後的精神狀態，必須把從魔術到科學的歷史發展，作一客觀而精審的研究。在任何情形之下，我們在以上所例舉的科學標準，乃現代經濟科學所需達到的理想鵠的。所以，就我們今日所了解的科學這一名詞而論，上列標準也可視作科學之定義。至於在將來「科學」一詞究何所指，這個問題似乎無什麼用處。

我們必須記住，上列標準所表徵的是純經驗科學底性質。而應用科學底目標，乃實際事物的支配，生產，指導，治療，改造，等等。各種專門技術，醫藥，社會設計，與經濟設計，等等，都是應用科學。應用科學如其有用而且可靠，顯然易見是以正確科學知識爲依據的。而正確的科學知識則全爲純科學方法所支持。（我們在以上所說的種種，只是爲了作一在邏輯上重要的劃分。在實際上，純粹科學與應用科學顯然是互相刺激，互相衍生的。這一事實，我們當然並不否認。）

對於科學的種種誤解及其批評

我們在上面將科學方法底性質至少列出一個大綱，可是，自來許多人對於科學發生不少的誤解。我們現在要把一些常見的誤解列舉出來，並且一一加以批評。我們在下面所陳示的，是非難科學的十幾種典型的說法，以及我們對於這些非難的答辯。（原作者註：提出這些非難的人並非草包。二十餘年來，作者在閱讀書刊，聆聽他人言論，教授哲學，以及與別人討論時，常常碰到對科學的這些非難；不僅在歐洲是如此，在美國也是如此。如果有足夠的篇幅，而且時間絲毫不足寶貴的話，我可以把許多著名作家關於這方面的言論徵引在這裡。）

㈠有些人說，科學不過全然起於實用的需要和社會的需要。因此，科學底唯一價值，不過滿足這些需要而已。這種說法即使確係事實——而且是重要的事實，但非全部事實。我們知道，科學除了滿足實用的目標以外，也常常作知識上的追求。科學之作知識上的追求，是爲了滿足人類心靈深處的好奇心。我們必須承認科學與藝術、文學及音樂一樣，也是文化價值之一。如果我們把科學及科學史教得好一些，那末可以使科學底地位與其他的文化價值保持平衡的關係。如果我們比較充分地利用科學史以及科學底哲學之結果與啓示，那麼可使學生能夠較深地欣賞科學知識之進步，並且了解如何從科學的觀點來看世界。如果我們能給學生以適當的誘導，學生可能重新發現科學某些重要的結果。假若我們發現了自然現象底秩序，假若我們藉著一些定律和學理來了解自然現象底行程，那麼我們會得到知識上的欣喜和滿足。這種欣喜和滿足，是我們追求純知識時最有力量的激動因素之一。

㈡有些人說，科學不能確立人文事務之基礎，因爲科學本身是不穩定的。科學底看法時常在變動之中。（對於科學持這種看法的人，是些傳統主義者。）

我們並不否認，科學是常在進步之中，而且有時也發生激劇的變革。不過，這種情形被非難者過分誇大，因而其非難不免變成浮誇之詞。科學之不斷的進步，正足以表示在科學中後來的看法往往包括了早先的看法之大部分。除非早先的看法一再受得起檢證的考驗，它才不致被新的看法取代。在科學中，比較激烈的改變，往往引起某門科學中的概念骨架之改造。說科學不穩定的人往往預先假定人類知識底確定性有別的來源，而且這些來源在性質上是與科學不同的。這種想法，是經不起嚴格考驗的。吾人須知，企求知識的絕對確定性之舉，即使不是幼稚的行爲，也是思想尚未成熟的表現。（斯言良是。世主動輒侈言什麼什麼的「形上學基礎」者，盡是此等思想尚在幼稚階段的神乎其神之輩。此等分子不是流入空誕虛玄與玩弄文字，便是流入橫暴武斷。例如，動輒倡言「大決斷」，即為此類表現之一。所謂「大決斷」者，不過「大武斷」之別名而已。徒以其飾之以擬似的聖諭式的形上學詞章，致使其望文生義之從徒懵然不察而已。——譯者）我們所能建立的最佳知識，只能藉試行錯誤來獲致。（譯者按：此乃平實之論。全部科學發展史可證此言之不謬。如果有人說他已經建立好了一成即就的「大體系」，再無增減之餘地。一切只須往裡面套，應用不窮，這不是自欺，便是欺人。世上決無此事。因此事之實現，乃在人力之外者。）我們所能爲力者，只是在人力和技術力量所可及的範圍內，盡量把知識弄得可靠，這種情形，也是科學底要素之一。

(三)有些人說，科學建立於沒有經過批評的預先假設之上。科學是靠科學自己底標準來證明科學的看法。所以，我們如果用科學的方法來解決知識問題並且決定行爲方向，那末便陷於循環論證的謬誤。

吾人須知，在科學全部發展歷程之中，科學已經釐清其基本臆設，並且修正其基本臆設。自近代以來，科學的哲學對於科學底基本假設之批評更是不遺餘力。尤其是自本世紀初葉以來，這種工作做得更見普遍而且日漸趨於嚴格。科學家將這類批評用來掃除科學中種種獨斷的成見，並且建立科學方法底概念骨架。這種工作，近數十年來，進行得很有成果。我們藉著邏輯解析的方法可以確切表明，科學方法能夠產生可靠知識之唯一的方法。至於神學，形上學，神秘主義，直覺，和辯證法，顯然與科學方法大相逕庭。如果我們說這些東西對人類底知識有何貢獻，那末也只能用通常的科學方法來考驗，來鑑定。一般說來，這些東西底根本目標，似乎不在製造知識，而是像藝術一樣，在於充實我們底經驗內容。所以，我們與其說這些東西是反科學的，不如說是科學以外的。（譯者按：有許多人所說的「情感」，也是一種可經驗的內容。但這種內容並非知識，也不能代替知識，更不能領導知識，充其量來只能使用知識。）

(四)有人說，科學歪曲事實。科學往往用削足適履的辦法要事實合於其定律。有時事實是聯續的，科學卻把它說成不聯續的。有時事實是不聯續的，科學卻把它說成聯續的。科學常用抽象方法，並爲事象預立理想標型。

但是，這種辦法不能使我們得到經驗之豐富而繁複的內容。科學底工作是發現關於某種事物在某種情形之下可靠的和精確的知識。因此，科學是盡可能地求逼近事實之眞相。聯續及不聯續都可用數學方式表示出來，而且只有藉現代數學之助才能表示得適當。

(五)有人說，科學只能對付可度量的事物，因而易於將不能度量的事物「解釋掉了」。度量乃增加知識底精確程度和客觀性時不可少的方法。不過，有些科學比較著重性質的解析。所以，對於科學底這些部門而言，度量方法並非必不可少者。科學並不把經驗底性質解析掉了。科學是想使這些性質更能被我們所了解，甚至被我們所預料。

(六)有人說，科學從來下能夠說明經驗現象；它只能記述經驗現象。因而在現象以外的實在世界也就非科學之所能及。

這種批評，有一部分是名詞問題；有一部分則起於形上學家將現象與實在加以區分。形上學家所占的這種區分，是由哲學底一種傳統而來。不過，這種區分是一種最錯誤的辦法，而且毫無用處。如果此處所謂的「說明」一詞是我們日常生活中所用的意義，那末科學確乎是說明事實的——科學把事實命題從種種定律或理論的臆設裡推論出來。至於要問有那些事實在原則上不可能用科學方法來研究，這樣的問題，嚴格分析起來，並非一知識上的問題。這樣的問題，乃情緒高漲之表現，或者是希望激發某種經驗之表現。

(七)有人說，科學與宗教不相容，科學態度與宗教態度不相容。假若所謂宗教，意指對宇宙之解釋；並且從宗教的前題推演出道德倫範，那末宗教所產生的結果，方法，以及看法，與科學確乎有邏輯上的不相容之處。但是，如果所謂宗教意指對人生價值之虔誠獻身的態度，例如，正義，和平，解除痛苦，那麼宗教與科學之間不僅無何衝突，而且是需要互相補償的。

(八)有人說，科學對於現代文明底種種罪惡和失調之處應負責任。科學製造毀滅性的武器。值此機械時代，科學技術之應用，造成大家在生理上和心理上的不幸。人類愈進化，道德愈墮落。

對於科學的這類抨擊，可以說是最浮淺的。目前的世界之所以發生各種各樣的罪惡，係由社會底政治和經濟組織不良所致。（譯者按：其所以如此，還是不依從科學知識所致。）無論就社會而言還是就道德而言，科學知識是中立的。無論利用科學爲福爲禍，全憑我們自己決定。不過，時至今日，科學家愈來愈加感到他們必須爲適當運用知識而從事啓蒙工作。科學家們底這種要求，較之一般人更要眞切些。至於進化的理論和事實對於倫理學發生什麼涵義，則有許多不同的解釋。裘利・赫胥黎（Julian Huxley）對於這個問題的態度與他底祖父多瑪・赫胥黎（Thomas Huxley）者大不相同。我們很容易看出，在人類文化與高等社群生活中發生積極作用的力量，不能完全化約而成那些爲生存而作無情鬥爭的力量。（原作者註：請參看Julian Huxley, *Touchstone for Ethics*〔Harper, 1947〕；又請參看C. D. Broad, "Review of Julian S. Huxley's Evolutionary Ethics"〔*Mind*, 53, 1944〕，重印於H. Feigl and W. Sellars, *Readings in Philosophical Analysis*〔Appleton-Century-Crofts, 1949〕。）

(九)有人說，科學眞理對於倫理是中立的。研究純科學的人居在象牙塔裡。因此，科學家容易對當前的人生切要問題漠不關心。

吾人須知，當探求眞理時必須不顧實際的利害。而熱心增進人生幸福則爲另一件事。不過，這二者雖各不相同，但並不相衝突。只有痲木的人才不能把無關利害的眞理探究，與爲人生謀幸福之事聯貫起來。（所以，攻擊「個人興趣」，「純技術觀點」，等等，真是無的放矢之談。——譯者）

(十)有許多人說，科學方法在說明，預斷，並控制物理現象時固然極其成功；可是，在研究有機事實時則成功極少；而科學研究心靈現象和社會現象更殊無成功之希望。物理科學底方法，即使不是唯物主義的，也根本是機械主義的，因而也就難免忽略了或消滅了許多重要的因素。於是，科學也就無以說明生命與心靈複雜的有機現象，有目的之行爲，以及突創的變化。

時至今日，許多批評和非難科學者所用的口號，說我們這種重視科學的看法，是「科學主義」。這個名詞目前十分流行。的確，有些科學家，尤其是許多提倡科學的人，忽視生命與心靈之複雜的有機現象，有目的之行爲，以及突創的變化之特點，而把事情看得太簡單。但是，許多第一流的科學家所表現的眞科學精神則不是如此浮躁，不是如此粗俗，不是想藉著空幻的玄想把科學未完成的工作完成於一蹴之間。我們承認，在科學中，尚有些重大的問題未曾解決。但是，我們要問：要解決這些問題，除了科學方法以外，還有些什麼方法呢？時至今日，即使在物理學中，對事物之機械主義的解釋方法也被擯棄了。（原作者註：在此所稱機械主義的解釋方式，只取其一義。）但是，如果所謂機械式的解釋，係意指尋求一定的定律，那末依然是一切高級科學不可少的研究程序。這裡所謂的高級科學，意指超過那純然搜集事實階段的科學。所謂有機的整體，目的論，以及突創的進化，如果可以了解的話，只有在通常的經驗基礎之上藉著因果的解析方法來了解。目的性以及選擇之自由，這些東西一點也不與因果法則衝突。不僅如此，而且是預先假定因果秩序的。

(十一)有些人說，科學方法從來不能代替實用心理學家，心理病療家，文化人類學家，或歷史學家底直觀或同感的了解。當著我們想對個別的，獨特的，和不可復現的對象有客觀的知識時，這一類底直觀或同感的了解尤見重要。

吾人須知，直觀是否可靠，只有運用科學方法才能衡定，科學在這方面是否做得太過火，誠令人不無懷疑之處。不過，在科學方法所依據的原理中，並沒有什麼東西排斥在一定範圍之內以豐富的經驗爲背景的直觀判斷。除了純從藝術觀點來體驗獨特的個體以外，就知識之正確的意義說，所謂知識，往往意指在普遍概念或定律之下來了解特殊情形或事例。在社會科學中，正如在自然科學中一樣，都是如此的。

(十二)科學不能決定價值。因爲，充其量來，科學知識只能發現世界之實相；而就科學之性質說，科學從來不能告訴我們應該怎麼做。

對於科學的這種挑戰，往往來自神學或形上學。形上學家常常以爲關於目標與理想的問題不能藉著科學方法解決，必須乞助於神的啓示，良心的呼喚，或者乞助於形上學的先驗眞理。對於這種說法，我們可以回答說，理知成熟的人必須依照人底需要，欲求，以及社會狀況等等之基礎，來決定自己底價值標準，當然，在決定價值標準時，科學不能越俎代庖。正像在社會心理學中一樣，科學僅只能夠估量個人和群體之實際價值判斷爲何，研究這些不同的價值判斷是否相容，並且設法調和不相容的價值判斷。的確，在我們現在所面臨的許多緊迫問題中，我們並沒有具備足夠的科學知識來——解決這些問題，以確立我們行爲的方向。不過，即使有許多知識的蓋然程度不高，可是在我們生命歷程之中，我們只得依照這樣的知識行事。因爲，我們目前只能獲得這樣的知識。但是，這樣的知識底蓋然程度究有多少，也只有藉著科學方法來估計。因爲，唯有藉科學方法所作的估計才最可靠。吾人須知，日常生活中的經驗和智慧，如果消除了那些科學前期的思想型模，那末並非在基本上與科學知識有何差別。無論科學知識或者日常生活中的經驗和智慧，都有自動修正錯誤之時。假若我們把知識當作行爲底指導，那末不斷自動修正錯誤乃一極其必要之舉。在成熟的思想和成熟的社會行爲中有一重要的共同要素：即由思想的和平競爭而產生進步。這樣的進步可以付諸公眾底檢證。我們在此所說的成熟的思想，可見之於科學，我們在此所說的成熟的社會，係指民主社會而言。（除了民主社會以外，受大法師統治的社會，受「聖賢」支配的社會，正如受巫醫愚蒙的社會一樣，都是未成熟的原始社會。在這樣的社會裡，各個人不能自己照料自己，而必須仰奉一個神格化了的人。科學與民主，是要把人從這些科學前期的社會裡帶進一大步。所以，無論從正面還是從側面反科學反民主的人，都是腐朽昏瞶的人。這種人挾其妄自造作的玄虛譫語固可隨暗影之高張而囂叫於一時，終必隨此暗影之煙消雲散而歸於烏有。——譯者）吾人依據吾人所能得到的最好的和最充分的知識來從事合作，此乃醒覺的人之唯一的道路。醒覺的人是在科學與文明途上冒險的長征者。

我們在前面已經把那從許多角度對科學的批評逐一答覆過了。我們據以答覆上述批評的基本思想是科學的世界觀。我們底這種思想，無論從思想史來看或是顧名思義，都可以叫做自然思想。自然思想與機械式的唯物論不同，因為，自然思想沒有機械式的唯物論那種把說明世界所必須的要素減削掉了的毛病。有許多孤陋寡聞的人以為科學根本是唯物論的，而人文則是唯心論的。（在東方更是如此。──譯者）果真如此，那未在教育中把科學與人文二者和合起來的希望確乎是微乎其微。不過，眞正的科學並不以任何一種形上學為依據。科學底目標，只在以最少數的定律來說明最多數的事實。同樣，成熟的人文思想不復需要神學或形上學的骨架。在進步的科學眼光之下，我們愈來愈加了解人性和人的歷史。所以，如果我們再說科學與人文是對立的，這是沒有道理的話。自然思想與人文思想必須是哲學和教育裡的準則。科學的人文思想之出現，乃人類底重大希望。如果人類需要繼續成長下去的話，那末是應須迎接這種哲學的。

──原載《自由中國》，卷十二期六、七（臺北：一九五五年三月二十日、四月五日）

歷史中普遍定律底功用

罕波爾（Carl G. Hempel）原著

罕波爾（Carl G. Hempel）為邏輯經驗論底創發人之一。本文The Function of General Laws in History原載一九四二年《哲學學報》（*The Journal of Philosophy*, Vol. 39, 1942），經乍烈及司特令（J. L. Jarret & Sterling M. McMurrin）載入合編的《現代哲學讀本》（*Contemporary Philosophy: A Book of Readings*, 1954.）

——《現代學術季刊》編者註

一、一般人常持一項意見，認爲與其說歷史是尋求那支配過去的特殊事件之普遍定律，不如說是記述過去的特殊事件。所以，歷史學和所謂物理科學，是分途的。作爲辨識一些歷史家所愛研治的那些問題的特性看來，這樣的說法也許是不能否認的。可是，假使我們想陳敘科學的歷史研究中普遍定律底理論功用（theoretical function of general laws），那麼我們確乎不能接受這個說法了。我們在以下所作的論列，是要證實我們所持的這一論點。而證實之法，就在比較詳細地指明，普遍定律在歷史中的功用與在自然科學中的功用完全類似的；普遍定律乃歷史研究之不可少的工具；而且甚至是構成社會底各種不同的研究程序之共同的基礎。一般人卻往往以爲這些程序乃社會科學之所以別於自然科學底特徵。

我們在這裡所說的普遍定律，意即一個具有普遍條件形式（universal conditional form）的陳敘詞，[1]可藉適當的經驗證據來印證（confirmed）或否證的。「定律」（law）一詞引起我們一個觀念，即我們所提到的陳敘詞確乎是被我們所拿得到的相干的證據所印證的。不過，在許多情形之下，這一限制與我們底目標並不相干。所以，我們在以後要常常用「具有普遍形式的假設」（hypothesis of universal form）這一名詞；或者，就簡稱爲「普遍的假設」（universal hypothesis）；而不用「普遍的定律」這個名詞。而且，如有必要，我們就分別地陳敘適當的印證之條件。在本文底全部系統中，凡遇有「普遍的假設」一詞均可假定其所指謂的爲對下列類型的規律性之斷說：在每一情形中，屬於一個特定（specified）種類C的一個事件在某一地點與時間出現時，則屬於一個特定種類E的一個事件也將在另一地點與時間出現。後一事件出現的地點與時間和前一事件的地點與時間，係以一特定的方式關聯起來的。（「C」與「E」這兩個符號是選來表示「原因」〔cause〕與結果〔effect〕這兩個名詞的。「原因」與「結果」這兩個名詞往往——雖然並非在一切的情形之下——用來表示上述種類的定律而關聯起來的諸事件。）

㈠自然科學中，普遍定律底主要功用是將事件在種種模式（pattern）裡聯繫起來。我們通常將這些模式叫「解說」（explanation）和「預測」（prediction）。

我們要解說那屬於某特定種類E的一個事件在某一地點和時間出現，通常意即要指明E底原因或決定因子（determining factors）。現在，我們要斷說這一組屬於C_1，C_2，……C_n類的事件，產生了一個有待解說的事件，這就等於說，依據某些普遍定律，上述種類的一組事件出現時，便經常地有屬於E類的一個事件

1 譯註：這裡所說的「陳敘詞」（statement），相當於「語句」（sentence）或「語句聯合」（combination of sentences）。過去的邏輯家常用「命辭」（proposition）。此名現漸有廢棄的趨勢。這顯然係受語構學底影響。

伴隨之而出現。於是，對於所討論的事件之科學的解說，係由下列各項構成：

1. 斷說某些事件C_1，……C_n在某些時間和地點出現的一組陳敘詞。

2. 設一組普遍的假設，1. 2.合起來使得：

(1)兩簇事件底陳敘詞都是合理地藉著經驗的證據來印證的。

(2)斷說事件E出現的語句，能邏輯地從兩簇陳敘詞推演出來。

在物理解說中，簇1.記述終結事件出現之起始和限界的條件，一般而論，簇1.所陳敘的是有待解說的事件之諸決定條件；而簇2.包含著這一解說所依據的普遍定律。這些普遍定律涵蘊著一個陳敘詞，來說出不論何時如第一簇中所說的事件出現，那麼屬於有待解說的種類的一個事件也會出現。

(二)茲有一重要之點須牢記於心：我們在上面所用的「E」，「C」，「C_1」，「C_2」，等等符號，所代表的是事件底種類或性質，而不是我們有時所說的個別事件。因爲，每一門經驗科學所記述和解說底對象，必是一種事件，如溫度降低華氏十四度、月蝕、細胞分裂、地震、就業增加、政治暗殺等等，這些事件或在某一已知的地點和時間出現，或於某一已知的時間在某一已知的經驗對象之中出現，所謂經驗對象，如某一汽車底冷卻器，行星系統，某一特定的歷史人物等等。

像一九〇六年三藩市大地震，或凱撒被刺，都是些個別的事件。我們要對這些個別事件加以完全的記述，必須陳敘該事件所佔時間和空間內所呈現的一切性質或所包含的個別對象。可是，這種工作，是我們永遠不能完成的。

更有進者，雖然我們要解說一個特定的地點和時間內發生的事件，可以採取逐步逼近的方法（more and more specification comprehensive）；但是，我們卻不能靠普遍的假設來解說一個個別事件底一切徵性。但是，在這一方面，歷史與自然科學之間並無差別：二者都只能藉普遍的概念來解說其題材；而且歷史之能「把握」其所研究的對象之「獨一的個性」，與物理學或化學一樣：即不較二者爲多，又不較二者爲少。

二、我們要在以下所說的諸點，多少是直接從上面所論究的科學解說裡產生出來的，而且對此處所要討論的問題特別重要。

㈠只有我們能夠指出普遍的定律以上述的方式聯繫「原因」與「結果」，我們才能說一組事件產生了我們所要解說的事件。

㈡無論我們是否應用「因果」這樣的名詞，只有我們已經應用了在一、㈠裡所說2.這一種類的經驗律，我們才得到科學的解說。

㈢我們將普遍的經驗假設用作解說的原理原則。這種辨法可以分辨眞實的解說（genuine explanation）與擬似的解說（pseudo-explanation）。擬似的解說，例如，企圖藉「引得來希」（entelechy）來解說有機體的行爲之某些特色，而此一名詞底功用，並無定律可資解說；或者，企圖藉「歷史使命」，藉著「天命」，或類似的意念，來解說某人底成就。屬於這一類型底解說，與其說是以定律爲根據，無寧說是以隱喻（metaphors）作基礎。這些隱喻，並未透察事實的聯繫，而只是傳達圖象式的和情緒的吸引力。這些隱喻是拿混含的比擬（vague analogies）和直覺的「似眞性」（plausibility）來代替從可檢證的（testable）陳敘詞而出發的演繹。所以，我們不能承認這些隱喻是科學的解說。

任何具有科學性質的解說是可以付諸客觀核校的。這些核校包含：

1. 對於陳敘那些決定條件的語句作經驗的檢證。
2. 對於科學的解說所依據的普遍假設作經驗的檢證。
3. 研究科學的解說是否有邏輯的確定性。意思就是說，我們用來陳敘那些有待解說的事件之語句是從簇

一、(一) 1.和簇一、(一) 2.裡推演出來的。

三、在科學的預測中，普遍定律底功用，現在可以極其簡要地陳敘出來。在最通常的情形之下，經驗科學對於某一未來事件的預測是這樣構成的，即從：(一)那記述某些已知條件的陳敘詞和(二)適當的普遍定律，來推演出關於某一未來事件的一個陳敘詞。例如，假若我們要能預測某行星在未來的某一天與太陽的相對位置，那麼我們就得知道該行星在過去或現在的位置與動量，以及天體力學底諸定律。所以，科學預測底邏輯結構與在一、(一)節裡所說的科學解說底邏輯結構是相同的。在全部經驗科學中，預測與解說一樣，都指涉普遍的經驗假設。

解說與預測之間通常的區別主要地是以二者之間一項實效的區別為基礎：就解說而論，我們已知最後的事件已經出現過了，但它底決定條件尚有待尋找；可是，就預測而論，情況剛好倒過來：在預測中，起始的條件已知，但其結果尚有待決定。

由於解說與預測二者在結構上的相等性，於是我們可以說，一、(一)節裡所表徵的解說，除非也具有預測功用，否則就是不完全的：如果最後的事件可以從解說中所陳敘的起始條件和普遍假設裡推演出來，那麼這個事件在其實際出現以前，也可以依據我們所知悉的起始條件和普遍定律來預測。例如，天文學家在解說某次日蝕所引用的起始條件和普遍定律，也可以用來作預測日蝕之充足的基礎。

不過，即令是有的話，解說也極少完備到足以展示其預測力的地步。二、(三)節3.項所指的檢證可以表明這一點。我們對一個事件出現的解說常常是不完全的。例如，我們會聽到人說，一座穀倉之所以被燒毀，是「因為」有人將點燃的菸頭扔到乾草堆上；某一政治運動之所以有壯觀的成功，是「因」其利用廣泛的種族偏見。在諸如此類用以解說的陳敘詞中，給予我們所述條件以「原因」或「決定的因子」這樣的性質之普遍定律，在此是完全抹去了。復次，對於簇一、(一) 1.底決定條件之列舉是不完備的。這由上列例子可以看出。我們稍加比較嚴格的考察就可知道，我們要推演出某一個結論的話，即令有了比較詳細的決定條件和普遍的假設，有時也還須再加擴大。

可是，在某些事例中，某一解說雖不完備，但無關重要。例如，我們也許感覺到，如果我們需要的話，則對於前例的解說可以弄得完備。因爲，我們有理由認爲我們知道與這場合有相干的諸決定條件底種類以及普遍定律底種類。

可是，在許許多多情況之下，我們碰到一些不完備的「解說」，卻不可以其不完備而棄置不顧。關於這種情境對方法論所發生的諸後果，我們要在以後討論，尤其要在四㈢和四㈣兩節裡去討論。

四、㈠上面所討論的種種，可以應用到歷史裡的解說（explanation in history），正如可以應用到經驗科學底其他任何一支一樣。我們知道，歷史的解說，其目標也在指出我們所論列的事件不是「出於偶然」的，而是出於某一先前的或同時發生的條件。這一希望，並非先知的預言或神諭，而是理知的科學的預測，以普遍定律之臆設（assumption）爲依據的。

如果這一看法是正確的，那麼大多數歷史家既對於歷史事實提出解說，而又否認任何普遍定律足以解說歷史事件，如此矛盾，可謂怪事。如果我們對歷史中的解說，作更細密的研究，我們就能找出這矛盾的理由，請看以下的解析就可以清楚了。

㈡在某些事例中，潛伏於一個歷史解說之下的普遍假設比較顯明地陳敘出來。例如在麥康納的《經濟行爲》一書中，Donald W. McConnell, *Economic Behavopr*企圖解說政府機構有維持本身的延續和擴張之趨勢的有下列一段。

當政府底活動擴大時，有更多的人有興趣來從事延續並且擴張政府底功能。（有職業的人不願意失去職業；習於某些技能的人不願意改業；慣於使行某種權力的人不願意放手）——如果他們要做任何一件事的話，（他們都是為的發展更大的權力，以及隨權力以俱來的更大的威嚴。）……所以，政府底機構，一旦建立起來，那麼不僅是要保衛其權力使免受攻擊，並且要擴大其活動底範圍。

在歷史或社會學中，最大多數的解說沒有能夠把它們所預先假定的普遍規律性（general regularities）明顯地陳敘出來。之所以如此，似乎至少有兩個理由：

1. 我們所說的普遍假設常常與個人心理或社會心理聯在一起，而我們又以爲這樣的心理由於日常經驗之故是每一個人所熟悉的。因此，大家不知不覺地把這樣的假設視爲當然的。這種情形與第四節所徵別的情形很相似。

2. 把這樣潛伏的假設釐清說出，說得既要精確，同時又與所有可供採用的相干經驗證據符合，是一件極不容易的事，當我們考察我們所提出的一個解說是否適合之時，對這個解說所依據的普遍假設，又試行說出。這樣再度認清假設的工作對於科學的研究是很有助益的。尤其像「既然」，「所以」，「遂」，「因爲」，「自然地」，「顯然地」，等等字眼常常指示文中暗伏有對某些普遍定律的預先假設：這些字眼是用來聯繫那起始的條件與我們所要解說的事件。但是，我們只有預先假定適當的普通定律，我們才能「自然地」希望這一事件乃所舉條件底「結果」。例如，我們試行解說杜石堡（Dust Bowl）（又可譯風沙盞）地方底農民何故移住加利弗尼亞州。這是「因爲」杜石堡地方連年乾旱，發生沙暴，使該地農民生活漸感艱苦；而加利弗尼亞州底生活條件照這些農民看來遠較杜石堡爲佳。這一解說是以像這樣普遍假設爲依據的，即人口易向生活條件較佳地區移住。如果我們把這一普遍假設當作一條普遍定律，那麼它可以合理地爲一切相干的證據所印證。不過，顯然得很，我們很難將這一假設精確地組成一條普遍定律的形式，同樣，如果我們解說某一個革命之所以產生係由於大部分人口對於某些切身遭受的情況逐漸感到不滿所致。顯然得很，在這一解說中已經假定了一個普遍的規律性。雖然如此，不過，我們卻又很難確定這大部分人口之不滿究竟至何程度並具何種形式，我們也很難斷言在哪些情境之下革命會發生。對於歷史的許多解說也正是如此。我們常常聽到有人用「階級鬥爭」，經濟條件，地理條件，群體興趣，誇張的浪費，等等來解說歷史：所有的這些解說都足以普遍假設爲依據的。這些普遍的假設是把個人或社群生活底某些特徵與別的個人或社群生活底某些特徵聯繫起來。但是，在許多情形之中，我們無形在某一解說之中所臆定的假設內容，只能逼近地予以重建。

㈢也許有人說，我們剛才所舉的那種解說含蓋的現象是屬於統計性質的，所以我們要解說這些現象時只需用蓋然假設。由此可知，關於「潛在的普遍定律」之問題，是以一個假的前題爲根據的。確實，我們似乎可能並且有理由把歷史中的某些解說看作是以蓋然假設爲根據的，而非具有普遍條件形式的「決定論的」定律。這一說法也可擴及經驗科學其他部門底許多解說。例如，假若湯美（Tommy）在他哥哥出了痲疹兩個星期以後也出了痲疹，而且在這時間內他沒有和其他患痲疹的人接觸過，那麼我們就可以接受一項解說，說他之所以出痲疹，係由他哥哥傳染的。在這一解說底下，藏有一普遍假設；但是，我們卻不容易說這是一條普遍定律，指出凡屬沒有患過痲疹的人，一與患痲疹的人接觸便定會患痲疹。我們只能說他與患痲疹者接觸，因而也患痲疹之蓋然程度很高。

歷史中所提出的許多解說，似乎都承認有這種解析：如果我們把它充分地並且明顯地製定（formulate）了的話，那麼它便可以陳敘某些起始的條件，以及某些蓋然假設；於是，依照蓋然假設我們得知藉著起始條件，該有待解說的事件大概很會出現。但是，無論歷史中的解說之性質可看作是「因果式的」或者「蓋然式的」，而一般說來，這解說所牽涉到的起始條件，尤其是所牽涉到的普遍假設，並未清楚指明，而又不能無歧義地予以補充。例如，在蓋然假設中，所含的蓋然值最多只能大致知悉而已。

(四)在最大多數的情形之下，歷史事件之解說的解析並非合於上述諸意義之一的一個解說，而只能說是一個解說的概略（explanalion sketch）。這樣的一個解說概略多少可以混合地指出那些認爲相干的定律和起始的條件，如果要把這樣的一個概略變成一個完滿的解說的話，還得有待「充實」。而要充實這一個概略，我們還需作更多的經驗研究。這一概略之所能爲力者，就是提示經驗研究以一個方向。在歷史以外，也常有解說的概略。例如，在心理分析中的許多解說，也說明了這一點。

顯然，解說概略不能與一個完備的解說作同樣廣度的經驗檢證；然而，一個在科學上可以接受的解說概略與一個擬似的解說概略之間是有分別的。在科學上可以接受的解說概略必須藉比較特定的陳敘詞來充實；這樣的解說概略指出這些特定陳敘詞由之而發現的方向。而具體的研究則可以印證或否證這一解說概略所指的方向。這也就是說，具體的研究可以指出我們所提出的一種起始條件確實是相干的；或者，如果我們要得到適當的解說，那麼，我們藉著具體的研究可以顯示，那性質完全不同的因子也得加以解說。一般說來，一個解說蓋略所須的充實程序，是逐漸增加其製定方式底精確程度。但是，在此充實程序底任何階段裡，那些製定方式必須具有經驗內容。我們至少可以粗略地指出：在檢證那些型定方式時，什麼種類的證據是相干的，而且哪些發現可以印證那些製定方式。在非經驗的解說或解說概略中，我們使用無經驗意義的名詞，即令要粗疏地指明那有助於建立製定方式的一種研究，也是不可能的；即令要引出那印證或否證我們所提解說的證據，也是不可能的。這裡所說非經驗的解說概略，例如，某一種族底歷史歸宿，或歷史正義原則，便是。

(五)我們要試行鑑定一個解說或解說概略，首先必須盡可能地完全重建那構成解說或解說概略的論據。尤爲重要者，我們必須認識潛在的具有解說作用的假設是些什麼，而且必須判斷這些假設的範圍和經驗基礎。如果我們將埋藏在「既然」，「所以」，「因爲」，以及諸如此類字眼底下的臆設重加檢視，那麼我們便往往可以發現許多解說是基礎不固的，或者簡直不能令人接受。在事實上，有些解說，無論怎樣從寬解釋，我們只能說它不過大致解說了某一事件底某些徵性而不能承認它已經解說了這一事件大部分的細節。如加以承認便是一種謬誤。這種謬誤，在許多情形中，我們藉著上述的檢視程序即可揭露。例如，一個社群賴以生存的地理或經濟條件可以用來解說這一社群之藝術或道德典範上的某些普遍特色。我們雖然承認這一點，但是這並不等於說，這樣就算已經詳細解說了其在藝術上的成就和道德系統之完成。因爲，這一說法不啻等於承認，只要從記述一般的地理或經濟條件，我們藉著某些可特舉的普遍定律，便可推論出該一社群底文化生活之某些方面。

與上述錯誤相關聯的另一錯誤就是，在幾簇重要的因子之中挑出一簇因子，從而認爲所要解說的現象係被這一簇因子所「決定」著，因此也就可藉此一簇因子來解說。[1]

有的時候，贊同某派對歷史所作解說或解釋的人，嘗徵引該派代表人物對歷史事件曾作成功的預測，來證明該派對歷史所作解說或解釋是正確的。預測而中，雖然所見正確的相干證據，而這預測究竟是否由運用該理論而獲得，才是重要的問題。有時，這樣的預測中實在上只是一個聰明的猜度，雖與作者之理論有

1 譯註：喜好構造一個「體系」來「嵌入」歷史事件者常作此事。這類底人常被稱為哲學家，譯者認為這類工作今後應須讓給科學去做。而且科學所做的，成績一定比哲學可靠並且有用。（《現代學術季刊》編者註：馬克斯、斯賓格勒、湯因比都屬此類。）

關，但不能專從此理論而猜得。所以，一個十分玄學性的歷史「理論」之信持者，或可有對歷史發展有正確的感覺，而或者能夠作正確的預測，甚至套用了這理論底許多名詞。然而這一預測並不能藉他底理論而獲致的。三㈢節3.條檢證底功用之一就在防止這樣的擬似的印證情形（pseudo-confirming cases）。

五、我們已經試行指出，在歷史中，正像在經驗的研究之任何其他部門一樣，我們要得到科學的解說，只有藉著適當的普遍假設，或者藉著理論行之。理論是一組有系統地關聯著的假設。這一論旨顯然與大家熟悉的一個看法相反。這一個看法認爲歷史底眞正解說，要從同感瞭解法（the method of empathetic understanding）來獲致，而社會科學之與自然科學截然不同，就在前者採取這樣的方法。依此法，歷史家必須假想他是某一待解說的事件裡的人物，設身處地的來瞭解這事件；他必須試行盡可能地完全認識那些人物活動的環境，以及影響他們底行動的種種動機。這即是設想自己就是歷史中的角色。於是，他可以對於歷史得到一個瞭解，因而也就可以適當地解說他所要解說的事件。

無疑，這種同感瞭解法常常爲一般人和歷史專家所用。但是，這方法本身並不構成一個解說。根本上它不過是一種指導研究的方術，其功用只是，提出某些或可作爲對該事件之解說原則的心理假設。用粗疏的名詞說，潛伏在這功用下面的觀念可述於下：歷史家試行設想如果他在相同的情境之中，及具有與歷史主角相同的動機，那麼他將會做些什麼。他用這種辦法，暫行將他底發現推廣成一條普遍的規律，並用之以爲一個解說的原則，來解說歷史人物底行動。這一程序有時顯出其在研究導向上有幫助的。不過，它底這種用途並不足以保證由它所引起的歷史解說一定就是正確的。同感瞭解法可能引起合於事實的經驗推廣。歷史的解說無寧是應以合於事實的經驗推廣爲依據的。

我們要解說歷史事件，也並非不用這種方法不可。例如說吧！一個歷史家不可能自比於歷史上精神錯亂病者所扮演的角色。然而，他還能解說這個人底某些行動。特別是，如果他援用了變態心理學底原則。

所以，無論歷史家是否自擬同於歷史的角色，這與他對歷史的解說之是否正確毫不相干。在作歷史的解說時，要緊的是其中所包含的普遍假設是否正確；至於這些假設是由同感作用而來，抑係由嚴格行為學的程序而來，這是無關重要的事。至於許許多多的人之所以動輒訴諸「瞭解的方法」，似乎是由於一項事實所致，即以為訴諸「瞭解方法」來解決某一問題，在他們看來是「似乎是眞的」或者是很「自然的」。因為這一思路常常係由於受富於吸引力的字眼構成的隱喻所引起。但是，這種「瞭解」必須清楚地與科學的瞭解分開。在歷史中，正如在經驗科學的任何其他部門中一樣，我們從事解說一個現象時是把這一現象放在普遍的經驗定律之下來解說的。而我們所作的這一解說是否正確之標準，並非這一解說是否合於我們底想像，並非是否合於有啓發性的比擬，必非是否看起來似乎有理。凡此等等情形俱可出現於擬似的解說之中。我們用來決定一個解說是否正確的標準，完全看它所用的起始條件和普遍定律是否建立於已經印證的臆設之上。

六、㈠直到現在為止，我們已經討論過普遍定律對於解說與預測之重要，以及對於所謂瞭解歷史之重要。現在讓我們約略檢討歷史研究上所用的某些其他的程序。這些研究是牽涉到普遍假設底臆設的。

與解說及瞭解密切關聯的有所謂「歷史現象底解釋」（interpretation of historical phenomena）。這是用某一特別的門徑或理論而作解釋的。在歷史中實際提出的種種解釋，是將所要解釋的現象置於一科學的解說之下或置於解說的概略之下；或者，試將所要解釋的現象置於那不能付諸任何經驗檢證的普遍觀念之下。在前一種情形之下，歷史的解釋顯然是藉普遍假設而行的解說。在後一種情形之下，所作的解釋只為一種擬似的解說。這種擬似的解說可能有情緒的吸引力，並且引起生動的圖畫式的聯想；但卻不能促進我們對於所要瞭解的現象作理論的瞭解。[2]

㈡與上述相仿的評語，亦可施用於尋求歷史事件「意義」的研究程序。這種研究之科學的意義是在我們要決定，有些什麼別的事件與我們所要解說的事件有相干的關聯。不論其爲「因」，或「果」，概屬相干的關聯。而這些相干關聯的陳敘便又採取解說或解說概略底形式。這些解說牽涉有普遍假設。關於這一方面的問題，我們將在下節作比較詳細的討論。

㈢在許多人對於某些社會制度作歷史的解說時，特別注重這些社會制度迄今的「發展」之解析。有人對於這種辦法作反對的批評。他們說，這種單純的記述並非真正的解說。可是，如果我們將以上所論列的回顧一下，那麼便可將這種反對的說法略予更改：我們要記述一個社會制度底發展，顯然並不就是單純陳述在這個社會制度成立以前的一切事件。我們所記述的事件只限於那些與此一社會制度形成有「相干的」事件。而一事件是否與此一社會制度之發展相干，這個問題不是歷史家底價值態度的問題，而是一個客觀的問題。這個客觀的問題是依據於有時我們所稱該一社會制度興起之因果解析上面的。（《現代學術季刊》編者註：關於「相干性」的解析，請參閱本刊一卷一期納格爾之〈歷史底邏輯解析〉一文討論「重要性」一節。）一個事件之因果解析是由其解說之建立構成的。而我們要能解說一個事件，則不能不涉及普遍假設。關於相干的臆設亦然。結果，關於適當地分析一個社會制度之歷史發展也是如此。

㈣同樣，在經驗科學中應用「決定」（determination）和「相倚」（dependence）這些意念是要涉及普遍

---

2 譯註：這類底東西，是「理論前期」（pre-theoretical）的東西。理論前期的東西，相對於理論而言，是未成熟的。但是，就知識底發展說，我們常經歷此一階段。如果傳統哲學也是理論前期的產品，那麼它對知識底創建有其功用。然而，我們沒有理由把它奉為萬世不移的圭臬。

定律的。歷史亦然。例如，依波耳定律（Boyle's Law），我們可以說氣體壓力是倚於其溫度與容積；或者，我們也可以依此定律說溫度與容積決定氣體壓力。但是，除非其中潛伏的定律被顯明地陳敘出來，我們要斷說某些數量或徵性之間的相倚關係或決定關係，至多只能等於要求這些數量或徵性係藉某一尙未特指的經驗定律而聯繫起來。像這樣的一個斷說，眞是非常薄弱的。例如，假使我們只知道有一經驗定律，聯繫著兩個可量度的數量，（如金屬棒底溫度與其長度）則我們還是不能確知，若果此二者之一發生變化時，其他一量是否隨之而變，（因爲，這定律會把因變量底同一數值聯繫於另一變量底幾個不同的數值），我們所能確知的，只是給與變量任何一特定值時，必伴有其因變量底一個相同的數值。這樣說法，顯然比起大多作者在講及決定或相倚時，所斷定的少了很多。

所以，如果我們橫掃一切地說經濟或地理或任何其他種類的條件「決定著」人類社會所有別的方面之發展與改變，那麼，這種說法即令具有解說的價値，也只是當著它能藉許多顯明的定律來充實時才具有解說的價値。這些顯明的定律所陳敘的是在人類文化中什麼種類的變化會有規律地隨著特定的經濟變化或地理變化或其他變化而發生。我們只有建立一個一個的具體的定律，才能將空泛的說法實以科學的內容，並且使它可以付諸經驗的檢證，同時得到一種解說的功用。我們將諸如此類的定律致其精確地方以繁衍，這似乎是科學的解說和瞭解進步的方向。

七、我們在本文中所論列的種種對「特定的歷史定律」之問題是完全中立的：以上的論列既不預先假定一個將歷史定律與社會學的定律及其他定律加以區分的特殊方法，又不涵蘊或是否定下述的一個臆設。即是，有些經驗律在某種特定的意義之下是歷史性的，並且是可以發現的，並且是很可藉經驗的證據來印證的。

但是，此處有一點値得一提，即是，當歷史家對歷史事件提出解說，預測，解釋，並判斷什麼是相干的和什麼是不相干的等等時，是明顯或不明顯地涉及一些普遍的假設。這些普遍的假設，只要不是科學前期的日常經驗底推廣，便都是從各部門科學研究裡拿來的。例如，潛在歷史的解說底下的許多普遍的假設，通常分類爲心理律，經濟律，社會律，有一部分也許叫做歷史律。除此之外，歷史的研究往往必須借助物理、化學，和生物學中的普遍定律。例如，我們可以藉著食物缺乏，氣候不佳，疾病等等解說一個軍隊何以失敗。我們之所以能作這樣的解說，通常係不明顯地以物理學，化學和生物學中的普遍定律爲依據的。例如，依據生物定律，便可利用樹底年輪來推算歷史事件發生的年代。我們用來鑑定文件，繪畫，錢幣之眞假的各種方法，是應用了物理學和化學的理論。

上述最後兩例還說明了另一點，即是，既令一位歷史家主張他底研究限制到對過去事件之「純粹的記述」，而不想提出任何解說，不想陳敘什麼是相干和如何才能決定事件之發生等等，他還得繼續不斷地應用普遍定律。因爲他所研究的對象已成過去的事情，永遠不能再加直接考察了。因此，他必須藉著間接的方法來建立他底知識：他得應用普遍假設，把他現有的基料與過去的事件聯繫起來。但是，這一層卻隱晦去了。部分地因爲所涉及的規律性熟習到認爲不須明述；部分地因爲一種習慣，常把那些用以建立關於過去事件的知識之各種各樣的假設和理論，貶作歷史底「補助科學」。有時歷史家常有一種傾向，對於普遍定律在治史方面的重要性，即不否認至少也加以低估，他們感覺得只有「眞正的歷史定律」才是治史底興趣。但是，如果我們一旦認識到，即令歷史定律之發現，也並不能使歷史在其方法上自足，與其他部門的科學研究獨立。這樣看來，歷史定律存在的問題應該失去若干份量。

本節所說的種種不過是下列兩條比較廣闊的科學理論底原理之特殊的說明而已：第一，在經驗科學中如果要想把「純粹記述」與「假設的推廣和理論構造」分開，是沒有保證的。建構科學知識時，此二者是不可分地聯扣起來的。第二，如果我們想要在各種範圍的科學研究之間劃分若干清楚的界線，並且以爲各部門的科學研究可獨自發展，同樣是沒有保證的和枉然的。在歷史研究中，我們必須擴大應用普遍假設。在這些普遍假設之中，至少有最大多數是來自在傳統上與歷史不同的研究範圍裡。這種須要，只是經驗科學之方法論的統一底一個方面而已。[3]

——原載《現代學術季刊》，卷二期一（香港：一九五八年三月）

3 譯註：科學方法可以應用的範圍沒有邏輯的限制。即令迄今科學方法應用到人理世界不若應用到物理世界成功之輝煌，這也不是科學方法不能應用到人理世界之先天的理由。稍稍涉獵現代生物科學及行為科學的人不會這樣說的。科學研究之方術（devices）可以很多；但是，科學方法（method）有而且只有一種。科學方法是科學方術底共同基本部分。這一共同的基本部分，施用到物理學、化學、地質學，和天文學的，與施用到歷史研究的毫無不同之處。

社會研究方法的總緒論

拉薩斯菲爾德（Paul F. Lazarsfeld）原著

我們在第一卷第四期各文的總介紹裡說過：「本刊行將步入第二年，於繼續成規，對『人的科學』之共同基論以分科理論加以介述而外，將於每期增加兩柱：㈠行為科學的新發展；㈡社會科學研究法。」關於㈡，第二卷第一期由許冠三先生介紹了古德與海特合著的《社會學研究法》（Goode and Hatt: *Methods of Social Research*），這是一本極享譽的教本，最合奠基入門之用。現在我們介紹拉薩氏和羅森堡（Morris Rosenbeerg）合編的《社會研究的語言：一個社會研究方法學的讀本》（*The Language of Social Research: A Reader in the Methodology of Social Research*），拉薩氏為社會研究方法學的權威，而這讀本乃依照拉薩氏在哥倫比亞大學十多年教授社會研究的綱領而編著與搜集的文字，凡六十四篇，為實施高級社會研究的訓練計畫之用。幾乎可以說是對「社會科學的哲學」的一個貢獻。茲由殷海光先生將本書的總緒論譯出。此後我們將續譯本書六個部分的分緒論，及選擇其中特色的分題文字。

——《現代學術季刊》編者記

一、社會研究方法學底觀念

關於百足蟲有一個頗著名的故事。有人問起百足蟲：「你底腳這麼多，當你走路時，你的舉足次序是怎樣的？」經這麼一問，百足蟲莫知所措，此後便不會行路了。這個對方法學者意存譏諷的故事只說到此為止。第一、它沒有指出，那個提出問題的人，是一位想增進百足蟲行路效率的方法學者。其次，被問的百足蟲，很多的反應，並非都是如此的不幸。有些百足蟲能夠給予此一問題以頗為合理的解答。依據這些解答，那個勤奮的研究者卻得到了關於走路行為的普遍原則。

當著方法學家終於把他底發現公佈出來時，一般人往往為之喧囂，說他所報告的事實是每個人老早知道的。但是當他將這種知識整理清楚，而且在各個論點上增加了一些一向從未觀察過的事實之後，於是這一大群百足蟲走動的平均成績終於來得好一點，而且經過一代左右之後，這種知識被接納到教科書裡，由是流傳到學問基礎較差的學生。回顧起來，這個就是這次研究的卓越的成就。自然，其中那了不得的百足蟲會跳出芭蕾舞，它和其他有創造力的行路藝術家，仍然是依靠它們遺傳的稟賦，而且這些能力不是可以從學校教育裡產生的。雖然如此，但是一般百足蟲所具有的通常行路能力則已有所增進，這麼一來，若干具有偉大天才的百足蟲，就可以開始從一個較高的層次出發，而其創造性的成就，遠非過去者所可比擬。

當學者們一時找不到適當的方式來將他們所想的東西精確地陳敘出來時，他們往往利用這類寓言來表達他們底意思。而把建立「界說」的事，就讓給讀者去做。他們想請讀者將寓言裡的蘊涵推演出來，並且藉著這些蘊涵來理會出所描寫的圖象。我們也未嘗不想把方法學底界說建立在像上述百足蟲的故事上面。因為正如我們之難於建立歷史底界說一樣，我們也不易詳細劃分方法學家底興趣為何，不易詳細列舉他底功能為何。但是，本書是社會科學方法學的一個讀本。所以，認真劃限方法學底意義，並且考慮方法學在現代社會研究底發展上有什麼任務或應盡什麼任務，這些工作是我們編者不能躲避的。為了使我們底工作比較容易進行，我們首先要讀者注意到與方法學有密切關聯的一門學問。這門學問通常叫做「科學底哲學」。

由於近代實徵論的提倡，大家都知道必須把概念和陳敘詞底意義釐清。罕波爾（Hempel）最近著作的一篇專論，對於釐清概念和陳敘詞頗有貢獻，因而頗受人歡迎。[1]罕波爾指出現代邏輯中明詮（explication）所扮演的腳色是什麼。這篇專論並沒有製作出有關思想的嚴格規律，而無寧是試行縮小日常語言和科學語言之間的鴻溝。不過，罕波爾在做這一工作時，並未認爲這一鴻溝可以完全填補起來。他說：

> 明詮底目標是藉著提出一種「再解釋」來減少語言之日常的用法中的種種限制，種種歧義，和種種不一致之處。這是為了增進日常語言意義之清晰與精確，以及使得日常語言用在陳敘程序和說理論之時更具有解說力和預測力。[2]

當我們將「人格」或「律規」或「原因」這些名詞從日常語言的用法轉換成科學的用法時，我們常常必須作種種決定，而且我們必須對這些決定負責。我們要排除這些名詞原來具有的某些兼具義（connotations）。這是爲了使這些名詞之餘下來的意涵比較精確，比較易於施以證實和證明。正如罕波爾所指出的，在這一意義之下，我們對任一明詮都不能僅僅拿眞或假來形容它；然而我們可以依照這一明詮所達的目標實現到什麼程度，來判斷這一明詮是適當到什麼程度。

---

1 原註：Carl Hempel, *Fundamentals of Concept Formation in Empirical Science* (Chicago: University of Chicago Press, 1952). *International Encyclopedia of Unified Science*, Vol. II, No. 7.

2 原註：同上，第十二頁。

對於方法學有興趣的社會科學家很容易找到機會作這種明詮。隨便舉例來說罷，假如這兒有一個古典著作家底名著，[3]是一本研究公共意見的著作，我們可加以審查，並且看他所做的陳敘是怎樣可以翻譯成現代研究程序底語言。如果我們從事這一工作的話，那末，我們將會發現，在一方面，這些著作包含著極其豐富的觀念，而且這些觀念可以便利地溶解到時下經驗的研究工作之中；在另一方面，我們將會發現，這樣的著作裡充滿文字的歧義。我們藉著適當的明詮將比較精確的意義賦予這樣的著作。（這些意義，是著作原有的，但是沒有精確地表達出來）。而且我們對於看看在他底陳敘詞中那些可予以證實，特別感到興趣。這樣的明詮之任務，不是批評這樣的著作，而是搭一個橋。在這裡所說的情形之下，所謂的搭橋，是在比較古舊的人文主義的傳統和比較新起的經驗研究之間搭一個橋。

在實際上，社會科學中特別迫切需要這種明詮。當著自然科學家有所發現時，他們底發現往往與我們日常的經驗大不相同，因此他們所研究的現象之性質使他們不得不用精確而分明的名詞表示出來。當然，其中最極端的例子是數學。但是，一談到與人有關的事，我們就習於常識，習於用日常語言，而且我們不免將這些習用語言帶到討論社會問題的教室和辯論廳裡去。我們都知道，日常語言是極其混含的。所以，釐清語言和淨化討論工具，對於社會科學家都是甚爲重要的工作。針對著這些要求，我們必須做精審周到的語意解析。

另一門與此種工作相聯繫的理知活動就是「理論批評」（critique of theory）。「批評」這個名詞是從德

3 《現代學術季刊》編者註：通常譯classic為古典的或經典的，乃至古雅的，模範的等，譯dramatic為戲劇性的。這兩譯均易起致誤解。classic原指古代希臘羅馬的不朽作品，經過引申使用之後，凡開山創作，或獨步於當時，不朽於來世的作品都可稱為classic作品。實含有「不祧之祖」的意思。dramatic的常具義為「聳動聽觀」，「有聲有色」，或「事屬非常」。假設大家一致改譯classic為「不朽」，dramatic為「非常」，似較妥善。

國哲學借來的，因此很容易引起誤解。當著康德著作*Critique of Pure Reason*（《純理論評》）一書時，他底立意顯然不是要對於理性的思想有所批評。他所謂「論評」，意在分析出理性的思想如何可能的一些條件。在文學批評和藝術批評方面，「批評」之爲義，亦復相類。在這裡「批評」也並不是指批評者必然不贊成某件藝術品，而只是分析其結構。同樣，我們批評理論系統時，意思也只是說把理論系統底基礎和其用了而未說出的各種假設弄弄清楚。

在美國，對理論構造作解析的批評之主要代表人物是布利基曼（Bridgman）。他所寫的一篇短文也許是理論批評之最好的介紹。[4]在這本書底緒論中，他把理論批評的工作是什麼，說得十分明白。他說：

> 我們要了解為什麼某些類型的理論有用而另外有些類型的理論則否，這是物理批評家底事，而非物理理論家底事。物理批評家底資料乃物理學的理論，正如物理理論家底資料乃一堆經驗知識一樣。

「理論」與「批評」之間的分別是重要的。批評家也討論到經驗的資料——但他並不越俎代庖，直接處理這些該歸理論家去處理的資料。批評家只清楚地指出理論家（或解析家）怎樣處理其原基材料。他的工作之有助於研究之進步，就在這一點上。布利基曼在他底這一論著之緒論和結論中，使美國底讀者了解，自二十世紀初葉以來從法國龐加列（Poincaré）和德國馬赫（Mach）底著作所散佈出來的對於一般的知識之影響。如果有人要寫二十世紀初葉那一代的歐洲學術思想史，那末他也許要將理論批評和精神分析學及馬克斯理論，在形

4 原註：*The Nature of Physical Theory* (Princeton University Press, 1936), p. 2.

成那一階段底思想氣候的影響上，給以同重的地位。

布利基曼特別重視理論批評在教育上的價值。這件事是很有趣的。他指出，我們很不易吸收別人底創造觀念。這件事太被現代教育所忽視了。他感覺到，如果我們能多多注意到發展批評能力，那末年輕的自然科學家底發現力和發明力一定大爲增進。

基於上述的理由，本讀本底編者幾乎欲罷不能地標榜這一讀本對於「社會科學底哲學」之一貢獻。但是，如果我們能用一個比較謙遜的名詞，那末就似乎更爲適合社會科學底現狀。社會科學底起源是很早的；但是，如果要把它作爲科學來看待的話，它底歷史卻是很短的。我們常把過去的概念忘記了，以便建立新的概念。比如說吧！當我們談到「指涉團體」（reference group）時，誰還記得塔爾德（Tarde）底模倣律呢？誰管這些定律是否對於同一題材之不同的解答？或者它們只是使用不同的字句來表示同一的事實？社會科學在構成各種理論時，是否眞正與從前的理論聯續起來？這些問題一直沒有人去認眞追究。孔德（Comte）之希望了解社會發展，與帕生思（Parsons）之努力分析社群系統究竟有無關聯？這都是很解答的問題。譬如十九世紀的學人曾試行藉著比較普遍和古老的方式來了解人的社會。如果我們想從這許多各色各樣的方式中去發現若干共同之處，那末便可能產生一項危險。就是我們結果可能只作出少許平淡無奇的結論而已。

「方法學」（methodology）這個名詞似乎比較適當。我們用這個名詞的時候，表示我們處理各種具體的研究時是從嚴密考核它們底建構程序，它們所依據的基本假設，和它們的解說方式著手的。在這種意義之下，方法學的解析爲我們提供在未來建立一個「社會科學底哲學」之構成要素。如果我們底「語言感」是適當的話，方法學一詞多少在傳達一些「嘗試」的性質。方法學家釐定一些正在進行中的研究程序，找出在這些程序中共同的，並且值得以後繼續加以注意的要點。我們與其說方法學以及與之關聯的明詮活動及批評解析已經發展成一個有組織的原理原則和程序之系統，不如說這些東西是我們底一種心理傾向。方法學家是在進行研究他的題材時，特別注重「分析」的一個學人。他所告訴其他學人的，不是他們應該做些什麼，而是他們已經做了一些什麼，或者可能做些什麼。他告訴別人，由於他們底研究，他們作了哪些發現？而不是論評那些發現的結果是可取的，那些發現的結果是不足取的。

這種解析的興趣，一方面需要有自覺，另一方面需要有容忍。方法學家知道同一目標可藉許多不同而又相容的道路達到。他能認識研究的工具必須合於其功用，而不必具有所需限度以外的峻厲。因之我們必須在此註明，有些對於方法學的定義是不恰當的。例如說，方法學也許不及形式邏輯那樣嚴格，但比形式邏輯普遍。在另一方面，方法學沒有知識心理學或知識社會學那樣具有實質的內容；但卻比這些東西要形式些。同樣，方法學家並非一專門的技術家。他並不告訴做研究工作的人怎樣進行研究，也不告訴他在實際研究的工作中先後的步驟如何。方法學家底任務也不是告訴人應該選擇什麼問題來研究。但是，一旦我們把研究的問題選擇定了，他可以告訴我們爲了達到前面所說的那些目的，那些程序是最適切的。

關於一般問題的話，我們說的已經夠多的了。現在我們敘述一下這一讀本裡的材料是怎樣選擇的，和爲什麼這樣選擇，也許可以幫助讀者們對於方法學的進一步的了解。

二、這個讀本底組織

我們原本想將這個讀本分做兩個篇幅大致相等的部分。我們曾經計畫將其中的一個部分容納關於方法學的論文。這一類底論文所涉及的是社會研究底一些分立的方面。第二個部分是容納優秀作品底一些例樣，來例證在第一部分所展示的普遍原理原則。可是，我們後來發現，使用精巧研究方法而寫出的作品之數目，遠較釐定或討論研究程序本身的作品之數目爲多。結果，這個讀本最大的部分是容納了研究底例樣。有些教師們，對於方法學的性質，曾經作過思考的，這個結果是應該受他們歡迎的。因爲這個讀本把佳作底若干樣品提供給他，他可以藉著這些樣品來例證他自己底想法。但是，有些教師，對於方法學所包含的是什麼，想得到一些現成的討論，對於他們，這個讀本就有一個無可避免的缺點；這麼一來，他就不得不自己去發展若干有系統的討論，而這裡的具體的研究例樣，只可以作爲這些討論的例證而已。

爲著勉強克服這項缺點，我們已試行在每個特別的部分之前作一簡短的緒論。我們用這種方式試著指出每一種研究之最有用的各方面，尤其是指出那些值得推廣的方面。可是，雖然我們了解這緒論，這個讀本仍然不能代替有系統的敘述。這一讀本只能強調系統敘述的需要，而它所做到的，最多只是系統敘述的初步罷了。

我們在討論這個讀本所選擇的論文是怎樣組織起來的以前，尙有一件重要的事，就是說明我們要把什麼作品沒有容納到這一讀本裡來，以及我們終於把什麼作品容納到這一讀本裡去。我們所沒有收進的作品，主要的有三種。第一，我們放棄了那些已經具有標準文獻的題材。關於取樣問題（problems of sampling），問答表構造的問題（problems of quesftionnaire construction），和試驗技術，都是屬於這一範疇的。在這裡，我們可以注意到，所有這些問題，都包含著搜集基料的技術。我們幾乎可以說，這一讀本所注重的是分析那些適當搜集的資料。第二，在另一端，我們又放棄了若干研究底論題。因爲它們方法學的蘊涵尙未得到適切的釐定。所以，這部讀本將下列種類底研究論題搜羅進去：形式組織之社會學的研究，政治制度，等等；社區研究中的「參預觀察」之理論根據；人類學的田野工作；或大量觀察之傳統方法。有的時候，我們發現了對於這些論題極富有啓發性的文章；我們也知道這些範圍裡的若干精粹的研究。但是，在這些文獻中，我們沒有發現關於方法學的問題之有系統的解析。所以，我們只好把它放棄。第三，還有許多論著，要讀懂的話，需要相當的數學知識，而這些數學知識又不是一般社會學家所常具備的。關於這類底論著，我們也沒有收入這部讀本裡。所以，這部讀本沒有收容有關標度（scaling）和測量（measurement）的論著，也沒有選載最近有關社會行爲底數學模型的論著。

很可能是我們底選擇過於挑剔了一點。在事實上，也許有些學人，對於我們所沒有選入的論著中所涉及的研究程序自認爲他們已經釐定好了；或是認爲我們有點褊狹之見，並且認爲他們可能在我們認爲可靠的研究路線以外，更發展其他良好的研究路線。如果這部讀本之刊行引起這些學人反對，那末，在事實上，倒是一件好事。這種情形適足爲方法學的聯續工作之最佳例樣。我們希望這部讀本對於這種工作有所貢獻。如果這部讀本將來能印行新版，或者我們同行的人自己從事編纂這一類底著作，那末便能彌補了我們自己在經驗或閱讀方面的缺點。現在我們把據以選擇並組織這部讀本所用材料的積極原則，陳示於下：

我們從陳示社會科學中的研究單位和變數怎樣構成開始。諸如此類底問題，係從簡單的「分類」，一直進入「量化」和「測量」等精細的問題。正如我們在上面所說的，我們在這部讀本中已經說明把數學的討論除外。這麼一來，在陳示實質研究的部分便不能充分討論概念構型（concept formation）的問題。但是，我們在這部讀本裡所收容的例子，提出了下列各種類底問題：我們在進行分類時，是否有任何普遍的原則可循？如果是有的話，那末這些原則是否可能精確陳示出來？我們怎樣將社會研究者所搜集的資料爲之安排「類目」？所謂「多度進向的分類」（multi-dimensional classification）是什麼意義？而且在「性質空間」（property space）的概念與這樣的分類之間是怎樣的關係？在指標構型（index formation）中的一些主要原理原則是什麼？而且指標和概念之間的相互關係是什麼？「指標底可互換性」（interchangeability of indices）是什麼意義？它對於社會研究有些什麼重要的作用？這一部分底緒論，正像所有其他部分底緒論一樣，會詳細敘述我們怎樣選擇個別的節目，並且怎樣去組織它們。（第一部分）

一旦我們討論了這些基本的研究單位或變數，我們所要討論的第二個主要的問題，顯然是關於在一融貫的解析中這類變數之間的相互關係。這個問題可以藉各種各樣方式中的任何一種表示出來。例如我們本可以集中注意力於觀測解析（survey analysis）底技術。因爲，在現代觀測工作中，同時要關照到許多個變數，已成一個特別顯著的問題。但是，我們認爲，如果我們對於這類底技術之注意力只局限於一個有限的範圍裡，恐怕會發生誤導的作用。因爲，除了以上所說的以外，還有許多其他的社會研究的模型。尤其是那些利用已經公佈了的統計資料來研究某些特定論題的社會研究。這些社會研究也要研究怎樣將大量社會基料組織成爲可以了解的知識結構，並且要研究怎樣將在這些社會基料中的蓋然因果關聯孤立起來。因此，我們所選擇的一些研究論題，是從許多不同的領域中提出來的。這些論題例示我們分析經濟基料和分析人口統計的方法，以及分析觀測資料的方法。但是，這些不同的研究必須滿足一個共同的要求，就是必須在同一時間支配好幾個變數，方能夠對社會現象作種種推論。在這裡，我們再度說明，在這部讀本中不討論特定的統計技術，例如像可以應用到這種解析的「多項相關」（multiple correlation）的統計技術，等等。我們在選擇這部讀本底題材時只限於採取基本的方法學的問題，和指明我們所使用的假設底種類。我們爲了對於有關人的行爲作種種推廣的研究而利用大量的社會基料時，我們採用這些假設。（第二部分）

在介紹了上述的論題以後，我們再介紹「時間因次」（time dimension）。至於社會變化底動理（dynamics）這個論題是很廣闊的。我們如想對之詳加討論的話，須得有一個專門的讀本。在這部讀本中，我們只選擇了十篇論著。這十篇論著所列論的只是關於社會變化動理之最基本的形式。不過，由此我們也可以刻畫出社會動理學中的方法學的要素。也許，關於社會變化之最古老的經驗研究乃考驗兩個變數間的相互關係。比如說，在不同的時代裡經濟制度和政治上的意諦羅基（political ideology）之間的相互關係。到了比較晚近的時期，同一類型的研究施用於比較短的時間上，並且利用爲了這一目標而特別搜集的基料。有些叫做「選班研究」（panel studies）的研究方法，就是選定若干人對之作聯續的觀察，使我們因而能夠將一個人在一個時候的行爲或態度和他在幾個星期或幾個月以後的行爲或態度關聯起來。這部讀本第三部分裡所包含的第三種研究叫做「預測研究」（prediction studies）。這種研究底目標，一般而論，是決定那些特徵可以精確預測以後發生的行爲，表演，或態度。（第三部分）

變數底形成，變數間相互關係底研究，以及在時間中變數底變化之解析，這三者構成一切社會研究底骨幹。不過，我們所處理的變數是屬於那些種類，顯然也是一個重要問題。而在這裡，多少總有些隨意定奪的成分。例如，假若我們把變數分作涉及「行爲」的變數和涉及「態度」的變數，那末這種劃分是有意義的。我們把敘述在一特別時限裡的個體狀況或社群系統狀況的變數，與敘述較長時間裡的個體狀況或社群系統狀況的變數，這二者之間加以劃分，那末同樣是很有意義的。不過，在這些劃分中，無論那一個劃分，當我們準備編纂這部讀本時，都沒有被認爲有什麼根本重要之處。在一部關於社會科學的讀本裡，最重要的一件事，似乎是劃分涉及「個體」的變數與涉及「集體」的變數。這裡所說的集體，即一個群體，或組織，或機構。所以，在這部讀本裡，我們用一部分來介紹我們稱爲「群體行爲之形式的解析」的論著。我們所說「群體行爲之形式的解析」，這個名詞具有一個新發展的領域所常有的種種歧義。我們在此是集中注意力於以群體爲解析單位的變數和研究程序。例如，我們在這部讀本裡選擇的論著所涉及的是我們可以用以敘述群體的種種不同的因次，是一個群體中各種不同的特徵之間的相關性，和一個群體中的不同的關係模式。我們之集中注意力於此，意謂著我們不太注意組織的和制度的解析。但是，正如我們在前面所說的，像這樣的研究所牽涉的方法學的問題，無論怎樣，還一直沒有得到有系統的釐定。（第四部分）

這裡有一個危險，就是怕有人將「方法學」與「量化」視作同一回事。這將是一項極嚴重的誤解。歷史家，臨床心理學家，語言學家，必須自行釐定其研究程序。這部讀本底編者頗願意在這部讀本裡包括現在通常叫做「定性的研究」在內。可是，同時，編者們也不想過分遠涉未經測量過的海洋。編者們最後決定選擇一些有關行動——就是說，面臨若干可能的行爲時，須要決定一項選擇——的經驗研究的論著。關於一般人爲什麼要從事選舉，購買，移民，等等，已經有不少的人作了許許多多研究。我們在作這些研究時，必須設法引出當事人的若干報告，再以這些報告作爲基礎來測度其中的因果聯繫。這些研究在方法學上的價值，尚在論爭之中。有些作者認爲，我們根本無法說明一個人爲什麼要做那一件事。另外有些人只管收集個案並且加以報告，而沒有任何批評性的自覺。所以在這些研究問題上，我們能夠特別明顯的指出來，方法學對於組織「研究資料」時的重要貢獻。這種對於研究資料的組織，雖然在實用方面的重要性，是十分顯然的，可是到現在爲止，大家還只是靠著一般常識來處理它。（第五部分）

我們在以上所列舉的五個部分完成了這部讀本所選定的特定研究的解析。除此之外，我們覺著還得在這部讀本用一部分討論一般方法學。我們知道，社會科學的哲學確乎是在那裡開始發展。編者們不擬討論在自然科學與社會科學之間是否有差別；不擬討論內省法是否爲取得基料之適當的方法；不擬討論社會之存在是否先於個體；以及相似的一般論題。但是編者們不擬將應用或可能應用於社會研究的邏輯解析的最近和最進步之果實排除於這部讀本之外。關於這方面的研究，我們底注意力集中於四個論題：問題底分舉方法，意義底釐清，較大系列底命辭之邏輯結構，以及證據底性質。（第六部分）

編者們在編輯這部讀本時碰到編排方面的兩個問題，這兩個問題值得一提。當我們對於所選取的論著加以分類和安排時，在不同的部分之間幾乎無可避免地發現到重疊（overlapping）的現象。這些重疊，在基本上有兩種不同：㈠比較簡單的一種是由於論文內容的豐富所致。有的時候，一篇論文所討論的是不同的方法學上的問題。如果這篇論文是一篇特別好的論文，那末它就可以用來例示兩個或兩個以上的方法學上的原理原則。在每一部分底緒論中，我們簡單地討論了每一篇文章底內容。如若像這樣的重疊容易發生時，我們將予以指出。㈡比較複雜的一種情形是，在某些方面，這部讀本裡的各部分本身不免有重疊之處。例如，顯然得很，指數構造底某些普遍原理原則，既可以應用於個體，又可以應用於群體。所以，有些問題我們分別在第一部分和

第四部分裡討論的，在另一種的編排方式之下，可能被放在一起來討論。同樣，包含時間因次的一切問題都留在第三部分裡去討論。但是，在這類問題中，有許多問題確實包含著多項變易解析（multivariate analysis）。而這些問題，我們通常是放在第二部分去討論的。這些不夠一致的情形，也許是根本不可能避免的，我們也就不預備再多說道歉的話。如果採用這部讀本的人，了解本書主要部分底組織，那末他要追索某一個別觀念在它各位相（phases）中的情形，應該不會感到太大的困難。

我們底第二個問題，在博及與深入之難兩全。像本書裡的論文集，可以用兩種眼光觀之：在一方面，我們可以視之為某一領域中最佳論著之取樣。如果採取這種看法的話，那末本書就可以叫做一部文選，彷彿最佳的短篇故事集，最佳詩集，或是最佳的戲劇集一樣。但是，另一方面這一種文集也可以看作是說明和例證一種特殊的思想立場的零碎著作的彙集。這麼一來，在選擇論著時，就得採取不同的標準。某些論著之被選擇，不僅因為它們代表高水準的學術研究工作，而是因為它們和一組特定的研究目的和興趣是相干或一致的。我們編輯這部讀本時所採取的，是後面的看法。我們在這部讀本裡之所以選擇這些論著，係因我們覺得這些論著對於我們編者所要說明和例示的觀點，是特別良好的例樣。本書收容有關方法學問題的論著之數量，也是根據同一原則決定的。我們感覺到，關於同一論題列舉好幾篇論著來比較，是有良好的價值的——探究各家所注重的不同的方面，各家所採用的不同研究方法，以及他們所作的不同種類底假設——所以集中注意力於少數問題，藉著好幾篇論文來一個個的予以例證，實在是一項正確的辦法，另一種辦法就是涉及問題的範圍比較廣闊，但並不加細談。我們感覺到，這種辦法很難於釋明我們所發展出來的，關於組織化及系統化的許多原則。

我們據以從事社會研究的一般綱領，乃在哥倫比亞大學十餘年來努力之結果。所以，不怪本書所選擇的論著大多數乃哥倫比亞大學底同事及其助手底作品。在事實上，本書裡在許多地方，是須要委託專家為我們特別撰寫論文；因為我們找不到現成的論著以填補全部結構中的漏洞。相反地，本書整個可以看作為洛克斐勒基金和福特基金所支持的工作團體的一種計畫性的宣言，哥倫比亞大學高級社會研究訓練計畫（Columbia Project for Advanced Training in Social Research）計畫著對於本書所討論的範圍，提供更詳細的方法學的例證，並且逐漸將研究的範圍擴大，直到我們能夠得到有關社會研究的一系列的原理原則。

我們現在要比較詳細地討論這種方法學的工作對於社會科學底進步可能有的貢獻。

三、方法學在發展社會科學中底任務

方法學底作用之一，是給年青的社會科學家以形式的訓練，[5]使他們把社會研究工作能做得更好。每個範圍的理知活動，都有其自己的方法，來在年青學人間發展他們有訓練的思想。自然科學家是藉研究數學及學習在試驗中所蘊藏的精確程序而得到這種訓練的。人文學家則藉深切研究古典的語言而獲致其形式的訓練。但是，在一方面，適合於自然科學家，另一方面，適合於人文學家的種種形式訓練，並不特別適合現代社會科學家底需要。雖然數理模型和實驗研究在研究人的行爲上日增其重要作用；不過，在最近的將來，這些方法不像

5 《現代學術季刊》編者註：「形式的訓練」譯formal training，經驗的研究譯empirical study都是極謹嚴的譯法，對其蘊義似有宜加以解說之必要。「形式」乃「內容」的對待詞，「經驗」乃「唯思」（speculative）的對待詞。我們稱邏輯和數學為形式科學，稱物理，生物，政治，經濟等學為經驗科學，則因前者為抽空了內容而共同通用於物理，生物，政治，經濟等學之理。「三十輻共一轂，當其無，有車之用。」頗足以形容邏輯與數學之用。所謂內容，係指涉及存在的內容。存在何由知，由經驗而知。凡一切身歷的，所觀察的，施有控制實驗的，全屬於經驗的。所以「經驗研究」一詞，如代以通俗的「實地研究」，雖不夠謹嚴，卻易於了解。方法學的訓練之所以為形式的訓練，則因方法學所論的為研究的方法，也是抽空了內容的方法，所以形式的訓練，亦即方法的訓練。又「形式」在這裡亦有「正式」之意。

是可以成爲主要的探究方式似的。雖然，社會科學家可由研究拉丁文和希臘文而得到一些益處，可是他們對於現代材料的興趣，大大地限制著這些古典語言底用途。所以，他們必須用別的方法來發展其思想訓練。方法學所要發展的解析學（analytics）正好提供我們這裡需要的形式訓練。

方法學又增進社會科學家對付新來的和不熟悉的事實之能力。我們要想明白這個道理，最好的方法，也許是先將技術學（technology）與方法學之間的分別弄個清楚。知道怎樣發展某些指數或測驗技術的人，或嫻熟應用某些特定的統計技術的人，只能夠掌握當時現有的各種技巧。在未來的時候，如果有人發明新的技巧，他大概也能從事學習。可是，他能否決定在這些技巧之中，那些是有用的，那些是無用的呢？他是否能了解在這各種技術背後的假設？他具有藉以鑑定某些程序是否適於研究某些問題的標準嗎？顯然得很，作這種判斷的能力，不是僅靠著學習現在或過去的技術所能夠予以發展的。我們這裡所需要的一種訓練，是如何使青年們可以應付十年或二十年後的，而現在無法預測的種種研究情況。一個經過良好訓練的方法學家，在完成正式教育若干年後，將能對付他所研究的那門科學裡新的發展。他將具備若干條件來判斷這些新發展對於該門科學是否有何重要，他能夠把這些新的發展與過去的趨向聯繫起來，並且能作「窮理」的選擇，吸收新知，使與他自己底思想融貫起來，而藉此以增進其自我教育。每個有責任感的學人，終其身都是要繼續這種教育的。

方法學可以有助於社會科學進步的第三個方式，是它對於科際整合的貢獻。近幾年來，有許多學人希望各種不同的社會科學裡的發展可以比較更密切地配合起來；但是，他們過去已經從事於科際整合的努力，結果頗使人失望。這裡當然有許多的理由。但是，其所以致此，有一項事實確屬無可置疑，即是在那些地方，需要澈底的研究，在那些地方，馬虎一點的方法，就可以過去。各種不同的學科所注重的，大有不同之故。例如：

研究企業循環的經濟學家已經想出許多分析社會歷程的精巧方法；可是，社會學家在他自己研究的範圍中談到相似的問題時便措詞鬆懈，而且弄得不必要的複雜。

社會學家和社會心理學家長於製造問答表的技術；他們根據過去用表的豐富經驗，找出些幾經驗證的原則運用之以製問答表。可是，經濟學家製用這種表格之時，他們很少了解這些製表原理。

歷史家是無目標地引用新聞紙和其他文件；可是並不明顯地了解現代「內容解析」的技術。

人類學家在接受及採用混合不明的「報告」之時，似乎並不明瞭歷史家將鑑定和批評證據的技術已經邁進到什麼地步。

在過去五十年間經濟學家很小心地注意到指數製作；社會計量學家（sociometrists）則往往把他們偶然碰到的指數放在一起。

上面這些參差的情形表示出，幾種社會科學所得到的結果常常缺乏可較性。而這種情形顯然地干擾到科際整合的進行。可是方法學的解析，則可以幫助我們克服這些障礙。如果我們仔細研究站在特殊的研究程序背後的基本假設，那末我們就會發現可以應用這些基本假設的問題甚多，這些問題展開的幅度甚廣。這一應用便可橫貫傳統中所劃分的各科之間的界線。自然，我們不能保證經濟學家所說的效用度量，及社會學家和社會心理學家所說的態度度量，二者在基本上是否相似。但是，無論此二者有無合流之點，除非我們將這兩個學術領域，作精細而又深入的比較，否則二者合流之點確乎不能顯露出來。同樣詳細分析各門科學藉以構成其問題的方法——即各門科學所建立用以解說其所研究的現象之模型——也應有助於科際整合的工作。我們可以指出來一二門社會科學所用的名詞雖然不同，可是所研究的問題是相同的，於是這種解析可使現存的知識得到重要的整合，並且切實爲未來的知識之整合開路。

第四點是從以上幾點推演出來的。方法學對於有關人的知識之增進，能夠直接有所貢獻，因爲方法學提供吾人以整合和編纂這些知識之組織原則。我們現有的基料那些部分是值得研究的？那些地方是知識底重疊？我們所作的研究，那些是前途最有希望的？如果我們採取了在前面所說的方法學的解析，那末要解答這些問題就容易了。在這裡，我們不妨討論一下，方法學底適切作用是什麼。因爲，關於這個問題似乎時有論爭。方法學的自我批評在自然科學發展底緊要關頭曾經發生極其重大的作用。這是一項不爭的歷史事實。唯一的問題是，在某一種科學的歷史中，在那一個階段上，這種方法學的解析關係最爲重要。在物理科學中，方法學的解析比較起於晚近時期。物理科學只在經過許多世紀的觀察和試驗以後，所得到的知識才能有系統地組織起來。自然科學在採用方法學的解析和承認其重要性以前，在發現上，它已經有一段很長的歷史了。

如果有人只用比擬論證法，那末他也許可以說，我們想要在社會科學中運用方法學的解析的話，那也只好等待有關人的行爲之系統的研究之歷史發展得較久才行。不過，在實際上，社會科學所處的地位與自然科學的完全不同。雖然我們對於人事所作嚴格的研究，可與對於自然現象之精確的研究相提並論的，只是最近的事；不過關於社會行爲我們是從若干世紀以來一直在累積知識。人類對於社會生活底性質之興趣，人類對於社會生活底性質所作種種玄想，其時間之悠久與社會生活之悠久同。所以，在我們開始對於人的行爲作有系統的研究以前，我們對於人在社會中的行爲及活動方式，幾乎具備了無盡藏的在諺語中保留的智慧，各種內省的敘述以及一般的觀察。的確，這個智慧的寶藏是太大了，所以我們必須加以選擇，去假存眞，並且研究在哪些條件之下依常識所作的推廣可以成立，在這些諺語寶藏中，關於社會行爲的陳述，有許多是相互矛盾的，差不多每一個社會科學家都有機會須要擁護其中的一面而反對其另一面，[6]在這樣的情形之下，方法學就顯得有用了，我

---

6 原註：例如，參看Robert S. Lynd, *Knowledge for What?* (Princeton: Princeton University Press, 1939), pp. 60-62, and H. A. Simon, "Some Further Requirements of Bureaucratic Theory" *in Reader in Bureaucracy*, R. K. Merton, A. P. Gray, B. Hockey, and H. C. Solvin, eds, (Glencoe, III: The Free Press, 1952), pp. 51-58.

們必須挑選出這種知識，並且將它組成易於安排的形式。我們必須將常識的陳敘重加組織，以便能夠把這樣的陳敘交付經驗的檢證。我們必須指出各種知識間的空隙，以便我們可將研究導致到有用的方向去，換句話說，由於現有的知識過分豐富，於是現代社會科學在一開始研究的時候，就不得不在此比較早期的時候，立即從事發展組織原則。

我們誠然注重方法學底功用，可是這種態度不應導致我們過分高估方法學底功用，或者低估具體的實質研究工作之重要。有人說過，凡有創造力的人都在從事研究，而沒有創造力的人則只是談論研究。而最後分析起來，眞正促使科學進步者是富於創造力和從事實質研究的工作者。當然我們無意提出反對的意見。不過我們有一個社會學的看法。富於創造力的學人一旦成熟了並且已開始其研究工作，那末也許他從方法學的思考方面所能得到的助益是微乎其微。在這種情況之下，最好是讓他自己用他自己的方法去研究。但是，當他正在接受訓練時，當他試圖獲得日後他用得著的知識和思想方式時，在這個學習階段中，一個澈底的方法學的訓練是很有價值的。我們且舉一個比擬來把這一點說得更明白。我們有時不易了解像奧林比克運動競賽中的競技紀錄何以繼續不斷的提高。如跑長途的愈來愈快，跳高的愈來愈高，等等。可是，在過去五十年來，運動人的能力，不像是有達爾文學說的意義之下的改進。但是，訓練運動的技術和運動設備都確實是在不斷地改善之中，偉大的運動明星是天生的。但是，好的訓練員可以提高一般競賽者底水準，使一個經過良好訓練的運動明星可以從比上一代明星爲高的水準出發。所以，雖然他個人的天賦並不一定比上一代人爲高，他卻可以達到更高的成就頂峰。在相同的意義之下，方法學，對於所研究的範圍內的題材之自覺，可使個別的有創造力的學人獲得較佳的出發背景。

——原載《現代學術季刊》，卷二期二（香港：一九五八年六月）

在社會和歷史裡的辯證法

胡克（SidneyHook）原著
殷海光、陳伯莊譯

這是《理性，社會神話及民主》的第十一章。所論的為黑格爾及其以後的辯證法，不僅以唯物主義者的辯證法為限。

——《現代學術季刊》編者註

「辯證法」（dialectic）這一名詞初見希臘哲學，直到於今，含義紛如，用法不一，這樣徒亂思想，並無好處的古老名詞，最好是棄而不用。

然而辯證法底各種各樣的意義都可分納於兩個種屬概念之中。第一個種屬概念是將辯證法看作自然界或社會界裡的事物變化底模型；第二個種屬概念是將辯證法看作分析這種變化的一個特殊方法。辯證法論者通常認爲辯證底解析方法，在某種意義之下，「反映」或「符合」辯證模型的變化。他們的立說雖不十分注意到邏輯上的一致性，卻總認爲辯證型的變化和他種型的變化是有分別的。當他們認辯證就是變化之時，他們顯然把那些非辯證的自然要素和超自然要素，如傳統哲學中的「不變的形式」（unchanging form）之類摒之於變化之外。視辯證法爲解析或發現的方法，或爲解析和發現均適當的方法之時，亦必將其別於其他所謂非辯證的方法，如玄學的，科學的，常識的之類。方法上的區分尤爲重要。他們之所以自謂辯證法能發現新眞理，能對舊眞理的了解推進到更深更切而爲使用其他方法所不能企及的境地，正因有此方法上的區別。

一、視辯證法爲事物變化底模型

茲先從歷史和文化方法面檢討辯證法。假如認辯證法爲歷史和文化的建構原理（constitutive principle）之時，辯證法究竟是什麼？關於此，必須將這第一種屬概念劃分出下列三個次類概念，加以討論。

㈠視辯證法為往復律動

辯證法之第一個種屬概念之第一個次類概念是：歷史裡的辯證變化，其形式像鐘擺之往復擺動；（譯註：有類易經中循環往復的概念。）歷史中的一切趨勢，力量，制度，思想派頭，和道德等等，永遠是在往復擺動中的。依照這樣看法，每一活動，由於廣及而有成之故，有其內在的必然性，促其產生自身的對立項。例如，保守引起反抗，反抗又引起保守；和平引起戰爭，戰爭又引起和平；民主引起專制，專制又引起民主；經驗主義引起理性主義，理性主義又引起經驗主義等等。可是，直到目前爲止，沒有人將往復概念了解成「回到原來的狀態」。因爲，果眞如此，那末我們就得承認反復擺動之起始的一端又是終極的一端。而且，這麼一來，文化底歷史或文化底任何一面之歷史只用一個公式來描寫就夠了，各種各樣的豐富形式就會因裝不進這公式而被斥於外。即令我們承認在歷史發展的趨勢中之往復並不嚴格地恰恰回到原處，可是這整個的擺動週期觀念似乎也不適於描寫文化現象底歷史性質。往復擺動之說不過是一種機械的比擬，強加於一種不適於用此比擬的題材之上而已。因爲這些題材所包括的事象，在很多方面，時表現著聯續，轉變，和累積的發展。這一比擬之不適當，可由持論者把往復底時間距離之長短任意伸縮看出來。應用比擬法來指示現在的事物和過去的事物具有相類似之點時，必須加上另一假設，這假設的內容又必須涉及一些不一定具週期性的其他因素。（譯註：意指不要只有週期因素。）然後指出這些新舊事物，在其對於所假設的事物而言，具有相類之處；否則，這比擬便爲盲目的和不相干的。而且，如果沒有這樣的假設而遽作比擬，人們將爲比擬所掩蔽，不易注意到每一個時代中的新事物了。例如，不加研究就隨便把現代的極權主義比之於古代或中古的極權主義便是。

這一辯證看法最嚴重的缺點在其意念有一個內在的必然性。它從少數事例作簡單而又危險的歸納，遂謂這些事例同具有某一週期律，又從而用之以解說或預斷歷史上其他事件。如此作法，下啻將玄祕的理性主義與粗陋的經驗主義冶爲一爐。它忽視了一項事實，即在科學研究裡，即使發見有其眞實的週期或波動現象，絕少遽視之爲確定的事實，或最後鑑定的資料。其發見只指示出問題的開始，而非研究的終結。所引出的問題就在尋找出這些週期變動怎樣和存於環境或背景中的其他因素發生函數的關係，或者怎樣爲這些因素所決定。

(二)視辯證法為鬥爭

這是第二個次類概念；它視辯證法爲鬥爭的事實與模型，照這一看法，人們生活在一起時，各種不同程度的鬥爭，衝突，和對立是一定要發生的。而鬥爭由以爆發的條件，目的，和時機爲何，則隨各種不同的辯證理論底說法之不同而各異。能自相一致地抱持這類鬥爭說的人，對於各種千年福祉主義所想像的社會協諧與和平，必嗤爲天眞的信念，永遠不能實現的。然而他們很少能夠本乎一個自相一致的原則來說鬥爭的。爲了支持他們的政治神話，（譯註：這兒的「神話」即「主義」。）鬥爭的辯證說總是以應用於某種鬥爭爲限，（譯註：意指以階級鬥爭為限。）認爲這是一切的基本，這種鬥爭消滅之後，任何其他鬥爭亦不起了。結果，依然落到先驗式的信仰，不是相信社會戰爭爲一切社會生活之無可避免的特色，相信那些穿上冒充科學外衣的千年福祉主義，認爲在未來預先注定了的日子，所有的人都變成兄弟，沒有人再從事互相殘殺。

社會鬥爭說和千年福祉說都犯了一共同的毛病，他們只空洞地談「鬥爭」，而不研究具體的每一鬥爭。正和一切意義含混的一元論一樣，雖不無啓示作用，但不能作科學的證明。正因兩說均極空泛，所以從字面上看去，並不和實際事態不相容。可是，從實際經驗言，我們是沒有空泛而抽象的「鬥爭」，只有一件一件的具體鬥爭。而且這些具體的鬥爭既非絕對的又非無條件的。這也就是說，同是一個一個的人，既可以加入某一團體從事某種鬥爭，也可以加入另外的團體從事某種合作與團結。而且每一個特殊的鬥爭是以某些因素爲條件的。這些因素，縱然不能被修改，但至少是可以變動的。如果我們沒有精密界定了鬥爭的種類，既不知鬥爭範圍之大小，又不知其相互關係，那末我們要想對鬥爭作有意義的因果解析，便極困難。

㈢視辯證法為歷史的互動

這是第三個次類概念，認辯證法爲環境與人之間的互動模型。所謂環境指客觀地制約著行動的外界，而人則被視爲歷史的過程（譯註：歷史的過程即歷史本身。）的製造者。依這個看法，人如何對那在變動中的社會環境作反應來改變他自己，或一個階級如何對這環境作反應來改變其社會地位，便是一個道地的辯證問題。辯證者所要研究的有時是：「意志」在一個受因果決定的或先自潛具最後決定的系統之中而活動，經由怎樣的途徑把它自行決定的方式表現爲一種自由原則，於是使得這系統有所改變，同時自身亦有所改變。辯證者有時又換一個研究方向，研究感情（feeling）和情緒（emotion），不論是內發的或外起的，經由怎樣的途徑，讓那表達感情情緒的思想和行動轉變了感情情緒的性質。然而經常要碰上的問題卻是要解答一件事實，即理想與決志既然不是從自身長出來的枝葉，（譯註：意指辯證唯物主義說這些只是從生產方式引出來的「上層」。）何以又能多少改變自己的環境？（譯註：環境又暗指生產方式。）解答這難題時唯心的辯證者將物納歸心的領域，唯物辯證者則將心看作一種用來適應環境的行動特式。兩派解答的共同點是：受了理想的報知之後，人類活動將變動介進於原來召致行動的困境。構成歷史過程之辯證樞紐是一些元素和由其產生的後果；元素指由人類理想與行動產生於人本身之內或世界之內的那些具創造性的再決定所含的一些元素；（譯註：如將「那些具創造性的再決定」改讀作「改造世界」便一目瞭然。）後果指從控制事物與制度而對人性發生之改造。

嚴格說來，以上所說的活動方式和與之相連的互動問題全屬個人心理學及社會心理學範圍，然而社會心理學尚是一門落後的學問，即其中心概念依然歧義紛如爭論未決。那些認爲只有人生中的大關大節可泣可歌的部門才是哲學的心理學家所當注意的問題，不論他們說得怎樣天花亂墜，結果只暴露出他們對名人列傳特別感覺興趣而已。顯然得很，這些人生中的大關頭，只是某人某人一生中的大關頭，非人們人生中大關頭。並且只有敘述，並無解說。又如存在主義者Kierkegaard，Heidegger，Jaspers之輩那麼強調存在，其主要的深見無非是說個人的存在方式在一些方面究竟和其他東西之在世有所不同而已。語言裡表示個人存在的動詞總是不規則的，早已爲Lichtenberger說過：這已涉到存在主義者那項的主要深見。（譯註：所論未免文蔓，實在作者所要說的是，把互動化約入心理之後，再指出社會心理學還沒真貢獻。因此沒有什麼可講的而已。）

使用辯證法來處理心理問題，也就是說假使承認意識（consciousness）有其辯證特性之後，問題是以辯證語言來描述社會經驗，個人經驗，道德經驗，是否有效（valid）。辯證法之致知效用究竟如何下文再說，然而爲什麼不用行之有效的正常科學致知法，爲什麼一定要套上辯證語言，用辯證法來研究這些心理對象，難獨意識確有其辯證特性，非如此研究不可麼？即使我們假定每一研究要影響被研究者的人格狀態，（譯註：這大概指心理測驗。）又假定凡研究必然引出一個改變所研究的場合的過程，（譯註：這顯然是杜威的致知論。）並且照辯證者所慣舉的老例，假定人們聽到別人對其行爲而作預言之時，他們的行爲就多少會受預言的影響。（譯註：這三假定都假定一個變字，而這第一第二之變，都是一般科學研究法所自行惹起之變，也許意指辯證研究法，照辯證者看來，便超然不染不受影響。）而這些都是使得場合更爲複雜，又因實測資料和實測所發生的影響都與所要找的答案間接連在一起，使得可靠的知識更難獲得。即使這些都是眞的，科學家只有更加努力克服困難，斷不能構成捨棄科學方法改用辯證研究法的正當理由。

二、視辯證法爲了解變動的方法

茲進論辯證法是否是發現眞理的有效方法；這不是就希臘的古老意義指辯證法僅爲顯出假定，釐清所言之意，而問其後果的方法，而指那認辯證法爲思想方式的下列各種概念。那些認爲辯證法自存於天壤之間，自存於自然和歷史之內的腳色，固然堅稱非用辯證法不能了解事物。還有那不以爲辯證法具有這樣的存在性的腳色，也有說用辯證法能了解一切事物的呢。第二類腳色視辯證法的思維乃智力的表現，這智力是理性而非了解，是頓攝一切的慧照而非言而必達的思維。

這樣的辯證法到底是什麼？我們只有又從這類辯證者所言論所著作發掘出來。於是我們又發現下列各次類。

㈠辯證法乃了解事物互連之法

此爲本類中最重要的次類概念，自黑格爾而後，學人們有見於文化模型與理論之廣及性，若將法律，宗教，政治，經濟等等強加割裂，將使其結構與問題都看不懂，而且其全部歷史也看不懂，這是說見於社會的事物之互連。就個人行爲看，不但其物理性及生物性各自具有系統，而顯出行爲所特具的意義，尤在其人所持尚的社會價值具有一定模型，這是說見於個人的事物之互連。就此看來，文化雖不見天衣無縫的整個，但決不是一大堆彼此無關偶然湊合的制度。在社會研究裡，不論「了解」一詞，究具何義，我們總是預先假定一切事物有所在的場合，在場合內事物之間有種種的關連。這些了解，不但適用於對社會的研究，亦復適用於對一切的研究，而爲每一科學方法論所說到的。可是，一到辯證者眼中，這事物之互連便成爲不受限制極目無盡的互連了。於是互連不復爲指導研究用的原則而是了解事物用的教條了。依這教條，我們一定要說一個「全」（whole）之內的各「部」（parts）是在有定的（determinate）途式（way）而互連的，這還不夠，還要加說，各個「全」之互連，也是照著這樣途式的。何謂「全」，如全部文化即是一個「全」。假使在某一事件或某一領域內，發現不出這樣的互連，辯證者並不修正教條。反而說，這些事件或領域是不齊備的，不能了解的，偶然的，屬於「實在」的「低級」秩序的。

斯賓格勒（Spengler）的《西方之沒落》（*The Decline of the West*）一書，便是濫用文化互連原則（把辯證法概想爲這樣的原則）到了極點的標本。他認爲每一文化各有其精靈（soul）的作風，歐西文化精靈詔示出而且連貫起許多不同的文化各「部」，如油畫裡的視界，印刷，交易媒介信用制，長距離兵器，對位和聲的音樂，微分學等等。希臘文化的精靈又詔示出而連貫起裸象雕刻，硬幣制，城邦，歐氏幾何，火葬等等。這眞是機體主義（organicism）中了風魔的鬼話。辯證唯物主義也是中了風魔的，不過他們的法寶是生產方式而不是精靈作風罷了。

(二)辯證法乃了解事物成全之法

如辯證法所用的互連概念係和「全」（totality）的概念攜手同行的（譯註：原文標題是Dialectic and Holism。Holism即「事物自然成全說」。）「全」本來是科學所常用的概念，一到辯證者手裡又添了花樣而玄化了。科學家說：沒有空諸依旁的事物（譯註：這也是杜威的主要論旨。杜威的存在連續統〔existential confinuum〕脫胎於黑格爾哲學。一切事物盡在這連續統之中，所以沒有空諸依旁與任何其他事物不具關係的事物。）對一事一物所作的判斷必須是照顧到這一認識而後作判斷方有獲得最後的有效性。即使是最謹嚴的分析，往往仍須從那性質約略可辨之「全」（vaguely apprehended qualitative whole）或場合（situation）出發。（譯註：場合該是照杜威「邏輯：致知論」所界定的，其說見本刊第一卷第一期第八十七、八十八頁。）科學家想預測每一個別之「全」如何變動時，於精審資料而外，必須運用一些適用於相類各「全」中的元素的共通法則。（譯註：個別之全，如太陽系；同類之全，如其他恆星及其衛星合成之系；元素，如物質；元素的共通法則，如牛頓萬有引力律。又如依克魯〔Kroeber〕文化統形說〔cultural configuration〕日本的文化統形，依帕生思〔Parsons〕社會系統〔social system〕說的中國社會，亦是個別之全。這些個別之全都是有存在的，具體的，但與場合不同。場合雖亦必為具體而有存在的，但指研究對象所位的全境，而個別之全則係自成為全。場合與個別之全不同：只有所要研究的個別之全的一部份在場合之內，例如在香港的中國社會；而場合還有不屬這個別之全的其他事物，如與在香港與中國社會有關的〔contextually related〕香港英殖民政府。至於何以稱個別之全為各具特質之全〔qualitative whole〕，因為個別之全係由其特質辨別出來的，如太陽系，文化統形，社會系統均各具特質。）

辯證法加上了怎的花樣呢？依此法的尋常用法來說，因爲個別之全有其自成爲全之結構，而這結構又有種種不同的方面，而這種種方面又是互連而互相影響的；所以，不論替任何一方面試造定律，到用起來，其有效性必然受到其他方面的影響而受損了。所以論理，任何不受影響的定律都是定不出來的，所以靠定律而建立的科學知識不僅是不完全的，而且必然會歪曲事實的。抽象之律不僅是不足以供建律原旨之用，而且是有害的。至於律與律之間究竟如何相關又是不明白的。科學家本來承認沒有一組定律可以完全確定一切，可以把一個個別之全的行動的各方面都確定起來。辯證者一加上剛剛所說的新花樣便超過頭來亂說了。這些花樣是來自黑格爾的具體共相說和此說中之關係內在說。

使用辯證法來研究文化的學人也有用得比較近理的。然而他們所能指出的也不過是歷史之全和文化之全都比自然科學所包括的更廣而已。自然界的則律在歷史與文化中雖然一樣有效。我們也可以替歷史與文化本身所特具性質定出一些則律。科學方法的基本之理或邏輯是不會因用到歷史的社會的對象而有所改變的。就理論上說，社會和歷史的則律是可以化約爲更共通的物理則律之特種表達方式的。反過來說，就是知道某些物理則律，知道某些特殊資料，並且知道某些推論規則之後，生物則律和社會則律是可以從物理則律演繹出來的。但這不是說一定可以這樣將則律化約，而是說按照特定專門的意義做去，概念怎樣可經化約而介進，這樣化約和傳統的化約論毫不相干。生物物性的互動和心理性的互動發生於社會生活中，有些是會改觀的，但不是全會改觀的。然而要窮究它們改觀到怎樣以及經什麼途徑而改觀，也不須用到辯證邏輯方能獲得有效結論。

㈢視辯證法為格物之法

在哲學史上，自普樂克勒斯（Proclus）到黑格爾，證辯法是什麼呢？除卻爲藉問答以釐清意義的技術之外，辯證法說：每一概念內含有與本身相反的概念與之互爲矛盾。矛盾並不互相否定，反而引起另一融和矛盾的概念使其於內暫時相安。（譯註：即正，反，合。得合為正，再加思索又引起反，故只暫時相安也。）每一概念如是，而每一範疇，每一判斷亦復如是（譯註：範疇與判斷亦係概念也。）這就是黑格爾循之而進於絕對理念之正反合。他這個有名的dialektischer dreitakt，一經邏輯分析，立見瓦解。（譯註：羅素文內承認這是邏輯過程，與胡克不同，請注意。）他們把「事之相反」（contrary），「語之矛盾」（contradictory），「對抗」（opposition），和「異此」（otherness）幾個概念混爲一談。Nicltolas von Cusa固以「對抗的同一」與「對抗的統一」隨便互用，而黑格爾更將「矛盾的統一」，「矛盾的同一」，「對抗」等詞全作同義詞使用。

姑不理這樣淆然莫究的混亂，轉問另一問題，即何以有時有人自稱用辯證法而不用科學方法也會得到科學上有效的分析的結論呢？在我看來，這只是修改定義（redefinition）的邏輯功用的特例。何以言之呢？譬如說：開始對一個發生了問題的場合去作研究之時，我們所用的定義和概念是比較含混的，於是我們從這場合找到一組有條理的含義：這是說在類似的場合裡可以解說同樣問題的含義，這是說述這類場合的結構和行動而自成一系統的含義。於是我又進一步發見：加果不是㈠某些互不相容的判斷就會從這些前題產出，即是㈡有某些在系統之外的題材依其某方面的意義言卻又似爲在系統之內的題材之延續，於是這樣「非驢非馬」的題材便費解了。對於㈠，我們只須回到前題，釐清其歧義：對於㈡，我們將前題裡所用諸詞的定義改定，或者針對那些費解題材再加上新前題。舉例言之，修改「數」的定義使其能包括無理數及虛數，修改「機體」的定義，使其能包括單細胞機體，修改「財產」定義使其能包括專利權及商譽，再如「原子」的定義，自希臘Democritus以來，已修改幾次：這都是顯示修改定義的邏輯功用的實例。在科學家的眼中，這些早就是「家常便飯」。

這樣的「家常便飯」卻攻破了辯證法之誇誕。從此可以顯然知道所謂辯證法的運動既非普遍的，亦非必然的，更非內在的。辯證者誤稱某一邏輯特質（logical character）爲矛盾，由之以推論出具體場合把矛盾綜合了的結構，犯了從形式性的知識——如邏輯特質——演繹出經驗性的結論——如具體場合結構——的錯誤。足以解決「對抗」的綜合不只一個，事實上其中被選用的常以實際需要爲衡；可是實際需要之爲事乃在邏輯領域之外了。離實際而言，一切「對抗」都可解決，就實際而言則否，因爲實際解決是由實際需要作主而不由邏輯道理作主的。辯證者何以一味癡想著世界上必有一條獨一而有定的解決之方呢？無他，認爲世界一切事物安排之中有太和（harmony）（譯註：黑格爾與普魯士國家，馬克斯的無階級社會，都是太和之實現。）之潛在而已；所泥執者實爲一條不可證的教條。實際上，能否臻於和，全是個別問題，需要個別解決。

㈣視辯證法為知命之法

辯證者所說之「全」，乃進「大德」（value）之「全」，爲順「帝旨」（Divine End）而日進於大德之全。大德維何？「自見天心」（self-consciousness）與「自由」（freedom）。自由維何？明帝旨，見天心，證大德之後於是而有從心自擇胥不踰帝旨之自由是也。至於進德之程，則辯證之程是也。這一套，乃黑格爾的哲學。其他黑格爾主義者只將「旨」之性質變更，而稱此「旨」內在於社會過程之中而已。（譯註：原文為 Other Hegelians differ from Hegel merely in the character of the End which they spell out of immanent social processes. 胡克所謂其他黑格爾主義者，究竟指誰？如不指馬克斯，則「旨」內在於社會過程中該為馬氏商標，如指馬克斯，則馬氏為最不承認有「旨」更不承認有「帝旨」之人也。）

於是，辯證者成爲目的論者，一切關係如「張本—後果」關係（ground-consequence），「因果」關係（cause-effect），「刺激—反應」關係（stimulus-response），盡成爲「手段—目的」關係（means-end）了。人各自懷目的而動，殊不知冥冥中有「大旨」存焉。依辯證之程推之使動，是故「大旨」之必然實現，因一切事物受其驅策而動，受其驅策而動即事物自有這樣內在的需要（inner necessity）也。

此爲不可證之玄學，所謂「潛在太和」。

——原載《現代學術季刊》，卷二期三（香港：一九五八年十二月）

科學的哲學之興起

萊申巴哈（Hans Reichenbach）原著

從去年起，我們已開始計畫選譯一套「現代學術叢書」，分三大集：第一集為各料的基本名著，第二集為二十年來各科權威學者的創作名著，第三集為行為科學方面陸續出現的創作。第一集書預計共十五本左右，各書的選擇標準有二：㈠超過初入門的奠基著作，㈡著者在本門具有權威地位。現在我們選定了萊申巴哈的《科學的哲學之興起》（*The Rise of Scientific Philosophy*），譯作第一集叢書之一。本書之選譯係經與芝加哥大學教授哲學家莫利土先生（Charles Morris）一再函商，然後決定的。莫利士先生還替我們做了一段簡短的介紹，茲譯如次：

「《科學的哲學之興起》，不算是萊申巴哈的專門大著之一。在相對論，量子力學，時間論，蓋然論各方面，他的創作，早已使他成為當代科學的哲學家領袖之一（註：這幾個論題在本書裡都講到）。本書不但對萊氏本人的思想做了一個極好的介紹，而且對現代好些極重要的科學觀念和哲學觀念提出了清楚而深入的見解。可是，書中的價值論對我個人不具說服力，也許因為我的價值觀接近杜威和路易士（C. I. Lewis）所持的立場。哲學上艱深重大的題材，一到天才的筆端，便能寫得那麼好懂那麼動聽，連沒有哲學專門素養的讀者也覺得好懂而動聽，萊氏這書便是一個好榜樣。法國的潘迦列（Poincaré）和維也納學派的佛蘭克（Frank）也有這樣的本領。但是這樣的天才總是世所稀有的。可惜萊氏不享大年，凡是認識萊氏的我輩，誰不願見他多活十年二十年呢！」

本書有自序，本文凡十八章，分兩編：第一編以「玄想的哲學的根源」為總題，共六章；第二編以「科學的哲學底成果」為總題，共十二章。書本文三百二十六頁。一九五四年加州大學出版社印行。

——陳伯莊記

自序

許多人以爲哲學與玄想（speculation）不可分。他們相信哲學家不能使用建立知識的方法——不論所建立的爲對事實的知識，或對邏輯關係的知識——；他們又相信必須應用一種不能施以實證的語言——簡言之，哲學不是科學。本書之作，就無非是要建立與這套說法相反的論旨，認爲哲學上的玄想是一個過渡階段，出現於哲學問題已經發生，而尙待邏輯工具去解決它的時候。本書底論旨認爲，我們有而且早已恆有一條通向哲學的科學途徑，本書想指出從這個基礎上已經產生了科學的哲學。在今日科學光輝照耀之下，科學的哲學已經找到解決許多哲學問題的工具。這些問題，在較早的時期，只是供猜度底題材而已。簡括地說：本書之作，旨在指出哲學已由玄想前進到科學。

要達此旨，對較早期哲學作批評性的分析，實屬無可避免。所以，本書第一編是對傳統哲學底種種缺點之檢討。這一部分底研究是指向玄想哲學由之而產生的心理根源。所以，這一部分底研究是採取攻擊的形式對著培根（Francis Bacon）所稱的「劇場的偶像」施攻擊。培根迄今已有三百多年，而這些偶像，這些過去哲學體系，依然具有大力足向批評者挑戰，所以還要做一番陷陣工作。本書第二編闡述現代科學的哲學。這一部分是要把經由現代科學底解析與符號邏輯底應用而發展了的哲學成果聚集起來。

本書所論列的雖然是哲學體系以及科學思想；可是，著者行文時並沒有假定讀者對於書中所論題材必須具備專門的知識。本書對於所涉及的哲學概念和學說，常常是一面闡明並且一面提出批評的。本書雖然討論到現代數學和物理學之邏輯解析，可是，著者行文時並沒有預先假定讀者是一位數學家或是一位物理學家。只要讀者富有常識，足使他願意獲得常識所不能達到的知識，他便能循著本書立論的步驟，充分了解本書。

所以，本書可作哲學概論的課本用，尤其可以作科學的哲學概論的課本用。不過，著者並沒有想在本書中對傳統哲學材料作一個所謂「客觀的」闡述。著者並未企圖本著一位解釋者底態度來詳釋傳統哲學的體系。這樣的解釋者是希望在每一個哲學中找出一些眞理，並且希望他底讀者相信每一個哲學的學說都能被人了解。這種教授哲學的方法並不太成功。許多人也曾想從一些意在對前人哲學作客觀闡述的文字中來研究哲學，他們仍然覺得，哲學裡有許多學說不可理解。還有些人曾經極力試行了解哲學體系，並且想把哲學思辨的結果與科學研究的結果聯繫起來。但是，他們發現他們並不能使科學與哲學統一。現在，我們可以說，如果哲學不能使沒有成見的人獲得理解，或者與現代科學不相容，其咎應在哲學家方面。哲學家往往爲了急求解答的願望而犧牲了眞理，往往嗜用圖像式的語言而犧牲了語言的清晰。哲學家底語言缺乏精確性。而精確的語言卻是科學家用以避免錯誤礁石的羅盤。如果我們要把哲學底闡述弄得客觀，那末，我們與其在哲學的相對性求客觀，不如在批評底標準上求客觀。本書的研究是在批評底標準上而求客觀的。本書中述是爲曾經讀過哲學書和科學書而又感到不滿意的人而寫的；是爲曾經試圖發現意義但卻被文字底魔障所迷誤的人而寫的；是爲尙未放棄一個希望即哲學終有一天會成爲像科學那樣順理和有力量的學科的人而寫的。

我們早就有了科學的哲學，可惜對其存在還未普遍地爲人所知。玄想哲學底殘餘，成了一團混合之霧，依然蔽障著那些未受邏輯解析訓練者底眼睛，使他們看不見哲學的知識。本書就是要藉清晰明白的意義來蒸散這種迷霧，搜尋哲學錯誤底根源，並且提出證據來證明哲學已經從錯誤走向眞理。

萊申巴赫，於洛杉磯加利弗尼亞大學

目錄

第一篇　玄想哲學底根源（The Roots of Speculative Philosophy）

第一章　問題（The Question）

一位大名鼎鼎的哲學家底著作中有這樣的幾句：「理性是本質，又是無窮的力量，也是它自己潛存於一切自然的和精神的生命中之無窮的質料。它又是驅使質料運動的無窮形式，理性是一切事物由之而存在的本質。」

許多讀者對於這一類的文字不耐煩。看不出其中有任何意義，也許要動氣把書燒掉。爲了要從這樣的情緒反應轉進到邏輯的批評，我們奉勸這樣的讀者本著中立觀察者底態度來研究所謂哲學的語言，正像一位博物學家之研究一種罕見的甲殼蟲一樣。我們要分析錯誤，必須從分析語言開始。

治哲學的學人碰到這類玄晦文詞，大概是不會動氣，反而自咎了解力不足的。於是，他把這樣的著作讀了一遍又一遍，終有一天會自以爲了解書中的奧義。到這時，他對所謂理性乃由潛在於一切自然的精神裡的生命中之一無窮質料所構成，故理性又是一切事物底本質，這一類的說法便覺得顯而易見了。被這樣說法綁住之後，他對常人所會作的一切批評都會忘記得一乾二淨。

至於有訓練的科學家，到了用字造句之時，務必使每一句話具有一個意義。科學家於構造陳敘詞之時，總是要能夠證明這些陳敘詞是眞的。在證明的程序中，他不嫌所用思想底連鎖是很長的。他不怕使用抽離的推理，不過，他要求這種抽離的思想無論怎樣必須與目之所見，耳之所聽，和指之所觸聯繫起來。像這樣的一個人，如果讀到我們在前面所引的一段文字，會作何感想呢？

所謂「質料」和「本質」這些字眼，在科學家看來並不陌生。在寫實驗報告中，他常用到這樣的字眼。他也曾學過測量質料或本質底重量和形狀。他知道一個質料可由幾種不同的本質構成；而每種本質看起來會和所構成的質料極不相同。所以，「質料」和「本質」這些字眼並不引起任何困難。

但是，所謂潛存於生命底下的質料是一種什麼質料呢？也許有人以爲這種質料就是構成我們身體的本質。這種本質如何又能等於理性呢？理性是人類表現於行爲中的一種的抽離能力（abstract capacity）。或者，說得比較客氣一點，理性是表現於有些部分行爲的抽離能力。請問那大名鼎鼎的哲學家是否願意說我們底身體係由抽象的能力而構成的呢？

就算是一個哲學家也不能說這樣背理可笑的話。那末，前述哲學家所說的究竟是什麼意思呢？他底意思也許是說，宇宙間的一切事物是按照如何實現一個合理的目標而安排的。這個臆設（assumption）是有問題的。但至少不失爲一個可思議的臆設。如果那哲學家所說的意思不過如此，那又何苦把它說得如此玄奧呢？

在著者能夠說哲學是什麼，和哲學應該是什麼以前，願將這一問題，加以解答。（《現代學術季刊》編註：意謂搜尋立說者心理上的執障。）

第二章　普遍性之追求及擬似的解說（The Search for Generality and the Pseudo Explanation）

人類之追求知識，由來已古。遠自社群肇始，工具初興，人們已經曉得厚生必由役物，役物必由致知，於是求知之欲以興。

知識底要素爲推廣（generalization）。人們從許多個別經驗知道照一定的方法去擦木可以取火，於是概括這些經驗所得，發爲推廣之詞曰，照這樣方法擦木必常生火。所以，發現底藝術即正確推廣底藝術。推廣時須排斥不相干的因子，例如木塊底特別形狀——而須包含相干的因子，如木塊底乾燥程度。何謂「相干」（relevant）？作有效推廣時所必須顧到的因子便是相干的因子。能將相干的因子和不相干的因子分開，乃知識底開始。

所以，推廣乃科學底始源。古代科學表現於當時日用的技術之中的，如建築，紡織，鑄造兵器，帆航，耕種等等。而當時的物理學，天文學和數學則爲其科學知識所由以表現之更顯著的形式。古代某些文化遺產之所以配得上稱爲古代科學，係因古人已經建立了少許比較廣泛的推廣：他們知道幾何學定律，這些定律對於空間底一切部分都有效。而毫無例外。他們知道天文學裡授時定律。又知道一些物理學和化學定律。例如，槓桿定律，以及熱與溶解關係之定律。所有這些定律都是推廣。這些推廣是說，某一蘊涵關係在某一特定種類的一切事例中都可成立。換句話說，這些推廣是全謂的條件陳敘詞（if-then always statement）。像「如果一個金屬物加夠了熱，它便熔解。」便是一個全謂的條件陳敘詞。

復次，推廣乃解說（explanation）之本身性質。所謂「解說一個已被觀察的事實」，即意指將這個事實嵌進一條普遍定律之中。我們觀察到，風隨日出而從海上吹到內陸。我們把這個現象嵌進物受熱則脹的定律之中，然後加以解說。物體受熱膨脹，因而同一容積的物體比未受熱前較輕。日出之後，地上溫度比水面上溫度昇得較快而較高，於是從地面再傳到地上空氣的熱量較多，空氣變輕而上昇，留出空位讓來自海洋的氣流衝入。又如我們看到有機體需要食物以維持其生存，我們便將這一事實嵌進能底不滅定律中而加以解說；有機體活動時所消耗的力能必須藉食物中的熱能來補充。又如我們觀察到，當物體失去支持時下墜，我們把這事實嵌進另一條普遍定律之中以解說之。這定律說，質量（masses）互相吸引。地球底巨大質量把小質量向其表面拉。

後例中所用的「吸引」和「拉」等字眼都是易出毛病的字眼。這樣的字眼暗示著物似有心有欲，因而容易引起一項比擬，把物理現象比擬於某些心理現象。人常被所需求的東西所吸引，例如食物或新式汽車。而且我們很容易想像我們底身體之被地球吸引猶之乎爲了滿足某種欲望而被某種東西吸引一樣。像這樣的解釋就是邏輯家所稱的擬人觀（anthropomoiphism）。所謂擬人觀，即是將人所具有的種種性質賦予物理的事物上去。顯然得很，我們把自然的事件和人事作平行的比擬並不能解說什麼。當著我們說：牛頓底萬有引力定律解說了物體下墜時，意思就是說，物體向地球移動這一現象可以嵌進一條普遍定律中去。依此定律，一切物體向著彼此移動。牛頓所用「吸引」一詞只是說物體彼此之間作這種運動而已。牛頓定律底解說力，是來自它底普遍性，而非來自與心理現象表面上的類似。解說即是推廣。

有時我們還得假定一些未經見過或無從看見的事情來作解說。例如聽到狗叫，我們可以假定有陌生人走近屋子；山上發見海生動物的化石，我們可以假定此處曾有較低時（即未被造山運動將其聳起）爲海洋所覆蓋。所假定的雖未經見或無從見，而狗吠陌生人，以及海物不生於陸地則爲經觀察而成立了的普遍定律，未經見的陌生人之所以能解說狗吠，無從見的古代海底之所以能解說化石，只因其各爲一條普遍定律之展示。用普遍定律作推論可以揭發新事實，故解說又成爲以推論事物補充直接經驗世界的工具。

如果我們對於許多自然現象作了成功的解說，那末我們心裡就產生一種念頭，渴望得到更大的普遍性。這是不足爲奇的事。經所觀察過的種種事實不足以滿足求知欲。對於知識的追求心超過我們所作的觀察，並且要求我們發現普遍性。不幸的是，即在人類尙未獲致那能發現正確解答的方法之時，人類還是一味想著要提出解答。凡科學的解說要求有十分充足的觀察和具批評性的思考。我們愈是受企圖發現較大的普遍性之心所鼓舞，我們愈須觀察較多的資料。同時也愈須作更具批評性的思考。當著一個時代既得的知識不足以支持我們作正確的推廣以致我們不能作科學的解說時，我們底想像力則跟蹤而至，於是拿想像當作一種解說，這是拿稚樸的平行觀來滿足求知欲。許多浮面的比擬，尤其是與人事經驗的比擬，往往與科學上的推廣混爲一談，並且被許多人看作科學的解說。這麼一來，許多人追求普遍性，結果卻因得到擬似的解說而感到慰藉，哲學係從這種根源而發生。

這樣的根源，當然並不造成一個好的紀錄。我無意為哲學延譽，而只想說明其存在和性質。事實上，哲學底弱點和強點，俱可從指出其本身之建立在這樣有問題的基礎上而獲得說明。

我現在要舉例來說明所謂擬似的解說是什麼。自古至今，人類渴望了解物理世界，引起人追問世界底起源是怎樣。一切民族底神話中都有關於宇宙起源的原始說法。流傳最廣的創世故事是希伯來人想像力底產品，大約成於紀元前九世紀。創世紀說世界是上帝創造的。這種天眞類型的解說能使原始人類底心靈或者像小孩般的心靈得到滿足，這種解說是藉擬人的比擬（anthropomorphic analogies）而進行的：上帝之創造世界，正如人之創造家庭和用具。關於物理世界底起源，這個最普遍和基本的問題，是藉著與我們日常的經驗作比擬而解答的。像這樣的圖像並不能構成一個解說，早有正確的論列。這樣的解說，如果是眞的，徒然使得要解說的問題更難解決。創世紀對於世界起源的解說是一個擬似的解說。

然而，這故事底啓示力多麼生動！當時還在原始階段的猶太人留給世界這個傳說，直到今日，讀者底想像還被一個起敬起畏的圖像所攝住。想見上帝之靈運行於水面，發出幾道命令便把世界創造出來。於是使人們願有一個強有力的父親的天性，憑這輝煌故事得到安慰。可是，心理願望底滿足並不等於解說。然而邏輯與詩情糾纏不清，理解與想像糾纏不清，推廣所得與比擬糾纏不清，往往產生了哲學。很多哲學體系就像聖經一樣，是傑作的詩，充滿了激發想像的畫圖，但沒有那來自科學解說的釐清力量。

在古希臘有幾種宇宙生成說與猶太人所作的創世紀不同，因為所假定的是演化而非神創。從這一方面來說，可算較為科學一些。可是，就現代科學的意義來說，它們對科學的解說並無貢獻，因為它們也是根據日常經驗作原始性的推廣而構成的。安納格斯曼德（Anaximsnder，約生於紀元前六百年）相信這個世界是從一個無窮的本質演化而來的。他把這一無窮的本質叫做apeiron。照他說來，首先冷的東西與熱的東西分開。冷的東西變成地。熱火包圍著冷的地。然後被吸進輪狀的空氣管子。不止如此，火還可從管子底洞孔看見，在我們看來，就成爲太陽，月亮，和星宿。至於有生命的東西，則是從圍繞著地面的濕氣演變而成的。即令是人類吧，也是從魚變來的。這位哲學家關於世界起源給予我們這些幻想的圖像，他是把比擬當作解說。可是，這些擬似的解說至少是屬於朝著一個正確的方向進一步做去的，所以不是完全無用的。這些解說是原始的科學理論。如果我們應用這些解說來導引更進一步的觀察與解析，那末也許終於可能導致更佳的解說。如安納格斯曼德以輪狀氣管說對天體循圓形軌道運行試作解說，即其一例。

錯誤的推廣，分有害的和無害的兩類。無害的一類常見於傾向經驗的哲學家底著作中，等到面對著新發現的經驗之時，這類推廣是比較容易接受修正和改進的。有害的一類，則用譬喻與擬似之說，導向空虛的浮辭主義和危險的獨斷主義。這類有害的推廣似乎瀰漫於玄思哲學家底著作裡。

有害類的例子，如第一章所引的即是。這是運用浮面的比擬來想建立一條普遍定律的玩意。這一個哲學家之立說係根據一項觀察得來的事實，即理性在相當大的範圍裡支配著人類行爲，故此至少部分地決定社會底發展。於尋求解說中他於是把理性看成爲一種本質（substance），一切由這本質構成的事物其性質亦由這本質而決定，正如鐵決定鐵橋底性質一樣。顯然得很，這是很壞的比擬。鐵與鐵橋是同一質料的東西；但是，理性與人體不是同一質料的東西，理性便不可能爲人底行爲之荷載者。被譽爲「美利都之聖人」（sage of Miletus）的泰利士創立了一個理論，說水是萬物之本質。他這一推廣是錯誤的。他觀察水是包含在許多質料之中，例如在土壤中，或者在生物中，於是他插入了一個錯誤的臆設，即以爲各事物都含有水。泰利士底理論如果看作把一種物理的本質當作萬物底構成材料之理論的話，則頗有見地。雖然這理論是一個錯誤的推廣，但至少是個推廣，而不是比擬。泰利士底語言比前面所引的那位著名哲學家底語言該要高明得多了！

鬆懈的語言所引起的麻煩，就是產生錯誤的觀念。前述將理性與本質加以比擬的例子足以說明這一事實。寫那段言論的哲學家一定會強烈反對把他底話解釋爲一個單純的比擬。他會說他已發現萬物底眞實本質。如果有人堅持對所謂本質就是物理的本質，那末他一定訕笑這個人。他會認爲本質尙有一個「較深」意義。所謂物理的本質，只不過是這一較深意義之一特例而已。這種說法如果譯成大眾可了解的語言，它底意思無非是說世界萬事萬物與理性之間的關係，同鐵橋與做橋的鐵之間的關係是一樣的。但是，這一比擬顯然是站不住的。我們所做的這一翻譯可以表示，對於這一比擬作任何認眞的解釋一定會引起邏輯上的重大錯誤，將理性叫做本質可能引起聽者發生某種意象。但是，如果把這些字眼所引起的聯想再往前引申，那末這些字眼會誤引哲學家跳到一個邏輯所不能保證的結論。從錯誤的比擬而得到有害的錯誤，自古迄今成爲哲學家底痼疾。

前述比擬中所犯的謬誤乃所謂「抽離項底具體化」（substantiation of abstracta）的錯誤之一例。在此種錯誤中，人們將像「理性」這樣抽離的名詞當作指物名詞。亞里士多德（384-322 B.C.）底哲學中對於形式與實質的論列，乃這種謬誤的古典例子。

幾何的事物呈現著形式底方面，這形式自然和具有此形式的事物所由構成的質料顯然有別。形式可變，而質料則可如故。這點簡單的日常經驗卻成爲哲學上極玄晦而影響極大的論旨之源。其產生之唯一的原因是由於錯用比擬。亞里士多德說，雕像之形式，一定是在其刻成前即已在一塊木料裡；如其不然，此像就不能存在於此塊木料上，依同理，凡「成」（becoming）即質（質料）賦形（形式）的過程。這樣看來，形式一定也是一種東西。顯然得很，這種推論只有藉著混含用字才能得著的。我們說雕像底形式在刻成前即已在木料裡，意思就是說，我們能夠界定在此塊木料內部，或者看見在此塊木料內部有一個表面，與雕像刻成以後的表面是同一的。我們讀亞里士多德底著作，難免發生一種感想，覺得他說的實在只是這樣瑣細的事情。他在說完清晰有理的論旨之後，常跟著說些玄晦不清的語言。

比喻之辭常成爲哲學上所稱爲「元學」（ontology）底根源。哲學家認爲元學所說的乃「存在之終極基礎」。然而「存在之終極基礎」這話底本意就是一個比喻之辭。現在，請恕我暫且不加解釋而沿用玄學語言，而依亞里士多德所論稱形式與質料乃存在之終極的基礎。形式是現實的實在，質料是潛存的實在。因爲質料可以賦上許多不同的形式。而且，形式與質料的關係是隱匿在許多其他關係背後的。在宇宙底設計中，上界與下界的境域和元素，如靈魂與身體，男人與女人，彼此間的關係正如形式與質料間的關係是一樣的。亞里士多德顯然相信其他的關係都可以勉強和形式與質料間的基本關係作比較而獲得解說。所以，照字面來解釋比擬，便產生擬似的解說。不加批評而濫用圖像語言，便把許多不同的現象一齊裝入一個標誌（即名稱）之內，這便是擬似的解說。

著者承認亞里士多德有他底歷史地位，我們不能拿從現代科學思想裡產生的批評標準來批評他。但是，亞里士多德底玄學，即令用他當時的科學標準來衡量，或者拿他在生物學及邏輯學範圍裡的成就來衡量，我們也只能說他底玄學不是知識不是解說，而只是比擬之說（analogism）；逃向圖像言語之中，便成比擬也。亞里士多德急求發現普遍性的心理使他忘記了他在別的研究範圍裡用之有效的原理原則；並且使他在尙未得到相關的知識以前隨著語言而飄盪。這就是把觀察與玄學作離奇的混合底心理根源，遂使這位從事搜集經驗材料的卓越學問家變成一位獨斷的理論家。他藉著鑄造字眼並且建立那些不能翻譯爲可用經驗證實的原理原則來滿足他底解說需要。

關於宇宙底構造，或者關於男性和女性的生物功能，就亞里士多德當時所知道的來說，實不足以作任何推廣。他底天文學是以地球爲宇宙中心的系統。他關於生殖作用的知識並未包含那成爲現代生物學之基元的事實：他並不知道男性精子與女性卵球結合可以產生新的個體。當然沒有人該責備他不知道後世要使用遠望鏡和顯微鏡方能獲得的結果。但是，既然不知，而以劣拙的比擬當作解說，不能不算是他底弱點了。例如，他說生殖，只是男性把一個形式印在女性底生物本質之上。就算這是比喻之辭，也要引起誤會；這樣糊塗底話，怎能被視爲導向比較正確的思路之初步呢？哲學體系之塞死了發展，不能逐漸替科學的哲學闢開道路，正是這類比擬觀底苦果，而且歷來都是如此。亞里士多德底玄學影響了兩千年的思想，到於今還受到許多哲學家底稱讚呢。

的確，現代哲學史家對於亞里士多德於崇敬之中有時也不廢批評。他們把他在哲學上的慧見與在他們看來係由於當時知識不夠所形成的結果分開。但是，在我們看來，所謂亞里士多德在哲學上的慧見，本來只是空泛浮詞，而後人賦以亞里士多德本人從來所未有想過的意義，這樣的事例，實在太多了。形與質的關係，本自不煩解說，已可演出許多比擬呢。須知，盤根的錯誤，絕非心存曲護的註釋所能揭發。如此曲解大人物底錯誤，徒使後之人時作「仰體天心」的猜度，怎能促進哲學的研究呢？如果哲學底進步不是常被那些把哲學史當作研究題材的人所延緩的話，這進程會比較快得多。

我們在上面用亞里士多德底形式和質料來例釋我所說的「擬似的解說」。我們從古代哲學中又可以找到這種不幸的推理形式之又一例子。這例子就是柏拉圖哲學。亞里士多德曾師事柏拉圖（427-347 B.C.）。因此，有人甚至相信亞里士多德底思想方式也受了柏拉圖影響，所以常常使用圖像語言和比擬之談。但是，我現在只檢討柏拉圖哲學，而不管它對亞里士多德有何影響。柏拉圖哲學對於後世思想可以從許許多多各種各樣的哲學系統看出來。我們有足夠理由去比較詳細地研究它底邏輯根源。

柏拉圖底哲學建築在一個最奇怪同時也是最有影響力的學說之上。這就是他底觀念論（theory of ideas）。觀念論自來很受讚賞，但本質也是違反邏輯的。觀念論之起來實由於企圖解說數學知識和道德行爲底可能性。我預備在第四章討論使這個理論發生的後一種根源；我們現在只討論使這個理論發生的前一個根源。

柏拉圖將數學底地位看得高於一切其他形式的知識。他認爲數學的演證乃一能滿足眞理之最高標準的致知方法。但是，我們研究數學時，如果持哲學家底批評態度，便會引起某些邏輯上的困難。在幾何學裡尤其會發生這樣的問題。而幾何學又是希臘數學家所最重視的一門學問。我要用邏輯形式來解說這些困難並且用到當今用以表稱這些困難的名詞，然後討論柏拉圖所提出的解答。

現在先對邏輯作一點簡短的敘述，便可幫助這個問題之釐清。邏輯家把陳敘詞分作普遍敘詞（universal statement）和特殊敘詞（particular statement）。普遍陳敘詞又叫做普遍蘊涵陳敘詞（statements of general implications）。例如，「凡金屬受熱則脹」這一普遍陳敘詞可以改寫爲：「如果金屬加熱，那末就會膨脹」這樣的普遍蘊涵陳敘詞。普遍蘊涵陳敘詞所陳敘的是，我們所定立的某一條件蘊涵著有某一性質。當我們要將這樣的蘊涵陳敘詞應用到某一特殊事物時，我們一定得確知這一特殊事物合於所定立的條件；然後我們可以推論這一事物具有我們所說的性質。例如，我們看到了某一金屬是加熱了，然後我們就可進而說這一金屬膨脹。「這一加熱的金屬膨脹」是一個特殊陳敘詞。

幾何學底定理具有普遍陳敘詞的形式，或普遍蘊涵陳敘詞的形式。例如，「所有三角形底三內角之和等於一百八十度」，則畢達哥拉斯定理（Pythagoras theorem）「直角三角形斜邊平方等於夾直角兩邊平方之和」。當著我們要應用像這樣的一些定理時，我們一定得確知所定立的條件已經滿足。例如，當著我們已經畫了一個三角形時，我們必須拿幾根合用的線來核校一下，看這個三角形底各邊是否直線；加果確是直線，然後我們可以說這個三角形底三個內角加起來等於一百八十度。

這種普遍蘊涵陳敘詞是很有用的。我們利用這樣的陳敘詞可以作預測。例如，我們有了關於加熱的物體之普遍蘊涵陳敘詞，我們就可據以預測鐵道底鐵軌晒在太陽底下會膨脹。當著我們進行測量三個塔所構成的一個三角形之角時，關於三角形的普遍蘊涵陳敘詞就可以預先告訴我們會得到些什麼結果。像這樣的陳敘詞叫做綜合陳敘（synthetic statements）。綜合陳敘，可以翻譯成報導陳敘（informative statements）。

另外還有一種普遍蘊涵陳敘詞，如：「一切單身漢都是沒有結婚的」。這樣的陳敘詞沒有太大的用處。假如我們想要知道某人是否爲一單身漢，我們首先必須知道他已否結婚。可是，一旦我們知道了，這個陳敘詞再也不能告訴我們別的事情。因爲，這個陳敘詞對於它所定立的條件沒有增加任何事物。這種陳敘詞底內容是空虛的。這樣的陳敘，叫做解析陳敘（analytic statements）。解析陳敘詞可以被翻譯成自我解說的陳敘（self-explanatory statements）。

我們現在要討論怎樣發現一個普遍蘊涵陳敘詞是否爲眞呢？就解析的蘊涵陳敘詞而論，這個問題是容易解答的。「一切單身漢都是沒有結婚的」這個陳敘詞之爲眞是以「單身漢」這詞底意義爲根據的。綜合蘊涵則不然。「金屬」和「加熱」這些詞底意義一點也不包含「膨脹」。因此，「金屬加熱」與「膨脹」間的蘊涵關係只能藉觀察來證實。我們在所有的過去經驗中發現加熱的金屬都膨脹了，所以，我們覺得有資格建立「金屬加熱」與「膨脹」間的普遍蘊涵關係。

然而，這種解說卻不適用於幾何學裡的蘊涵關係。我們何曾從過去經驗知道三角形三內角之和等於一百八十度？假如我們對於幾何學的方法加以考察，我們對此問題不會答「是的」。我們知道數學家對於三角形之和底定理的證明。數學家爲了作這個證明，在紙上畫幾條線，並且說給我們聽與圖解有關的某種關係，但是他並不去測量角度。他作此證明時是訴諸某些叫做公理（axioms）的普遍眞理，並依照邏輯方法從公理推演出定理。例如，過一直線外的一點，只能作一直線與已知直線平行。數學家可用圖解來表示這條定理。但是，他並不測量兩條直線之間的距離以證明這兩條直線是平行的。

其實，這位數學家甚至可以承認他所作的圖解畫得頗劣；但是他卻認爲他所作的證明仍是嚴格的。他會說，幾何學的知識是從心靈衍發出來而不是得自觀察的。畫在紙上的三角形可以幫助我們清楚我們所說的是什麼，但並非一個證明。證明乃屬推理方面的事，不是觀察方面的事。爲了進行這種推理，我們看見幾何學關係，並且「知道」（see）幾何學的結論是無可避免的和嚴格地眞的。這裡所說的「知道」，乃「知道」一詞之「較高」的意義。幾何學的眞理乃推理底結果，所以優於經驗的眞理。經驗的眞理藉許許多多事例之推廣而得到的。

這種解析底結果，似乎是說，理性可以發現物理事物底普遍性質。這種結果，的確是令人吃驚的。如果所謂理性之眞理只限於解析的眞理，問題便不會發生。例如「單身漢是沒有結婚的」，這一眞理專憑「理性」就可知道。但是，這個陳敘詞是空無內容的，所以引不起什麼哲學問題。可是，綜合陳敘詞則不然。理性怎樣能夠發掘綜合的眞理呢？

「理性怎樣能夠發掘綜合的眞理？」這是康德在柏拉圖以後兩千多年研究這問題時所用的問式。柏拉圖並沒有把問題說得這樣清楚，然而他已經循著這樣思路把問題看出。我們是從他論幾何知識底起源作這樣推釋的。

柏拉圖告訴我們，除了物理的事物以外，還存在著第二種事物。這第二種事物，他叫做「觀念」。除了畫在紙上的三角形，平行線或圓形外，尙有三角形之觀念，平行線之觀念，或圓形之觀念。這些觀念完美地表現這些事物之性質，所以優於物理的事物。如果我們知悉物理事物之觀念，則對於物理事物之了解，比從觀察物理事物本身所得的了解爲多。爲什麼是這樣，又可用實畫的圖形來說明。實畫的直線有厚度，不合於幾何學上所說的無厚度的意義。又畫在沙上的三角形，每一個角實爲一塊小面積，而非一理想點。幾何概念底意義與其在物理事物中之實現，二者相較是有出入的。這一差別引起柏拉圖相信一定有理想的東西存在，或者有這些意義之理想的代表存在。柏拉圖於是想到有一較物理世界高一層次的觀念世界。物理事物則分有理想事物的性質，但又不全有。

然而存在於理想形式的事物極多，不僅數理事物爲然。依柏拉圖底意思，各種各類的事物莫不有其存在於宇宙之中的觀念。總之，每一類名（class name），每一共相（universal）莫不指示一個與之對當的觀念之存在。見於實在世界中之各事物莫非存於宇宙中的完備觀念之不完備的摹本，恰如上段所舉的線例角例一樣。所以，理想的貓完備地具有一切貓性而無遺，而理想的運動家在每一方面都優於每一個實際的運動家。這裡所用的「理想的」係照柏拉圖學說中的意義。

現代人會覺得柏拉圖底觀念說頗爲怪誕，然而照當時所能得的知識架構而論，卻不失爲一種嘗試，對於數學眞理所似有的綜合性加以解說。我們經「心視」（vision）而看出理想事物底性質。由是而獲得對實在事物的知識。柏拉圖認爲對觀念的心視乃知識之源。惟心視能啓示事物底必然性質，故其爲知識之源，不但能與對事物作實際觀察相較而相埒，抑又過之而無不及。心視能示人以永不蹉跌的眞理，而感官的觀察則不能。我們以「心之眼」作心視，看見經過在直線外的一點可能作的平行線只有一條。我們覺得這一條幾何定理乃永不蹉跌的眞理，所以不能得自經驗觀察的，反而可得自閉目時所作的心視。這一說出了柏拉圖對幾何知識的概念。姑不論其說之當否，我們總得承認此說實顯出柏拉圖對於幾何底邏輯已深究其奧。康德仍然主張此說，不過說得進步些。到了十九世紀數理方面才有新發現：在這些新發現之前，實無有較少神祕性的概念足以代替此說，有了這些新發現之後，柏拉圖和康德對於幾何學的解釋，都被擯棄了。

「必有理想的事物之存在，然後心視能供給我們以知識」：假如這句話不成立，柏拉圖便失其論據。所以他必須把存在底觀念擴大。肉眼能見物理的事物，自因其有存在故；「心之眼」能見觀念，亦因其有存在故。柏拉圖雖然沒有明顯地提出這樣的論據，他底心中必然有此論據。柏拉圖認爲數學的心視與感官知覺是相類似的。可是，即令依照當時的批評尺度來衡量，他底理論所依據的邏輯也是不正確的。柏拉圖本意是想對數學知識有所解說，他卻拿比擬當作解說。而且，顯然，他所作的比擬又不太佳。因爲，經他這一比擬，把數學知識與經驗知識間的基本區別抹煞了。這個比擬又忽視了一個事實，即「看見」數學裡的必然關係與看見經驗事物是根本不同的。他把圖像代替解說，又臆造出一個獨立的和「較高的」實在世界。其所以如此，實與從第一章所引的另一哲學家底說話一樣，就字面義來解釋比擬，遂成爲哲學中的錯誤概念滋生之根源。

柏拉圖學派的人也許要提出辯護。他會說，不當誤釋概念底存在。觀念存在之爲存在，不一定即與經驗事物底存在之爲存在完全相同。難道哲學家就不可以在他覺得需要時把日常語言中的某些名詞加以較廣意義的應用嗎？

我認爲這一說法不足以保衛柏拉圖學派底學說。誠然，科學家亦常將日常語言裡的名詞搬進科學語言裡，因爲這些名詞與科學家所需要的某些新概念相類似。例如，「能力」一詞已依其抽象意義被用於物理學中，正因抽象的意義和這名詞用於日常生活裡的意義有某種相似之處。不過，移用之時必須有應遵守的規矩；必須將新的意義予以精密的界定，使用時一律以此新的意義爲限，而不再用成與舊的意義類似之處。依此，當一位物理家說太陽放出輻射的能力時，他不可以說太陽很有氣力，像有力氣的人一樣。倘使眞的這樣說，便重墮到從前的意義了。柏拉圖對於「存在」一詞之用法不是科學的用法。如果是的話，那末他所說的「理想的事物存在」這個陳敘應該可以另外立一陳敘詞將其界定。而這另外立的陳敘詞，不得含有任何像它那樣發生問題的名詞，而這另立的陳敘詞又必須未嘗獨立使用過而帶有跡近意指到物理存在的嫌疑的。我們可以把「一個理想的三角形之存在」下一界說，而界說中所意指的只是，我們可藉界說中的蘊涵來說出此三角形是怎樣的。或者，用代數作例子，我們可以說，對於涉及一未知量的每個代數方程序：如果它滿足某些條件，那末便可求得答案，或者有一答案「存在」。在這一用法中，「存在」一詞意即我們知道怎樣求得一答案。像這樣使用「存在」一詞並無害處。在事實上，數學家有時也是這樣用的。但是，當柏拉圖說概念「存在」時，他所說的話涵義遠超於可以翻譯成有確定意義的辭句。

柏拉圖所要做的事是解說我們何以能夠知道數學的眞理。他底觀念論就是作來做這解說的。他相信藉觀念底存在能夠解說我們何以能有數學知識。因爲，觀念存在之能使我們有一種知覺來認識數學知識，正猶之乎一顆樹之存在使我們能有對此樹的知覺。顯然得很，如果將物理想的存在解釋成一種語言方式，那便對柏拉圖並無幫助。因爲這樣的解釋並不足以解說對數學眞理的一種感官知覺。柏拉圖卻創出理想存在的這一概念，把物理存在底性質和數學知識底性質一齊裝進去。這是把兩種互不相容的構成分子奇怪地混合起來。這一怪混合一直在哲學語言中作祟。

我們在前面說過，如果我們拿擬似的解說來滿足知識的欲求，如果把比擬與普遍性混爲一談來滿足知識的欲求，如果拿圖像語言來代替已經良好界定了的概念來滿足知識的欲求，那末科學便要宣告終結。柏拉圖底觀念說正像當時的宇宙論一樣，不是科學而是詩；它是想像底產品，而不是邏輯解析底產品。柏拉圖在其學說之後來的發展中，毫不猶豫地公開展示其神祕的而非邏輯的思想傾向：他把觀念論與靈魂輪回概念聯繫起來。

我們在柏拉圖《對話集》Meno篇中可以看出柏拉圖思想上的這一轉變。蘇格拉底想解說幾何知識底性質，他用對話居然使得一個未曾習過數學的青年奴隸，解證了一條幾何題目，他拿這實驗來例示幾何知識性質。他並沒有對這個青年解說用以解答題目的種種幾何關係。他藉著提出問題的方式來使這個青年「看出」這些幾何關係。柏拉圖便藉著這樣令人陶醉的對話情形來證明人能藉理性的慧見看見幾何學的眞理，來證明人有不得自經驗的固有的知識。這種解釋雖然不能爲具有現代知識概念者所接受，可是在柏拉圖時代確足以支持觀念說。但是，柏拉圖並不以這種結果爲滿足，他要進一步把解說底範圍擴大。並且解說固有知識底可能性。在這種場合，蘇格拉底認爲固有的知識存在於回憶中，固有的知識是人底靈魂前世生命中所有的觀念之回憶。在這些前世的生命中，有「在諸天堂以外的天堂」之生命。而觀念就是在前世所知覺到的。於是，柏拉圖乞助於神話來「解說」關於觀念的知識。我們很難知道，如果我們在現世不能看見觀念，爲什麼在前生看見。我們又很難知道，如果我們在今生能夠看見觀念的話，那末何必需要一個回憶說。

可是，柏拉圖所作詩的比喻並沒有被邏輯所困擾。在希臘神話裡有一個問題，即地爲什麼沒有向無窮的空間墜落。神話底作者說一個巨人，名叫亞提拉斯（Atlas），肩負此地，故此地得以不墜。柏拉圖底回憶說之解說的性質約與這個故事相同。回憶說只是將觀念知識底起源從這一代底生命移向另一代而已。柏拉圖在Timaeus篇裡所表現的宇宙論，與這稚樸的虛構不同之處，只是用了抽象的語言而已。例如，他告訴我們「存在」潛存於宇宙創生以前。只有諸如此類玄晦不明的語言才能誘致哲學家在這些字句裡去尋找深奧的智慧。只要不爲玄晦所惑，清醒點想一想，便知道這和說一個貓兒做出怪臉之後跑掉了，而怪臉仍然可見，有甚不同！

但是，我並不想嘲笑柏拉圖。他底文字富說服力，喚讀者底想像，但不應即視之爲解說。他所創造的是詩。他底《對話集》是世界文學上的傑作。集中蘇格拉底用問答法來教授青年的故事，是教學詩中一個美麗的榜樣，可與荷馬底*Iliad*和先知底垂教媲美。可是，我們卻不可把蘇格拉底所說的話看得太認眞。他怎樣立說，怎樣啓發門人底思想來作邏輯論證，這些才是重要的。柏拉圖底哲學是把一個哲學家的工作寫成詩。

當一個哲學家碰到他無能爲力作解答的問題，便用圖像語言來代替解說。這也許是欲罷不能的誘惑。對於如何解答幾何知識起源底問題，假使柏拉圖堅持科學家的態度，他只好直率地說「我不知道」。後於柏拉圖一代的數學家歐基理德（Euclid）構造了幾何底公理系統。但他並沒有企圖給予我們對於幾何公理的知識以任何解說。然而，哲學家反而似乎不能控制他底求知慾望。在全部哲學史中，我們發現具有哲學頭腦的人常常並具詩人的想像。於是當他底哲學頭腦提出問題之時，他底詩心詩情便起來作解答。所以在閱讀那些建立哲學體系的著作時，我們與其注意所提出的答案，不如注意所提出的問題。哲學家如能發現一些基本的問題，便不失爲對知識底進步之一重要貢獻。如果我們把哲學史當作問題史看，那末便比之把它當作哲學體系史看，我們更會看出它較有果實的一面。在哲學家所提出的問題中，有些早在遠古經已發生了的，一直到了今日才得到科學的解答。這些問題之一便是數學知識起源的問題。具有相似歷史的其他問題，我們將在以下幾章去討論。

本書第一章引了一個哲學家底語言來作本書底介紹。本章所作的解析，乃關於這類哲學的心理問題之第一次解答。哲學家之所以說些不合科學的語言，實因當時的知識尚不能成爲尋求科學答案的工具，而哲學家強行作答。雖然，這一歷史解釋，並不普遍適用。有些哲學家當他提出問題之時，已有工具使他能作科學約解答，而他還是繼續說圖像式的語言。我們上面所作的歷史解釋尙可用來寬恕柏拉圖底錯誤，但決不適用於第一章所引的哲學家。因爲，他比柏拉圖遲二千年。他可以利用柏拉圖死後二千年的科學成果，然而他不用。

——原載《現代學術季刊》，卷二期三（香港：一九五八年十二月）

辯證唯物主義及科學方法

胡克（SidneyHook）原著
殷海光、陳伯莊譯

胡克（Sidney Hook）係杜威派哲學家，紐約大學（N. Y. U.）的哲學教授。所著《理性，社會神話，及民主》（*Reason, Social Myths and Demoraey*，一九四〇年初版，一九五〇年再版），其中第九章〈辯證法與自然〉經Prof. Philip Wiener採入所編的《科學的哲學讀本》。第十一章〈在社會和歷史裡的辯證法〉經Prof. Herbert Fiegl採入所編的《科學的哲學讀本》。胡克根據恩格斯的《反杜林論》及《辯證法與自然》兩書作批評，而未及列甯及其後諸人的論著。本年秋胡克教授過港，與之談，並問其故，則以有近著的〈辯證唯物主義及科學方法〉一文見告。事後，由胡克教授函請巴黎「文化自由協會」（Congrès pour la Liberté de la Culture）將此文寄到。編者將其與《理性，社會神話，及民主》原書比對，則知文內㈠㈡㈢各章實取自原書第九章而引言，及㈣辯證法及科學方法一章則是改寫過的。原書第九章已有殷海光先生譯稿，茲略加潤色，並由編者將引言及㈣章譯出。有兩點請讀者注意，即胡克教授認為（甲）關於辯證法蘇聯遵照列甯史大林意旨仍以恩格斯為最後權威，（乙）辯證法如有意義的話只是科學方法原理經削足適履後的再陳述（a garbled re-statement of the principles of scientific method）。

——《現代學術季刊》編者記

引言

一種哲學在社會裡所發生的作用重要到怎樣，可由下列三事爲之衡斷：一，信仰它的人數有多少？二，憑之以自辯爲正當的有些什麼行爲？三，它引起了一些怎樣的思想習慣和評價習慣？持此三者來看辯證唯物主義，則它在今日的世界實已翹然成爲最重要的主義之一。它已是共產世界的「正教」。

共產主義者而外，也有一些社會主義者歸依辯證唯物主義的，如俄國的Plekhanov（早於列甯）即其中翹楚。可是沒有一個社會主義的政黨和運動把它當作信條的。（譯註：胡克教授告編者，他本人是一個社會主義者。）贊成辯證唯物主義的社會主義者，一般來說，常留伸縮餘地，不持武斷態度；因此，也就一致地受到共產黨發言人的攻擊。近年來，在一些歐洲國家的學府裡，對辯證唯物主義的興趣日在增進中。

留心到這主義的人士雖多，但這主義到底要支配些什麼將其妥爲陳述卻非易事。有時它會被認爲所支配的以社會的和文化的範圍爲限，有時又會被認爲是對科學方法原則的一種有系統的解說。至於信徒們往往要尊之爲彌綸萬象纖巨悉羅的至理，指出一切事物的基本特性，使人們能定出運行於自然界中及人類社會活動中的法則。

然而試一檢較信徒們的著作，我們會發現他們在這一弘法號召下只構成了一個共信的社會，而並沒有構成一個所見一致的社會。我們只要請他們說清楚：「辯證法是什麼？」「它和科學方法的關係是怎樣？」「所謂在自然界裡或者在社會裡發現有辯證法究竟是什麼意思？」只要這樣問問，信共而見歧的情形立刻水落石出。

辯證唯物主義之値得澈底研究，理由甚多。政治理由而外，有學術理由。信徒們侈稱這主義是普遍適用的，辯證法不僅爲立證方法，並可由之以爭取科學的新知，它是超於形式邏輯之上而能開闢新境界的。如果這樣的說話是對的，而仍置諸不理，豈非固陋到可怕？

要研究的主要文獻爲恩格斯的《反杜林論》（*Herrn Eugen Duhrings Umwalzug der Wissenschaft*）即英譯稱的Anti-Duhring和其死後方出版載在馬克斯恩格斯文獻第二集的《辯證法與自然》（*Dialektik der Natur*）。Plekhanov，Kautsky，Lenin，Trotsky，及Mehriing及正統派裡其餘較小人物的著作裡對恩格斯論旨所能增益之處實卑卑不足道。故此本文集中研究恩格斯的著作，並且因爲這是共產黨的教典。直到今日他們仍奉恩格斯爲對哲學有關問題的最後權威，因爲列甯和史大林是這樣尊奉他的。對於恩格斯的論旨沒有一條曾被蘇聯哲學家們提出異議的。在蘇聯，從Bukharin到Deborin，從Mitin到Yudin，到Alexandrov和Zhdanov，立論的重點所在雖屢變，而其宗主恩格斯則了無二致。即如新近由史大林論語言學無階級性所引起的討論，仍以恩格斯的原著和列甯的閱讀劄記爲最後權威。

分析恩格斯的學說，不僅是溫習哲學史，而且是直搗中壘的工作。我們先㈠分析所謂辯證法的各普遍法則，然後㈡研究一下辯證法能不能修正，補充，或代替科學方法。

一、辯證法的第一法則：「矛盾」

在辯證法底一切規則之中，有一個基本假設。這個基本的假設就是相信矛盾「是客觀地存在於事物和歷程之中」的。至少，這種用法是「矛盾」一詞之奇怪的用法。因爲，自亞里士多德以來，「矛盾」一詞是指命辭或判斷而言的。我們可以說這命辭，或這判斷是矛盾的，而不能說這事或物是矛盾的。這已經是邏輯中的常識了。這樣傳統的說法，恩格斯是完全知道的。但是，當他與杜林辯論時，他說，拒絕把矛盾概念應用於事物適足以表示常識和形式邏輯有限制，未能盡事物之理。的確，恩格斯不僅主張「矛盾」是客觀地存於自然界中，他並且堅決認爲「矛盾」也是「一個實際的力量」。從認知的意義來解釋，恩格斯底這種說法就是用邏輯的範疇來創造物理的關係。這樣一來，全部的數學與邏輯就成了物理學之內的一個分部門。這種看法底困難是很多的。這種看法除了明明白白地與科學致知底基本原理衝突以外，甚至不能自圓其說。

果如恩格斯所言，一切存在的事物是自相矛盾的，而且一切正確的思想是事物底反映，果爾，則一致性將爲不眞的別名。科學把「一致性」至少看作眞理底一個必要條件。矛盾剛好是一致性底反面。如果矛盾是一切事物底基本原理，那末便無一致性之可言。如果沒有一致性可言，那末科學就寸步難行。如果一切存在的事物是自相矛盾的，那末對那本爲自然產物的思想，恩格斯殆不能說它必須「符合」自然，而只能說思想是與自然矛盾的。如果邏輯是物理學底一部分，那末邏輯命辭便不能有普遍性和必然性。可是，恩格斯是承認邏輯命辭有普遍性和必然性的。所以恩格斯很難自圓其說。復次，如果邏輯命辭底存在性是和物理學命辭底存在性無別的，那末恩格斯還得說明，爲什麼否定一個邏輯命辭的命辭便要使得兩辭互相矛盾，而否定一個物理命辭的命辭則否。

恩格斯並沒有解答這些困難。他只是提出一些顯而易見的事例來證明矛盾是客觀地存在於事物之中。他底舉例說明有四：㈠運動底存在；㈡生命底性質；㈢知識發展歷程底形式；㈣數學底基本意念。

運動 恩格斯說運動是矛盾的。恩格斯爲了支持這種說法而提出的唯一論據，是遠在齊諾（Zeno）時代即已提出的論據之一變形。但是，齊諾提出這個論據是爲了證明運動係不實在的；而恩格斯之提出這樣的論據係爲了證明矛盾是客觀存在的。他說：

> 運動底本身是一矛盾：即令是簡單的位置改變，也只有賴乎一個物體於同一時間既在這一地點又在另一地點，既在同一地點又不在同一地點。而且這一矛盾之繼續出現與同時獲得解決正是運動。

這一論證中有個大漏洞。恩格斯藉著上述論證所能建立的，只是說，有關運動的某些敘述違反了矛盾律。然而，在恩格斯能下結論說運動是矛盾的以前，他首先必須指出，何以對運動的任何其他敘述全是違反一致性的詞句。恩格斯不僅沒有這樣做，且於一八九四年寫《反杜林論》第三版底序言中，顯然表示運動概念是能以十分一致的語言說出的一個概念。一運動中的一質點（particle）於任何時間在空間的位置是可以用一個時間底連續函數來說明的。須知要將連續函數的概念釐清並不需假定時和空的無窮小的間節。恩格斯卻相信在運動中牽涉到這樣的間節，並且相信無窮小的間節乃建立微積分學理論的基本。

復次，我們可以指出，嚴格解釋起來，恩格斯對於運動的描寫完全沒有什麼形式的矛盾可言。如果我們承認一個物體有許多不同的部分，那末我們說這個物體在同一時間佔據兩個不同的地位，這完全可以的。猶有進者，因為在自然界並無沒有廣袤的點子，也無沒有延續的瞬間，所以恩格斯對於運動的描寫既適用於靜止的物體，又適用於運動的物體。這樣看來。恩格斯證明得太多了一點；他不僅僅說運動是矛盾的，而且說它底對立項，即靜止，也必是矛盾的。我們對於世界上的每一事物都可以用時空座標來敘述。依此，我們可以說，世界上的每一事物，不是在運動中，就是在靜止中。而此動與靜又非絕對的，而是相對於某些其他事物而言的。既然如此，所以「矛盾」一詞用來並不具有區分作用的意義。這樣的名詞之使用，即令並非故事混淆，也是毫無用處的。恩格斯說矛盾乃一切運動與發展的驅策力。這就是將邏輯概念變成一個大造物者。這麼一說，使人愈來愈糊塗。這種說法，即令是在黑格爾底唯心論裡也找不著根據。

生命　恩格斯於徵引有機現象來說明矛盾底客觀性之時，他把矛盾與鬥爭看作相等的東西。而且他似乎提示，凡屬可以說是互相矛盾的兩項，便有一場實際的鬥爭存乎其間。這場鬥爭，也許是自覺的，也許是不自覺的。無疑，鬥爭一詞是適用於社會階層之間的關係的。就達爾文底意義來說，鬥爭一詞也適用於生物界；而且在較小的程度內，也可適用於同一種屬以內的個體之間的關係。但是，所謂鬥爭只是在有生物存在之處才發生。在沒有生命現象之處，便無所謂鬥爭或不鬥爭。既然如此，恩格斯說鬥爭乃宇宙間萬物之客觀特色，他所說的應只是一種譬喻的說法而已。除非他是一個浪漫的自然主義者，把一切事物看作是有生命的，他才可以說事物彼此相鬥。如果我們認爲恩格斯說生命是矛盾的之時，他是根據那使他說運動是矛盾的之同一理由，也許最接近恩格斯底意義。實際上，恩格斯有時對這兩種事例用了同一說法，例如：

從以上所說的，我們知道生命正是這樣構成的。一個生物在每一瞬間是它自己而且又是其他的東西。所以，生命是一矛盾。這一個矛盾表現於事物和歷程之中。這一矛盾繼續存在並且自行尋求解決。一旦矛盾停止了，生命也就停止，而死亡隨之。

自然，恩格斯還應該說，一旦矛盾停止了，一個新的矛盾又發生。因爲，照恩格斯底前題來說，只有矛盾底形式才改變，矛盾底本質並不改變。但是，這樣描寫生命，其實並沒有什麼矛盾可言，不過意思不清楚而已。我們只要補充上一些足以顯出生命底特色和性質，便可得到有關生命現象之足夠一致的說明。生命與非生命之分別在這幾點：生命是一自我保存的歷程；生命具有一個物理化學的結構。這樣的一個結構節制著營養之攝取，消化，以及廢物之排泄，並且使得選擇活動，成長和生育都能實現。在任何一定的時間之內，生物底行爲乃一複合的環境刺激之函數，也是它自身底物理化學狀況之函數。一個有機體之肉食或穀食，靠消化並吸收體外某些有機複合物來維持它底生存，並不好算是矛盾。除非我們愛用詩的濫調，生命這一事實絕不逼著我們用些矛盾的語句來描寫它。一個動物只有在它繼續不斷地消除其死亡細胞時才能生存下去。但是，組胞之新陳代謝，並不能使我們說，在同一方面和在同一時間任何細胞是既活且死的。雖然，人底身體底材料每七年完全更新一次，我們還是可以說這是某某人底同一個身體；這也無神祕可言。我們之所以能夠這樣說，係因我們心中對於同一個體有一「同一」的概念。我們把這個同一概念用來作爲解釋的範疇。例如，一個人之人格的同一，其依據社會的，法律的，和心理的條件，較之依據物理的或生物的條件爲多。

知識　在《反杜林論》中，最有趣味的章節之一，就是他對任何肯定最後的和永久的眞理的學說之如何逐漸變成爲倫理和社會而辯護的學說，試爲溯述。照恩格斯的看法，所謂永久的眞理，若非套套邏輯，便是一些瑣碎之談。所謂絕對眞理只是無窮世代探究知識歷程之一極限。至於個別的思想家，他所得到的知識往往包含有可以改進的要素較多，不能改進的要素較少。此處，恩格斯無疑認爲知識有向眞理逼近的可能。他底這種看法在科學史裡及科學研究程序的性質裡可以得到證明。但是，他自以爲在知識之自動改正的程序中發現一個矛盾。這是介存於兩種思想之間的矛盾。一種是因其具理想的可能性和目標而居支配地位並且是絕對的。另一種是有限的和相對的思想，如一般實有思想所例示的。科學是奮進以求抵於絕對的知識；但是，在任何有限的時間以內，科學不能辦到這一點。不過，恩格斯說，由於人類致知活動之無限進步，矛盾是解決了，例如：

> 我們也知道即令在思想領域裡，我們未能免於矛盾。人底內在的無限的思想力，與人底實際思想力，二者之間是有矛盾的。人底實際思考力是完全受外界條件所限制，也受人對於這些條件的知識所限制。這二者之間的矛盾，至少對於我們而言，是要在世世代代無限進步中而獲解決。

嚴格地說，我們所解決的，只是問題，迷亂和困難，而不是矛盾。我們解決這些問題時，也就附帶把矛盾予以消除。我們所消除的，是我們所做的解析之內的矛盾，而不是消除事物之內的矛盾。即令我們承認恩格斯對於科學知識底目標和程序的敘述是正確的，可是，在我們樹立一個理想而未能實現這理想時，這二者之間並沒有矛盾可言。恩格斯在說明知識發展過程中的矛盾時，隱藏著兩個假定，而這兩個假定都是很成問題的。

第一個假定是以爲科學知識底理想是求絕對有效的知識。第二個假定是以爲，科學知識底理想目標既然是求絕對有效的知識，於是就應該有絕對確定的眞理，這些絕對確定的眞理能使我們安排那些並不絕對確定的眞理。照恩格斯看來，這些絕對確定的眞理乃無窮眾多的相對眞理底極限。這無窮眾多的相對眞理是藉著時間並且經由知識之累積逐步向極限推進。現代科學底興趣，主要地在追求的是那些夠有結果並夠可靠的知識，使得我們可以解決所研究的問題。當著我們用「眞理」一詞時，我們所指涉的，是一個命辭與另外一組命辭相融貫的程度，而最後所指涉的則是能使我們提出可實證的預斷之相對的適切性。在科學家底研究程序中，沒有任何一點使科學家不得不假定有一關於事實底絕對確定眞理。

此外，在科學工作裡使用到對眞理的定義之時，這定義只是一項指導工作的規則，把許多擬用的命辭，依其接近定義的次序排列起來，以試定其可靠性而已。定義並不保證絕對眞理之果有，不容許我們推想認爲果然有這樣一個成爲無數相對眞理的極限。「眞理」的定義有類於「硬度」的定義。「硬度」的定義可以幫助人們把各種物體排列在一個漸增或漸減的硬度表上，但它並不保證有一個絕對硬的物體之存在。可以依次排列並不保證果然有一個排列向之而趨的極限；從恩格斯所言，我們可以知道他把排列原則和極限之截然成爲兩事沒有看清。

數學　恩格斯雖然常常稱道數學運用同一律和不矛盾律之時，可以推動非辯證而仍然有效的思維，他又常常說數學許多部門仍然受那更高的辯證法所支配。他的主要舉例引自微積分學。但不幸的是，他的說法是以無窮小理論作根據的，而這理論即在恩格斯生時已被數學家放棄。他還說，即在初級數學裡也充滿了矛盾的例子，並且舉出他所認爲其中最突兀的如次：

因為每一負數自乘必成正數平方，於是一負數之可以為任何數底平方數乃成矛盾，於是-1之平方根不但是矛盾，而且是荒謬的矛盾，以其實無意義故也。然而$\sqrt{-1}$在許多例子裡都是正確演算底必然結果。

恩格斯本已認爲一切思想，尤其用之而有效的思想，全是自然過程的「反映」，如果再加上這一小段的議論，豈不是自然界不但是矛盾的，而且「在許多例子裡」其矛盾還是著實荒謬的嗎？就算他把思想底「反映」性底忠實性和普遍性降低絃索，我們仍然難於了解何以這些荒謬矛盾可以勝任地負起預測，構思和解說的工作呢？

$\sqrt{-1}$本身並不荒謬，只恩格斯對$\sqrt{-1}$的解見才是荒謬吧。負數平方之必爲正數這一規則，是以該負數爲整數，有理數及無理數爲限的，如爲虛數，這規則便不能用。而且這規則是依據所採用的某一定義然後成立的。在數學史上曾經採用過某一定義，使得$\sqrt{-1}$不成爲數，依更早些的定義，$\sqrt{2}$亦爲不合理的意念。定義既然可以使數變質，自然定義可以消滅數的矛盾了。恩格斯對於數理建構所賴以發展的邏輯太不領會，所以他會說$a\sqrt{a}$的根之應爲$a(a^{1/2})$的冪即是矛盾，實則這是同一關係之兩種說法使用不相同的符號爲之表達而已。

在以上各舉例中，恩格斯實不能指出矛盾之存在。其所以似有矛盾只因用語不夠精確，或因遣辭不相照應。

總結四個命題：我們現在可以再見一下辯證第一法則的幾種變式。

㈠矛盾底同一：這條既非事物底法則，又非思想底法則，比恩格斯對$\sqrt{-1}$稱爲荒謬的荒謬更荒謬些。單從文字意義上來說，這是對不矛盾律底否認，故此，不論任何命辭所說是眞或假還是與之相容。

㈡矛盾底統一：「統一」一字可有二義。其一，指把一個命辭與其對立命辭合看之後，便成爲一個在形式上把一個場合底可能性盡行舉出的敘述，根據矛盾底定義，我們是可以這樣說的。又其一，如恩氏一些舉例所暗示，則指一種物理關係。這不啻將一個邏輯系統化爲一件實物，確是荒謬了。

㈢對立底同一：恩格斯從來未把對立一詞界定過，他有時照物理的意義用這字，有時又照邏輯的意義用這字。不過，無論照什麼意義，我們很難決定「對立是同一的」一語底意思。看來它可能像有三種意思，即：1.有時不過是指有意義的斷定底原則，即是，如果任何陳敘或任何項是有意義的話，則其否定也有意義的；2.有時指兩極對立項底普遍存在性，即是，每當一力存在時，必有同一類的另一力存在，把第一力的運動加以限制；3.有時是指下述的事實，在某情形下，一個處境底不同的兩方面，或兩個不同的處境有同一的效果。第一個意義是語意學的法則，而不是一條自然法則。第二個對自然界並不是普遍地眞。第三個則使我們有理由稱，凡具同一效果的事物是同一的，而不管這些事物是否互相對立。

恩格斯所給予對立底同一律的特殊意義（即是，第三個意義，）可見於他在《辯證法與自然》一書裡，論列馬克士威（Maxell）底「熱底理論」。馬氏原書曾說：「這些（輻射熱）射線，具有一切光線所有的性質，例如能反射等等……其中一些熱線與光線相同，而另外有些則對視覺無影響。」

「所以，」恩格斯得意揚揚地加上按語說，「世上是有暗的光線的，所以，光與暗二者間著名的對立到了自然科學底領域不復存在了。最暗的光線與最光的光線一樣，都同樣產生使人目眩視昏的效果，所以，對人來說，這二者是同一的。」

但他不想想，除了光與暗外，其他的事物，例如，受了打擊，潛在水裡。或碰到大錯的時候，也使人目眩視昏的。這些東西對人的效果是同一的，但是它們並不具同一的結構或對立時性質。這一事實看來，可知恩格斯底破綻是顯而易見的，並不須待發現電磁波後，人們知道有不使人類視網膜起反應的電波，而確知在自然界中並無絕對光或絕對暗的地方，才把其說打破。即使到了後來，人們知道了沒有絕對光或絕對暗的地方後，也不能使人把光與暗的意義相混，而說光與暗是同一的或統一的。甚至恩格斯本人也承認過，「所謂光與不光，實賴於眼睛之構造」，這樣看來，則他所說的暗的光線，似乎是無意的語誤；即使這樣，這也是個好例子，說明語言的錯誤，如何產生了錯誤的形上學。

㈣對立底統一　這說法的言之最成理的解釋就是，一切的事物或場合，都有一個兩極的對立項。但我們知道，兩極的對立項其意有二：其一，在敘述某一事態之時，所用以陳敘之詞，必須具有有意義的對立項，否則，這陳敘不可能爲人所了解。另一個意思是，每一件事態，就其所具的部分，元素或鄰區，都可以加以分化。第一種看法使這法則在語法學上成爲有意義的法則。而第二個說法則不過說，無論何處都有差異點可見，這個命辭，與說世界是存在的一樣，太廣泛，無啓發研究的價值。

二、第二法則：「否定底否定」

辯證法底第二法則是「否定底否定」。辯證唯物論者認爲這法則是辯證法底靈魂。

「否定底否定」法則，正像辯證法底其他法則一樣，也是沒有嚴格的界說的。顯然得很，「否定底否定」法則是由三個名詞或語詞在一個時間序列上構成的。在這樣的三聯關係中，任何兩個相聯續的名詞之間的關係，辯證唯物論者說是邏輯的矛盾之一，或對立。在「否定底否定」尙未完成之前，有「對立項彼此之間的轉變」發生。如果這種轉變有何意義的話，那末它底意義就是事物在時間中變動，在時間歷程中的每一劃分都可看作是一對立，過了一些時間每一對立都失掉其界定性質，而又吸收了其對立者底特色。

要知道這種說法作何意義除卻研究恩格斯底原著而外，更無別法。恩格斯說這實在是一件極簡單的過程，「每天每處都要出現」的；而且，如果將其從唯心論底浮詞泛語裡解放出來之後，「任何小孩都能了解的」。

爲了節省篇幅和顧到讀者底忍耐力起見，在恩格斯所提許許多多例證之中，我們現在只舉兩個。一個例證是屬於自然界的，另一個是從數學裡引出來的。我們之所以選擇這樣兩個例證，係因這兩個例證在正統辯證唯物論底文獻中是隨時會拿出來的現成例證。（尤其夠有意義的事是，這兩例證可見之於黑格爾底邏輯中。）

成長　「我們拿一粒大麥作例。千千萬萬粒大麥被磨碎了，煮沸了，釀了酒，被消耗掉了。但是，如果像這樣的一粒麥子碰到適當的環境落在沃壤上面，有了日光和水分，就會發芽；發芽以後，這粒麥子就消失不見，並由之長出植物。這長出的植物乃這粒麥子底否定。但是，什麼是這株植物底正常生命行程呢？這株植物生長，開花，受精，最後又長出麥粒。可是，一旦麥粒成熟了，麥桿子死去了，這株植物就遭否定了。這是否定底否定。否定底否定之結果，我們又有麥粒。但是我們所有的麥粒，不是原來的數目；而是十倍，二十倍，或三十倍。」

恩格斯以爲這是一矛盾的歷程。其實，在種子由開花到結實的這一循環裡，並沒有邏輯矛盾攙入。在邏輯中，如果我們對於一個否定再予否定，那末是可以得到一個肯定的。但是，這純然是符號的形變問題，與事物底變化毫不相干。自然，一個東西底成長是可以分做不同的階段的。但是，一個東西底成長究竟可分多少階段，這係依我們研究底目標或其他目標而定。我們不大容易說，前一個階段乃後一個階段底原因。因爲，一個階段是否出現，這不僅隨前一階段底結構而定，而且還隨一叢既存的條件而定。而這一叢既存的條件之出現，無論如何就不一定依照種子由開花到結實這一程序。

到了把否定底否定律用在有關弘旨的地方，例如像用在歷史裡，我們已自預先假定了基於環境情形而可能實現的人類活動。在辯證程序裡，具體的實踐是「合」。因情境之刺激而引起的計畫是「反」。原有的一切困難與問題是「正」。「正」，「反」，「合」，可以從新編寫一遍，把人底需要之存在和所產生的影響表達得更爲顯明。但是，「正」，「反」，「合」無論怎樣表達，還是要涉及計畫，目標，或興趣，而這些全是可以用科學方法來分析的。而且科學分析可以說明人何以是這樣而不出於他途來處理環境，即何以對原來的「正」用這樣的「反」去作否定。（譯註：這幾句之加入，大概意謂本來可用科學分析，何必多此一舉用辯證法也。）即使對恩格斯之將邏輯範疇和物理範疇混爲一事撇開不談，而他將之認爲自然歷程受辯證的否定的支配，已自把意識要素攙入自然界內，把知識這一要素認作是自然界一切事物底普遍特色。這一說法，是與馬克斯主義之唯物論的假設不相容的。

數學　恩格斯一談到數學問題，在清楚和自相一致的方面都很不夠。照恩格斯底知識論說來，一切思想乃存在的事物之反映。所謂反映，有時意指摹寫，或影像，有時僅指效果，有時又指抽象。所以，數學上所建立的關係不能解釋爲自由創造的或經約定建立的。他說：「在純數學上，我們所關心而從事的，絕不僅以心靈的創造及想像的產物爲限。……純數學底對象是空間形式和實際世界底種種定量關係。所以，純數學底對象是一種極其眞實的題材。」數學從事物底各種特殊內容抽離出來，並研究這些事物底普遍形式。但是，在這一說法之上，恩格斯又添了一種奇怪的說法。他說只有在抽象歷程底最末尾我們才能達到自由創造的境地。「……只有在抽象歷程底最末尾，我們底心靈才從事自由創造和想像。這也就是說，到此方從事想像量的研究。由數學的量所作的表面推演，並不證明它們係來自先驗的起源，而只證明它們有理性的相互關聯。」

但是，正因數學概念之間有這種理性的相互關聯，更可以表明恩格斯把有些數學關係看作是「眞實的」而把另外的數學關係看作是「想像的」，實乃荒謬之舉。從數學上觀察，所有的數學關係都是同在一條船上——要麼都是自由的創造，要麼都不是。恩格斯在他底著作《辯證法與自然》一書中說，無論什麼人以爲$\sqrt{-1}$還有我們頭腦以外的實在東西，他也許會相信有鬼魂。同樣的道理可應用於其他一切的數，包含2，−1，和1。

恩格斯這話的思路是混亂的，混亂的來源，是他對於「抽象」概念不夠適當，並且對於數學給予錯誤的界說。恩格斯沒有分別清楚「物理的抽象」和「數學的抽象」。物理的抽象，例如具完全彈性的物體以及無阻力的引擎，便是。所謂數學的抽象，嚴格說來，實在並非抽象，而是邏輯界說。只有在模糊的意識上才可以說數學是抽象的。恩格斯底討論之中心，就是把數學當作量與空間的科學。他對數學持這種看法是簡直忽略了一項即在恩格斯底時代已是爲眾所周知的事實，即數學裡有些部門一點也不研究量或空間。

如前所述，照恩格斯底說法，一切思想，連數學思想在內，乃自然界底反映。既然如此，「否定底否定」法則對於數學思想既已適用，那末對於一切思想也必適用。恩格斯自己所舉的主要說明，以及他不得不爲這一說明所作辯護，足以證明其結論之怪誕，實無以復加。他說：

> 同樣的道理，對於數學也是真的。我們現在隨意舉個代數的量，比如說，a。如果我們否定 a，那末我們得到 $-a$（負 a）。如果我們又否定這一否定，拿 $-a$ 來乘 $-a$，那末我們便得 $+a^2$。這就是原來的正數。但是，這一正數較原來的數高一層次，即二次方也。

恩格斯並非不知讀者對於這種說法可以隨口提出的反對之詞，顯然得很，如果我們否定 $-a$，那末並不會得到 $+a^2$，而是 a。a 即是原來的數。或者，如果我們要得到 $+a^2$，那末我們只需拿 a 自乘就得了，我們無需乞助於第一個否定。對於所有的這些反對之詞，他底答覆簡直暴露了花鎗的破綻。恩格斯說：「我必須這樣構造第一個否定，於是第二個否定成可能了。」第二個否定怎樣構造的呢？第二個否定是藉第一個否定之Aufhebung來把原有的數昇到「較高」層面。恩格斯這一舉例豈不清清楚楚證明了一項重要事實嗎？這就是至少在純數學裡面，我們完全用自定的界說，自定的構式，和自選的規則去作演算，而不問自然界的客觀結構之爲如何（乃至其辯證結構）。恩格斯既作此舉例，已不打自招地作了一個重大讓步，因爲這舉例裡的涵義是：既然純數學裡一切界說構式規則任人自選，可選 $-a$ 乘 $-a$ 使等於 a^2，別人何嘗不可以選 $-(-a) = a$ 呢？$-(-a)a$ 便把「否定底否定」這法寶打垮了，這法寶又何嘗是普遍有效的呢？

然而他卻不會理到這涵義，反而向杜林再肆攻擊。杜林認爲黑格爾底「否定底否定」法則無非是神學玄祕之餘，即到了唯物論者手中把它弄得不大像詩的比喻，而有些像眞實的法則之後，依然無濟於事。恩格斯當然受不了，於是他說：「假使他（杜林）想把這法則從思想界放逐出去，他得先捏造一種數學，證明 $-a$ 乘 $-a$ 不等於 $+a^2$，他便可把這法則從自然界和歷史界放逐出去。」

$-a$ 乘 $-a$ 不等於 $+a^2$ 嗎？容易得很，只要把乘法界說另定一定，它便會等於 $-a$ 或等於零呢！請看波爾和施露德（Bolle-Schroeder）二氏的代數吧，他們把 a 乘 a 弄到等於 a，$-a$ 乘 $-a$ 又弄到等於 $-a$ 呢！

三、第三法則：「質與量」

在一切所謂辯證法則中，量轉變爲質的法則總算是最近於啓示一項有效的科學原則的玩意了。然而它還背上一個大包袱，內裡裝滿了引致誤會的聯想和不正不確的論式。

基於一項錯誤的假定，以爲質與量在邏輯上是對立的，這法則有時被視爲「對立的同一」律的特例之一。在《反杜林論》中，恩格斯說到質和量之互相「轉變」（transformation, umschlagen），這是糊塗又加上混亂的說法。我們雖然可以用連續的或不連續的函數來表示兩在變動中的質和量，但如說量可變爲質，或者質可變爲量，那便是胡說。

有時對這法則所用的論式又暗示著由於量變然後有質之初現，一若每一量都不是先自有質的量。到了這錯誤被發覺之時，則又謂質與量乃必然的聯繫，殊不知在邏輯上質卻先於量呢！不先預設質的存在，我們怎能說到它的量；然而在量未審定的場合裡，或者不能論量的場合裡，我們已自可以說到它的質。如「智力」，質也，其量則殆不能言：如「天眞」，如「完全」，質也，其量則斷不能論。

恩格斯用化學的，經濟的，和騎兵戰術的各種例子來說明這一法則；從這些舉例，我們可以知道這一法則所表示的不過是一個簡單原則，即量逐漸變動到了某一點之時，新質突然出現而已。在科學範圍裡及在日常生活裡，我們既然可以從變更質量間的關係來控制新質之出現，我們自然可以說有時量之漸變會引起新質之浮現的。自伽里略以來，在科學方法裡早已建立了一條原則，即質的分別可由量的分別予以表達；可是，我們決不能像有些辯證唯物主義者一樣，想援用這條原則來說量與質同是合理的。

有限的有效性　量（或度）漸變到某一關鍵點時，質（或類）發生突變；這一命辭必須在幾個重要方面加以修正，然後能成爲一條有效通則。㈠這條不是普遍適用的原則。有量增而質不變的，如石之「重」，如人之「有學問」皆爲量增而仍不變之質；兼有學問也許會愈加謙虛，而其有學問如故也；㈡假使突現的新質是一種眞實的昇現（genuine emergent），（譯註：昇現乃演化過程中無從預知突如其來的新現象。）那末，這原則便沒有幾多科學價值，因爲我們不能從前奏狀況裡的質量關係預作推斷，而只能作事後的證明。換言之，這樣的新質是無法預料的。在他的舉例中，恩格斯的語氣似乎既認新質爲眞實的昇現，同時又似乎當它們是可以預測的。

最後，隨量變而突然認出的新質，有時實與觀察者心目中的興趣，需要，或注意有關，而不僅爲量之漸變的效果。如樂章中的音階之突呈新穎情調，如變動中的聲浪從可聽出轉到不能聽出，即其顯例。

冰點和沸點　水到攝氏零度成冰，到百度成汽，這是恩格斯對於突現新質所慣舉的老套。可是，嚴冬之際，以射熱器取暖，如器內之水只到十度，則瑟縮難禁，如到九十九度，則一室皆春。人們所關心者在此，至於器內之水是液體抑氣體反而無足輕重，即質之變否，有時是不足輕重的。

論質，手之所觸和目之所見，其皆爲眞實無殊。水之加熱，只有一系列的量（熱量）變，但觸於手的爲一系列的質變，呈於目的爲另一系列的質變。質之有無突變要看所指的係哪一系列，而所指的總只是當時所關心的那一系列也。

同是煮水，品茶者以蟹眼已過魚眼初生爲止，而醫生將工具消毒時，水煮到半乾也無所謂。廚師講究鑊氣，司閽對之漠不關心。同一量變在感應方面言可以召致如此不相同的質變。至於質變之爲突與否，全視所關方面而定，茶博士所感到的突變，醫生不這樣看法。

名詞的混淆　以下是最後一項對性質的批評。只有當人們研究在空間和時間有確定存在的具體性質，如綠的，硬的，具玻璃性的等性質時，才可以說，這些性質是繼存續變的。但是，假如所指涉的性質不是在經驗中的物件底具體特性，而是一些定義，這些定義可用來把物件的特性加以分類和排列的——例如，綠色性，堅硬性，具玻璃性等——這時候，便不能夠說這些性質在空時上起繼存續變了。

兩個不同的綠色深度，所具的綠色性質（依定義說）是一樣多的，正如一件較其他物較兩倍的物件，所具的堅硬性質（依定義說）還是一樣。這個分別，相應於傳統的殊相和共相底分別。忽視了這個分別，便會誤信綠之爲綠因其本性是綠的，堅硬之爲堅硬，因爲其本身是堅硬的。

恩格斯提出的量變質底法則，稱之爲對於一切性質都有效，就是弄不清這個分別。這法則忽視了一件事實，即是，對於性質的類，我們只能說，某些對象例示或不例示這種性質，而不能說，這些對象具有這種性質到程度上有多少之別。

最後，我們的結論是：量變質底法則——連同其他兩個所謂辯證的普遍法則——既非自然的法則，又非心理的法則，亦非邏輯的法則。

四、辯證法及科學方法

將所謂辯證法詳加分析之後，所餘的結論是：視辯證的唯物主義為獲致科學了解的新而有效的判準，完全是一句廢話。那還有什麼呢？只有那辯證的哲學，而這哲學無非是對西方所共喻的科學方法之原則作一種削足適履的竄述。

要證實這一結論，我們只須問：世界上有那一件經用辯證法去發現的或者援用辯證法而獲得解釋的知識，而不能使用科學方法的定則來獲得更簡單明瞭的保證？我們還可以進一步問：隨便撿一件對現代科學發明的敘述改頭換面地套入辯證話頭之內，經過這樣一番遣辭命意的改竄之後，試與科學原文字比較一下，請問在可證性，簡明性，有條不紊性，乃至導致新知性種種方面，誰高誰下孰得孰失呢？還有，倘使認為上述的種種辯證的基本法則是與辯證觀成為一體的，不容分判的，我相信套也套不進呢？何以故？因為這些辯證法則違反了邏輯基本原則及科學方法，有時並且違反了語法學。

辯證法是被稱為科學方法之理論的；果爾，則其「法則」應為有效的科學研究程序之規則而非自然的法則。然而辯證法所用的語言卻特別到足使對任何研究程序之描述，科學的或非科學的，有效的或無效的，皆能改套進去，而且可以套得一樣好，或者一樣壞。這些所謂「規則」並不能幫助我們知道某些科學研究程序是富有收穫的，而另一些是不中用的。原因是：他們自詡謂，什麼研究程序，好的，壞的，乃至不好不壞的，都可套用這些「規則」加以描述。科學方法論從不自誇自大，自謂一種發明方法又可用作一種求證法；辯證法的信仰者便犯這個毛病。

辯證法和浪漫主義 那解釋辯證法為進入於批判的自覺之科學方法的信徒，對於恩格斯替這法編出來的家譜一定會覺得有些尷尬吧。這話的意思是指恩格斯追溯到希臘哲學家那開始萌芽的辯證法，雖然希臘哲學是不科學的，其時又沒有如我們所了解的實驗科學，這樣不科學的祖宗而能產出這個自己能自覺地批判自己的科學苗裔，豈不有些不入信！

我們的話是意指恩格斯所特別尋出的世系表，係從Kepler經浪漫的自然主義哲學家（如Goethe，Oken，Treviranus）而到黑格爾，再到近代辯證唯物主義。他沒有將近代自然科學溯源到伽里略和牛頓，並且附和黑格爾對牛頓肆輕薄，反而稱Kepler爲天體力學的創始者。他崇奉那半神學半科學的黑格爾，說科學家還該向黑格爾學習。他並且說：「具辯證的自覺自然科學和自然主義（浪漫的）之有淵源，正如共產主義之和烏托邦主義之有淵源。」

好啦，幻術拆穿了，原來辯證唯物主義只是唯心主義的擴大僞裝，也供出來了。浪漫的自然主義者偶然走運抓著演化觀念和磁電觀念，但這又與他們幻術樣的唯心主義有什相干。

普遍性及預言　如果辯證法只是科學方法的別名，則它的普遍性不能大過科學方法的普遍性。雖然一切事物全可用科學方法去研究，但其研究的結果並不一一盡科學呢。我們還要看所研究的對象，複雜到哪樣，其常現性哪樣，並且要看當時的科學成就所已到的境地又哪樣呢。

馬克斯對科學方法誠然有堅定的信仰，他堅信它爲增展知識和簽證知識的唯一有效方法。然而他（或恩格斯）那樣堅信一經用上科學便可推定將來，那竟直是胡鬧。

像宗教中的原旨主義者把一切科學新發現認作聖經原文的新見證一樣，這些辯證唯物主義者也把這些新發現件件捧到祖師壇前爲主義張目。例如J. D. Bernal居然說：「從相對論的動力學說，運動和質量相等。這是到了二十世紀有了Michaelson精密的數理技術和愛恩斯坦的數理天才方能獲致的結論；然而馬恩兩祖師早在十九世紀已經在原則上把握了這結論。」

怪得狠，愛恩斯坦讀過恩格斯的《辯證法與自然》全部原稿之後（Bernstein送給他看的）卻另有批評呢。這位天才數理家說：「從現代物理學的觀點看去。或者從物理學史的觀點看去，書中的內容並沒有特別足感興趣之處。」我們應該注意，關於時間和空間性質的基本問題，杜林預料到後來的發展，比較恩格斯準確得多，而恩格斯隱約地卻是一個牛頓絕對時空論的贊成者。愛恩斯坦從馬赫所受之賜，不是馬赫的科學論而是他對時空的相對概念。而馬赫在他所著的《力學》中，卻又十分恭維杜林並且特別稱讚杜林的批判工作。

John Strachey盛譽恩格斯居然預料到伏洛伊德的發現實在是了不起。他又說精神分析學的成績，給予辯證唯物主義的有效性，以最有聲有色的左證，可說是得未曾有的。J. B. S. Haldane在他給英譯的《辯證法及自然》的引言中，更加把恩格斯恭維得天花亂墜了。

靠不住的運用 如果依照恰當的了解，辯證法無非是大家所共認的科學方法之別名，則其施用於歷史和社會學，自然也不會獲得超過施用科學方法的成績。然而恩格斯對此兩法不免有所輕輕了。他反對把歷史和心理學約化為物理學。他說：「我們相信總有一天我們可以經由實驗把思想約化為腦中分子和化學的運動；然而思想的本質是否即可由此實驗而盡窮其蘊呢？」他的意思是：這不是說思想可以不假某種樣式的分子運動而自現，而是說這樣的運動乃思想與非思想機體乃至無機物所共有的東西。因此，這樣的運動之不能為思想之特性明矣。

他又反對把歷史約化於生物學。達爾文把生存鬥爭看作包羅萬象解釋一切的原則。而恩格斯則以為即純然在生物界方面立說這原則還是有問題，何況自然界裡鬥爭而外還有別的呢？他認為人能自產食物，其他動物則不能；因此支配人的法則與支配其他動物的便要不同。他認為達爾文忽視了這一重要分別了，所以他說：「把動物社會的生物法則不加修正而即移用於人類社會是不通的。」

他們有時說，科學家遇到捨己之田而芸人之田因而發生錯誤的時候，便可乞靈於辯證法來糾正這類錯誤。

清楚很得，如果錯誤發生於違犯了科學方法，用科學方法施糾正便得，何事他求。那相信辯證法不同於科學方法的人，所犯的錯誤決不亞於那信有神靈的科學家所犯的錯誤，不過沒有來得像後者的趣致罷了。

結論　我們的結論是：㈠只有把辯證法看作科學方法的同義詞，然後辯證法才有意義與有效性之可言。既如此，又何必另立名目多此一舉？㈡辯證法受傳統之累，背上了一個大包袱，裝滿了向迷途的概念和已自錯誤的概念。既如此，爲了澄清思路，最好是棄而不用。㈢株守辯證法便會滋生那玄祕性的自然哲學而且爲「兩種眞理」的邪說鋪路，妄說眞理有兩種，一爲普通的，科學的，世間的，又其一爲奧蘊的，「辯證」的，「更高」的。

最後，在共產世界，假手於辯證法來箝制，打擊，殺戮各種科學家的罪行，罄竹難書，令人憤慨。

我們已經說過，只有把辯證法視同科學方法才有合理意義之可言。然而這話並不意涵謂科學方法經已被界定清楚到大家對它的原理已獲有普遍的承認。科學方法牽涉「歸納」和「蓋然」等問題之時，意見便不一致。至於牽涉到「意義」和「證明」之時，亦複如是。我們還可以進一步說，從某種意義看去，論科學方法的每一個有系統的理論對於一些「形上」論旨（命辭）多少總有所執，但是論科學的哲學之所以不同於傳統的辯證法，端在其不僅僅從對科學研究程序作思考而發生；至於這哲學之有無用處還要從它對科學研究程序發生有怎樣的作用方能決定。

一個科學的哲學而能勝任爲增進知識與了解的有效工具的話，它必須能對科學研究程序作一個貫通而成爲一致的論述，或者能夠被用作根據來指出並消除實驗報告中的陳述錯誤，它並須能將科學解釋爲一種人類的努力，這是說從其爲與社會生活及經驗的其他種種方面的關聯而言的努力。假使做不到這些的話，一個科學的哲學至少也該不要把那些永遠乾附在精神玄學的屍體上的錯誤見解傳染入科學家的腦子裡。試將哲學史分析一下，我們會發現自Plotinus到黑格爾每一套形上的唯心論那「自然辯證法」都成了立論的中心主義。至於流行於當代的辯證唯物主義儘管各有參差，無非是把科學標準曲爲解說，來替起於政治動機的形上唯心主義而服務。

——原載《現代學術季刊》，卷二期三（香港：一九五八年十二月）

科學統一之邏輯的基礎

開納普（Rudoolf Camap）原著
殷海光譯註

開納普（Rudoolf Camap）是亟應向東方思想界介紹的一位專技哲學家（technical philosopher），從對「專技哲學」的成就與影響言，開納普可以說是羅素以後的第一人。氏於一八九一年生於德國，嘗遊於近代大邏輯數理家弗列格（G. Frege 1848-1925）之門。一九二六年，氏任維也納大學內的私人講師；後任捷克普拉格德意志大學哲學教授；一九三六年去美，任芝加哥大學哲學教授。現繼萊興巴赫（Reichenbach）在南加州大學【編註：應為「洛杉磯加州大學」】主講之席。開納普是對近四十年來在學術思想上影響重大的維也納學派（Vienna）底主要創導人物之一。維也納學派，經近數十年來的發展，已發展為科學經驗論（scientific empiricism），開納普迄為這一發展底核心人物之一。這一發展是將哲學看作一種「理論的知識」（theoretical knowledge）。有而且只有將哲學看作一種理論的知識，並予以專技化（technicalixation），哲學才能逐漸脫離它底蒙昧時期而步入有真假對錯可言的階段。

開納普底工作，主要地是致力於符號邏輯，以及符號邏輯對於知識論和科學底哲學之應用。他底著作之在邏輯方面者，特別注重闡發數學的性質，及數學與邏輯的關係。除此以外，氏又領導語意學底探究。三十年來，氏工作不遺餘力。氏雖年逾六旬，創作猶層進不已。

開納普對於知識與哲學問題的貢獻之特色，即在將邏輯解析應用於日常語言和科學語言。彼又發揮其物理論（physicalism）底論旨，物理論並非唯物論。唯物論雖常穿上科學的外衣，但在實際上則為玄學底一支。唯物論之為玄學底一支，亦若唯心論之為玄學底一支，二者同為既無法印證又無法否證的語言構造。物理論乃舊式行為論（behaviorism）之較細緻的說法底一基礎，並且是構造一切經驗科學之共同的統一語言之基礎。科學可藉這一共同的語言而統一起來。物理論底論旨是說，科學裡的每一記述名詞（descriptive term）與指謂事物之可觀察的性質的名詞相關聯。包含這種名詞的語句，可藉體察方法來互為主觀地（inter-subjectively）印證。

開納普底著作既多且精。而其中最有影響力則為這二部：第一、《世界底邏輯構造》（*Der logische Aufbau der Welt*）；第二、《語言底邏輯語法》（Logische Syntax der Sprache）。

譯註者現在譯註的這一篇是開納普的重要論著之一。這篇論著原載於*International Encyclopedia of Unified Science*, the University of Chicago Press, 1938，這篇論著中所表現的思維模式雖然對於一般的讀者是陌生的。但是對於想接近謹嚴的哲學思維者則是不可不讀的。復次，這篇論著中的若干語法似非許多讀者所習慣。然而，我們想要瞭解像這一種底現代謹嚴的思維活動，宜以耐心來緊隨原作者的思路。

——譯註者

一、什麼是科學之邏輯的解析？

我們分析科學的工作，可從許多不同的角度進行。如果將科學的題材加以解析，那麼這一工作係由科學本身來進行的。例如，生物學底工作，是分析有機體以及有機體之內變化底歷程。同樣，每門科學所做的工作，是分析它自己底題材。在最大多數的情形之中，我們用到「科學底解析」或「科學底理論」這些字樣時，所意指的研究，是與所研究的某門科學本身所研究的，是不相同的。例如，我們可以想到有關科學活動的一種研究。我們可以研究這種活動之歷史的發展。或者，我們可以試行發現，從事科學工作者本人的狀況以及環繞他的社會境地怎樣影響他的科學工作。或者，我們可以把研究科學所用的步驟和工具記述出來。關於諸如此類底科學活動之研究，可以叫做科學之歷史，心理，社會，以及方法論。這類研究底題材，是把科學看作一組活動，而這一組活動，是某些人在某些情況中所從事的活動。在這種取義之下所稱的「科學理論」，我們將在本叢編的其他許多部分裡去討論，在這裡暫不涉及。當然，在這種意義之下的「科學理論」確乎是科學基礎之一重要的部分。

假若我們不研究科學家們底活動，而只研究他們底活動之結果的話，那麼我們現在所要討論的「科學理論」，係另一意義的科學理論。我們在此所說科學家們活動底結果，意即，作爲一組有秩序看的知識。可是，我們在此所說的科學家們活動之「結果」，並非意謂信念，意像，等等心理因素以及受這些心理因素所影響的行爲。假若我們果眞去研究這些心理因素的話，那麼我們就是又走進那研究科學之心理背景的範圍裡去了。我們在此所說的科學家們活動之「結果」，意指某些語言的表式，即是，科學家們所陳述的敘詞（statements）。在這種意義之下的「科學理論」，其任務就是分析這類的敘詞，研究其類別和種種關係，並且分析這類敘詞中的名詞，以及種種理論。這類敘詞中包含著一個或一個以上的名詞。這類敘詞中的名詞係這類敘詞底構成元素。我們在此所說的科學理論則係這類敘詞之有秩序的系統。一個敘詞是一組有先後秩序可言的聲音，或寫出的記號，以及與此相似的東西。這些東西，係我們爲了某些特定的目標而構作的。但是，在分析科學的敘詞時，我們可能將這些敘詞由之而產生的個人差別的條件和這些敘詞之發生所依據之心理的及社會的條件與科學的敘詞本身分開。在這種區分之下，我們進而分析科學之語言的表式。從事這一解析的工作，便是作「科學底邏輯」解析。

在科學底邏輯範圍以內，我們可以分別兩個主要的部分。一部分的研究，只限於研究語言表式之形式。這也就是說，這一部分只研究語言形式如何從基本的部分（即一個一個的字）構造出來，而不涉及語言以外的任何事物。另一部分底研究，則出乎這個樊籬以外，而是研究語言表式與語言以外的事物之關係。其範圍限於第一部分的研究，叫做「形式的」研究。形式的研究之範圍，叫做形式邏輯，或「邏輯語法」（logical syntax）。這類的研究，就是語言之形式的解析，或語言之語法的解析。語言之形式的或語法的解析，如將語言作爲整個來看，或就語言中各種不同的部分來看，會引起某些種類的結果，茲列舉如下：設有某一名詞（即，一個字），我們可在某一理論以內拿別的名詞作基礎來界定它。或者，這個名詞，不能拿別的名詞作基礎來予以界定，但可以化約而成某些別的名詞。[1]這裡所稱「化約」，究竟是何意義，我們在以後要加說明。

1 譯註：界定「是一高度的要求；化約，則是一較低度的要求。這裡所指的界說是外顯的界說（explicit-definition）。一個外顯的界說係一條規律。這一條規律使我們得以合法地拿一個符號代替另一符號。而且，藉此規律，被界定的符號往往可以消掉，而代以界定符號，這麼一辦，不致變更包括被界定端的原有語句之意義。化約則有三義：第一，化約一詞有時意即「翻譯」。此處所謂翻譯，並非相異的自然語言（natural languages）之對譯，而係對抽象名詞作名目上的形變（nominalistic transformation）。第二，化約還有一義：設有一條規律，於是對P之形容詞可藉觀察Q是否存在來檢證，那麼我們可以說將謂詞P化約而為謂詞Q。第三，如果一種科學S底定律有的時候，某一敘詞是其他某一敘詞之邏輯的結論（這也就是說，某一敘詞從另一敘詞邏輯地推論出來）；在某一理論以內，這一敘詞之演繹，在邏輯上或者有效，或者無效。[2]另外有些時候，某一敘詞與某些其他的敘詞不相容。這也就是說，這個敘詞底反面是某些別的敘詞之邏輯的結論。復次，在有的情形之下，某一敘詞與某些別的敘詞獨立。這也就是說，某一敘詞既非某些其他的敘詞之邏輯的結論，又非與他們不相容。有時，我們說，某一理論是「不一致」的（inconsistent）。所謂某理論「不一致」，意指在這一理論中，有些敘詞與另外有些敘詞不相容。本文後面的幾節將要從邏輯的觀點來討論科學的統一問題，研究科學底主要部門所用的諸名詞之間的邏輯關係，以及科學底這些主要部門裡所陳示的律則之間的邏輯關係。做了這一番工夫以後，我們就可得到科學語言之語法解析底一例樣。

現在，我們要談到科學底邏輯底第二部分。在科學邏輯底第二部分裡，我們是以另一種方法來分析語言及其中之諸表式。正如在邏輯語法中一樣，這一部分的研究也是從語言之心理的因素及其社會的因素抽離出來而獨立的。這種研究，不限於形式的解析，而是考慮到語言表式和其他事物之間的一種重要關係。這種重要關係即是「指謂關係」。研究指謂關係的一門科學，叫做語意學（semantics）。如果我們對科學語言作語意的解析，那麼其結果會有下列的各形式。舉例言之，某一名詞指謂某一特殊事物（例如，太陽）；或指謂事物底某一性質（例如，鐵）；或指謂諸事物之間的某種關係（例如，父親地位）；或者指謂物理學底某一函數（例如，溫度）；或者指謂科學中不同部門裡的兩個名詞之所指是否爲同一對象，例如，生物學中所指的「人」

可從另一種科學底定律推演出來，那麼我們可以說科學S可化約而為科學S'。

2 譯註：此處原文是「correct」，此字頗混合。在邏輯中，任一語句S為「正確」，意即此一語句在每一解釋之下為真。例：(X)(X = X)。一個語句在每一解釋之下為真，謂之為「有效」（valid）。故改譯為「有效」。

（*Homo sapiens*）與經濟學中所指的「人」（person）是否是一回事。換句話說，在這兩門科學中所說的人（man）究竟是否同一事物。一個表式所指謂的東西可以叫做它底所指（designatum）。兩個表式之所指如爲同一對象，則我們說這個表式是「同義的」（Synonymous）。「眞」這個字，在科學中和在日常語言中常常用到。「眞」這個字，無論在科學裡的用法還是在日常生活中的用法，都可以用語意的方法來界定。如果我們用語意學的方法來界定「眞」字，那麼我們就可以知道，對科學語言作語意的解析時，其主要的題材，是基於指謂關係之上的表式之一些性質和關係，尤其是敘詞之性質與關係。在本文中，常有「一個表式底所指」這類底字樣出現。當我們說「一個表式底所指」時，用習見的成語來說，就是「一個表式底意義」。不過，在本文中，只要是可能的話，我們最好是不用「意義」二字。因爲，這兩個字有歧義。這就是說，這兩個字底所指眾多，其尤要者，我們必須分別「意義」二字在語意上的用法和心理上的用法之不同。「邏輯」一詞，也有廣狹二義。廣義的「邏輯」包含對表式底所指之語意的解析。至於狹義的「邏輯」，是邏輯語法。邏輯語法之內容限於形式的解析，是與其指謂分開的。我們究竟把「邏輯」一詞作狹義的用法還是作廣義的用法，這完全是名詞上的習慣問題。「科學底邏輯」一詞也有廣狹二義，狹義的「科學底邏輯」乃科學語言底語法。廣義的「科學底邏輯」包括語法及語意二者。這二者底分別，我們也得劃清。

二、科學底主要部門

我們在這裡所說的「科學」，是就其最廣義言之。這也就是說，我們在此所謂的科學，包括一切理論的知識。這裡所說的理論知識，無論是在自然科學底範圍以內，還是在社會科學底範圍以內，或是在所謂人理

（humanities）範圍以內，我們都稱之曰「科學」。[3]復次，無論是由應用特別的科學程序而得到的知識，還是以常識爲根據而得到的知識，我們都叫做「科學」，同樣，我們所用「科學底語言」這一名詞，在此是意指一種語言。這種語言，包含著爲作科學的敘述而構造的一切敘詞，或者在日常生活中所用的敘詞。這裡所稱「敘詞」，即是理論的語句。理論的語句，與情緒表式，命令，抒情詩，等等是不同的。我們在日常生活中，爲著要瞭解某些事物，常常從事於一些求知的活動。通常所謂的「科學」不過是這一類底求知活動之比較有系統的延續而已。

許多人常常將科學加以分類。我們將科學加以分類時，第一種區分，是分別形式科學（formal science）和經驗科學（empirical science）。[4]形式科學係由解析的敘詞所組成。解析的敘詞係由邏輯與數學所建立的。經驗科學係由綜合的敘詞所組成。綜合的敘詞係由在各種範圍內的事實知識所構成。至於形式科學與經驗

---

3 譯註：「humanities」一字，有人譯為「人文」。這種譯法，不僅易引起矯飾之情，且予人以「人文」與「自然」對立之意像。吾人須知，將「人文」與「自然」看作係對立之無法成立，亦若將「物質」與「精神」看作係對立的之無法成立。為了避免這些毛病，且為了徵別我們底目標是要把這一界域底題材「理論化」，茲譯作「人理」。此處之「理」，即「理論」所要處理之「理」：並非中國玄學的「理學」中之「理」。

4 譯註：開納普教授頗強調這種分別。然而，這種分別能否成立，要看從什麼觀點出發而定。從我們將邏輯數學符號看作安排經驗的工具而論，這一分別尚可成立；但是，從衍發的觀點（genetic point of view）來看，則不能成立。從衍發的觀點來看，如果說二者有分別，充其量不過如牛奶與奶油皮之分別而已。嚴格言之，解析命辭與綜合命辭之間並無截然可分的界線。關於這一方面的新近論著，請參看瑰英教授（Professor W. V. O. Quine）所著：Two Dogmas of Empiricism，載在*From a Logical Point of View*, Harvard Universirty Press, 1953。另一篇則為懷特教授（Professor Morton G. White）所著：The Analytic and the Synthetic: An Untenable Dualism，載在*Semantics and the Philosophy of Language*, The University of Illinois Press, 1952.

科學二者之關係爲何，我們要在別的地方討論。我們在這裡所要討論的，是其語言，及語言的統一問題。

在科學範圍裡，有生物學。除了生物學以外，還有非生物學。我們在此將「物理學」一詞用來表示科學之非生物學的這一部分。而在「物理學」底範圍以內，包括有系統的研究和歷史的研究這兩方面底題材。例如，有化學，礦物學，天文學，地質學（地質學是歷史的科學），氣象學，等等。我們怎樣劃分物理學與生物學之間的界線呢？顯然得很，這二者之間的界線，必須以我們在自然界所發現的兩種事物之間的差異爲基礎。我們在此所說的兩種事物，係指著有機體和非有機體而言的。我們現在假定這兩種事物不同，並且以此假定作爲討論底出發點。生物學家底工作，是替「有機體」一詞下一適當的界說。換句話說，生物學家告訴我們，我們所認爲具備有機體之特徵的東西究竟有那些特點。我們現在要問：我們怎樣以「有機體」作基礎來界定「生物學」一詞呢？也許，我們可以試行拿下列的方式來界定它：生物學是一種科學，這種科學所研究的是有機體，以及有機體內變化的程序。而物理學所研究者，則係非有機體。但是，顯然得很，這樣的兩個界說，並不能得到我們平常對於生物學與物理學二者所希望有的那種劃分。物理學中所陳示的定律，我們希望它是普遍有效的，而且爲無任何限制可言的敘詞。例如，把靜電力看作電荷及其距離之函數，或者決定氣體壓力乃溫度之函數，或者決定折光角爲二個透光體折光係數之函數。這些定律之爲發生於有機體內之變化程序而設，不亞於其爲發生於無機世界中的變化程序而設。生物學家研究有機體內的變化的程序時，他必須知道物理學中的這些定律。他需要用這些定律來解釋這些變化程序。但是，他僅僅用這些定律尚不足以解釋有機體內部的變化程序，他還得增加某些別的定律；而這些別的定律則不是物理學家所知道的。這類定律就是生物學中特有的定律。生物學是預先假定物理學的；但是物理學卻不預先假定生物學。

以上的種種討論，可以引起我們得到如下的界說。我們在記述無機世界底變化程序時，除了要用邏輯數學的名詞（logicomathematical terms），還得應用其他的名詞。[5]我們把這些其他的名詞叫做「物理名詞」，無論這些名詞是應用到無機世界底變化程序，還是應用到有機體底變化程序。我們都叫做物理名詞，在科學語言中，有次類語言（sublanguage）。[6]次類語言所包含者，除了邏輯數學的名詞以外，有而且只有物理名詞。這種語言，可以叫做「物理語言」（physical language）。物理語言可以構成一個系統底敘詞。這樣的一個系統底敘詞，在某一時期，可以爲某一群人所承認。在某一時期爲某一群人所承認的一個系統底敘詞，叫做該一群人底物理學。像這樣的敘詞中之具有特定的普遍形式者，叫做「物理定律」。物理定律爲解釋無機世界所需的定律。但是，正如前面已經說過了的，物理定律也被用來解釋有機體底變化程序。

除了物理學以外，科學底其他部分，廣義言之，可以叫做「生物學」。不過，在這種分類之下，「生物學」一詞所指稱的範圍太廣泛了。似乎最好再加劃分。至少，爲了實際的目標，例如說，爲了便利研究科學時之分工合作，也當再加劃分。但是，我們對於生物學一詞再加劃分時，所作的劃分並不夠基本。然而，即使這並不夠基本的劃分，在程度上是否有如物理學與生物學之間的分別那麼清楚，倒是一個問題。就目前的情況來說，我們很難預料將來對於生物學作次級的劃分時從何著手。自古以來，有人在身體的（或物質的）和心理的（或心靈的）變化程序之間作一劃分。這樣的劃分，在古老的魔術裡有其根源，後來在形上學的心物二元論也有其根源。這種劃分，在將科學加以分類時，未嘗不是一個實際的辦法。這個辦法，在目前依然具有重要的作

---

5 譯註：至少，*Principia Mathematica*之問世，可以證實一點，即全部純數學語句可以從邏輯推論出來：於是，邏輯與純數學已打成一片。所以，開納普在此說「邏輯數學的名詞」，而不把二者分開。

6 譯註：如果瞭解「次類」（sub-class）一詞，則易瞭解「次類語言」一詞。一個類A如果被包含在另一個類B中，那麼A是B底次類。依同理：如果一種語言L'是被包含在另一種語言L之中，那麼L'是L底次類語言。

用。即使反對形上學的心物二元論的科學家也作著這種劃分。在將來，也許有人仍繼續作此劃分。但是，吾人須知，這種劃分，是一種科學前期的劃分辦法。一旦這種科學前期的劃分辦法對於科學的影響日趨薄弱，我們也許會找到更適當的新劃分界線。

我們在前面說過，將物理學以外的科學分作生物學。這種劃分太廣泛，生物學需要再予劃分。如果我們要將這種廣義的生物學予以再劃分的話，倒有一種辦法，就是把它分成兩部分。第一部分大致合於通常所謂的生物學：第二部分合於通常所謂的心理學及社會科學。這一部分底生物學研究單個的有機體以及一群有機體在其周遭內的行為，研究這類行為底傾向，和有機體內與行為相干的諸變化程序之種種特點，與夫周遭底種種特色。這些特色，足以表徵這類底行為，並且與這類底行為相干。例如，有機體所觀察的事物，以及有機體所做的工作，等等都是。

廣義的生物學中的第一部分可以叫做狹義的生物學。或者，就以下的討論而言，我們把它簡單地叫做生物學。「生物學」這個名詞像這樣用法，就某一項事實而論似為許可的。這事實即是，依照通常的辦法來分類，這一部分包含著通常所稱的生物學，即普通生物學，植物學以及動物學底大部分。這一部分裡所用的名詞，除了邏輯數學以及物理學的名詞以外，還包含著其他的名詞。這些其他的名詞，可以叫做狹義的生物學的名詞；或者，就簡單地叫做「生物名詞」。許許多多生物學的敘詞，除了包含生物學的名詞以外，又包含物理學的名詞。因為如此，所以生物學的語言不能僅僅包含生物名詞。生物學的語言，除了包含生物名詞以外，又包含物理語言。物理語言是生物學的語言之一次類語言。屬於生物語言而不屬於物理語言的敘詞和定律，叫做「生物學的敘詞」和「生物學的定律」。

我們在以上只用一種極其混合的方式，指出廣義的生物學的兩個部分之間的區別。現時的學術界對於如何可以在此兩部分之間劃出一條明析的界線，尚不清楚。關於有機體中的變化程序究竟那一些應劃歸到生物學的

第二部分去？也許，凡遇有機體中的變化程序之與其神經系統中變化程序有關聯者，則視此關聯為該變化程序宜劃歸生物學第二部分之特徵。或者把據以作劃分的範圍縮小，而以變化程序之與語言活動有關聯者為限。或者，把這縮小了的範圍放寬些，而以其與一切記號活動者為限。復次，我們還可以從另一個方向，即是從有機體對外界的關係來作劃分的徵別。這就是選擇那些使得有機體對環境發生成果（註：即有影響）的變化程序劃歸生物學的第二部分。

生物學底這一部分（即第二部分）迄無一個共同的名稱。（「心靈學」這個名詞所指的範圍太狹，而且與前面所說的形上學的二元論之關聯太密切。）有人用「行為學」（behavioristics）一詞來表示這一部分。如果我們用「行為學」這個名詞，那麼我們必須明白我們在這裡所說的「行為」一詞所展及的範圍，此之從前行為派心理學家用這個名詞時所用的較大。我們在此用「行為學」一詞，不止是用來意指可以從有機體的外界來觀察的外顯行為，而且也是用來意指內部行為。（即是，有機體內部的變化程序。）（註：但仍為可觀察的）復次，我們還用這個名詞來指謂在特殊情況下並不外顯的行為傾向；而且，最後，還用這個名詞指謂行為對環境的某些影響。關於生物學底第二部分，我們又可以大致再劃分為兩部分。一部分所研究的是單個的有機體；另一部分所研究的是一群一群的有機體。但是，在這兩部分之間究竟能否劃一嚴格的界線，仍然大成問題。我們把這一劃分與科學上已經習用的分類加以比較，就可知道，第一部分主要地包含心理學，但也包含著生理學與人理之一部分。第二部分主要地包含社會科學；復次，這一部分又包含人理和歷史底一大部分。但是，這一部分不僅必須討論人群底事，並且還要討論一群一群其他有機體的事，因為缺乏更好的名稱，我們在以後的討論中，要把「心理學」和「社會科學」這些名詞用作上述生物學第二部分底這兩部分之名稱。顯然得很，科學底各部劃分之邊界究竟何在的問題，以後在下列各節中我們需要選用那些比較適當的名詞之問題，仍然有待作更多的討論。

三、可化約性（reducibility）

我們必須知道，科學之統一底問題，在此處意即科學底邏輯問題，而非元學（《現代學術季刊》編者註：樊炳清《哲學辭典》譯本體論）問題。[7]在討論統一科學底問題時，我們並不問這類的問題；例如：「世界是一個嗎？」，「一切的事在基本上是屬於同一種類麼？」，「所謂的心理歷程究竟其實是否即爲物理變化的程序呢？」，或者問「所謂物理變化的程序其實是否即爲精神的呢？」諸如此類的問題，是一元論者，二元論者，和多元論者所常討論的。這樣的一些問題，通常叫做「哲學問題」。在這樣的一些哲學問題之中，我們究竟能否找出任何理論的內容，似乎是一件可疑的事。在任何情形之下，當我們問科學是否有一種統一的情形之時，我們底意思是說，這係一邏輯問題。這個問題所涉及的，是在各種科學的名詞與定律之間的種種邏輯關係。既然這個問題係科學的邏輯問題，於是，這個問題與各科學家有關，也與邏輯家有關。

在此，我們首先討論科學底名詞問題。（我們有時用「概念」一詞代替「名詞」一詞。邏輯家較常用「概念」一詞。但是，「名詞」二字比較清楚，因爲，「名詞」表示我們所用的記號，及其在語言上所具的意義。所謂記號即字，由字構成的表式，人造的符號，等等。我們現在用「概念」一詞，並不取其心理的意義。所謂「概念」之心理的意義，指在心中與一個字有多少聯繫的意像，或思想，可是，無論如何，這些東西不在邏輯範圍以內。）如果我們知道在什麼條件之下我們可以把一個名詞應用於一個具體的情形，而在什麼另外的條件之下不可以應用這個名詞，那麼我們就算瞭解這個名詞底意義（即所指）。[8]對於一個名詞在什麼條件之

---

7 譯註：元學（ontology）即把存在（being）當作存在看之學。就亞里士多德言，元學是第一哲學，事物底要素之學。此字又與「玄學」同意。

8 譯註：如僅僅就這一命辭而論，開納普底這一規律太狹。因為，並非所有的名詞都可直接應用於具體的情形。但

下方能予以應用的知識，可分兩種。一，在一些情形中，我們具有的知識，只是生活上實用的知識。這就是說，在這些情形中，我們雖能把所提到的名詞用得正確，卻沒有把應用這個名詞時所依照的規律給予理論的說明。二，在另外某些情形之中，我們能夠明顯地陳示（formulate）我們應用此一名詞時所依據的種種條件。假定現有某一名詞X，其應用條件可藉Y，Z，等等名詞之助而陳示出來（像在科學語言中所用的一樣），那麼我們可以將此陳示叫做藉Y，Z等等名詞表示出來的X之一「化約敘詞」（reduction statement）；因而我們說X「可化約而爲」（reducible to）Y，Z，等等。我們應用X時，也許有幾組條件。因爲X可以化約而成Y，Z，等等，也可以化約而成U，V等等：或許也可以化約而成其他若干組條件。[9]在有些情形之下，許多名詞甚至可以互相化約。例如，在一組名詞，X_1，X_2，等等之中，每一個名詞可以化約而成y_1，y_2，等等名詞；反過來說也是一樣，在y_1，y_2，……這一組名詞中，每一個名詞可以化約而成X_1，X_2，等等名詞。

界說，如果我們把它看作化約敘詞的話，它是在形式上最簡單的化約敘詞。舉例來說，我們現在用「≡」（叫做相等符號）這個符號當作「假若而且僅僅假若」這個成語底縮寫。試舉例來說「公牛」這一符號底界說是：我們說「X是一公牛≡X，意即X乃一四足和有角的以及分趾的反芻動物，等等。」這也是一化約敘詞。因爲，這一化約敘詞表示了我們應用「公牛」這一名詞時所依據的種種條件。這一化約敘詞所表示的，無異於說：假若而且僅僅假若一個東西是四足的，有角的，等等，那麼我們就可以應用「公牛」這個名詞，我們藉著這個界說，可以將「公牛」這個名詞化約而成「四足的」，「有角的」，等等名詞。當然，「公牛」也可以藉

是，無論怎樣，經驗論者要求一切名詞，最後皆可與具體情形銜接，雖數學名詞亦不例外。如其不然，數學無法被應用於實際事物界域。

9 譯註：這是因為化約不必然只從一方面或一個途徑著手；而是可以從兩項以上的相融的途徑著手。

著這一組名詞來界定。

有的時候，一個化約敘詞不能用一個簡單的界說形式表出。這也就是說，有時一個化約敘詞不能用一個相等形式的敘詞「……≡……」表示出來，而只能用比較複雜的形式「如果……那麼……≡……」表示出來。所以一個化約敘詞，也許是一個簡單的界說（即明顯的界說）；也許是一個條件界說。[10]在一般情形之下，「化約敘詞」用成狹義的意義，係指條件形式而言的。例如，下列敘詞係「電荷」之化約敘詞。爲了簡便起見，我們在此所說「電荷」一詞不表示量的差別。敘詞形式「物體 x 在時間 t 具有一電荷」可以翻譯如下：「如果一輕體 y 在時間 t 靠近 x，於是 x 在 t 時是具有電荷的，【編註：此處應加上「當且只當」】y 在 t 時爲 x 所攝引。」吾人須知，致使吾人尋出某一名詞是否可以應用於具體事例的通用程序，可以叫做對於該名詞之一決定方法（a method of determination）。對於一個定量名詞（例如，溫度）的決定方法，乃爲該名詞而設之定量方法。無論何時，我們知道決定某一名詞之實驗的方法，那麼我們就能爲這一名詞製定一個化約敘詞。我們知道一個名詞之實驗的決定方法，比如說「Q_3」，那麼意即我們知道了兩點。第一，我們必定知道我們所須創造的一點實驗狀況，比如說 Q_1；例如，安排測量器具，並且創造適當的條件以便應用這些器具。第二，我們必定知道實驗底可能結果爲何，比如說 Q_2。假若 Q_2 發生的話，那麼它便證明 Q_3 的存在。在目前的討論中，我們且撇開比較複雜的情形不談，我們只談最簡單的情形。在最簡單的情形中，如 Q_2 未出現，則我們所提及的事物沒有 Q_3 所指的性質。這麼一來，「Q_3」底化約敘詞可用這種辦法表現出來：「如果 x 在時間 t 是 Q_1，那麼：x 於 t 爲 Q_3 ≡ x 於 t 爲 Q_2。」這也就是說，對於敘詞形式「事物 x 在時間 t 爲 Q_3」，我們可以表示如下：如果 x 在時間 t 爲 Q_1，那麼 x 於 t 爲 Q_3 ≡ x 於 t 爲 Q_2。這裡所說的「事物」，意即「時空點」（space-time-point）。

10 譯註：這也就是說，化約敘詞也許可用一個條件語句「如果……，那麼──」表示出來。

這裡所說的「x是Q_1」，意即「x及x之周遭俱在Q_2狀態之中」。基於這一化約敘詞之上，「Q_3」這個名詞可以化約而成為「Q_1」，「Q_2」，以及諸時空名詞。無論何時，一個名詞「Q_3」表示一個事物在某一方式（Q_2）【編註：應譯為「Q_3」】內有一種行動，而且此一行動係趨向某些情況（Q_1）【編註：應譯為「Q_2」】者，那麼我們就具有如上所述的形式之化約敘詞。如果在Q_1，Q_2，和Q_3之間有這種可化約的聯繫，那麼在生物學及心理學裡，於某些狀況中，便是應用了下列名詞：「就刺激Q_1而言，我們發現反應Q_2及Q_3【編註：應譯為「反應Q_2為Q_3的徵兆」】。」這種情形，與物理學中類似的情形，在基本上並無不同之處。不過，在物理學中，我們平常並不用「刺激」這樣的名詞。

對於一個名詞，可以不止一個決定方法。有時，我們知道某一名詞的幾個決定方法。例如，關於電流存在的決定，便是如此。我們可以藉著觀察導電體所產生的熱能來決定有電流存在；或者藉著觀察磁針發生的偏差動作來決定有電流存在；或者藉著觀察從一個電解物所分離出來的物體之分量來決定有電流存在；種種等等。這麼一來，「電流」這個名詞可以化約而為許多其他組名詞中的每一組名詞。既然電流不僅僅可以藉著測量溫度來測量；於是，反過來說，我們也可以藉著測量由熱一電源素所產生的電流來測量溫度。在一方面，電學中的諸名詞可以互相化約；在另一方面，熱學中的諸名詞也可以互相化約。同樣，電學名詞與磁學名詞也可以互相化約。

我們現在假定某一群人共同使用某一組名詞。他們之所以共同使用這一組名詞，也許只是由於應用這一組名詞時關於應用這一組名詞的條件彼此之間有一種實際上的契合瞭解，或係由於對規定一部分名詞底這類應用條件有明顯的規定。這樣一來，於是一個化約敘詞可將一個新名詞化約而為一組原來的名詞。這種方法，可以用作把一個新名詞介紹到該群人所用的語言之中去的方法。這種介紹新名詞的方法，可以保證新名詞底用法與該語言契合，如果某一語言中的每一名詞可以化約而成某一組名詞，那麼這一語言可以依據該一組名詞而建構起來。建構之法，係藉化約敘詞來一個接著一個地介紹新名詞（這裡所說的某一語言，可指科學語言中之一類語言。這一語言包括科學底某一支）。在這種情形之中，我們將一組基本名詞叫做該語言之一充足的化約基礎（a sufficient reduction basis）。

四、科學語言的統一

現在，我們要分析科學語言各部分底名詞之間有關可化約性的邏輯關係。在前面，我們已經將全部科學語言分成幾個部分。現在，我們可以對科學語言作另外的分類。這種分類就是把頭一種科學語言作橫截的劃分，我們把日常用語裡的許多名詞與狹義的科學名詞作一粗疏的區別。我們作這一劃分時，並不求精確。我們把日常用語裡的許多名詞之用法，是一種科學前期的用法。我們這樣應用名詞時，無需藉助於科學的程序。有一種次類語言是這種科學前期的語言（pre-scientific language）及物理語言之共同的部分。這種語言可以叫做物理的事物語言（physical thing-language）；或者，簡單地就叫做事物的語言（thing language）。我們知道，在這個世界上，諸可觀察的（無機的）事物是環繞著我們的。我們用來描寫這類事物之性質的語言，正是這種事物語言。像「熱」和「冷」這些名詞，可以視作是屬於事物語言的名詞；不過，我們必須弄清楚，這些名詞並不表示「溫度」。因爲，我們如要決定溫度，必須應用技術性的工具。復次，「重」和「輕」（而不是「重量」）；「紅」，「藍」等等；「大」，「小」，「厚」，「薄」等等，也是屬於事物語言的名詞。

以上所說的這些名詞所指謂的，是我們所說的一些可觀察的性質。這也就是說，這些名詞指謂著一些可藉直接觀察而決定的性質，我們將這些名詞叫做可觀察的事物謂詞（observable thing-predicates）。除了這些名詞以外，事物語言還包含著別的名詞，這是表述在某些條件之下一個事物有發生某一動作之傾向的名詞。例如，「有彈性的」，「可溶解的」，「可屈的」，「透明的」，「易碎的」，「可塑的」，種種等等。諸如此類底名詞可以叫做傾向謂詞（disposition-predicates）。這些名詞可以化約而成可觀察的事物謂詞。因爲，我們可藉可觀察的事物謂詞來記述實體條件和反應特徵。我們現在列舉一例以明關於「有彈性的」一詞之化約敘詞：「如果一個物體 x 延伸了以後在時間 t 又收縮起來，那麼：物體 x 在時間 t 是有彈性的，等於物體 x 在時間 t 是收縮的。」同樣，「展延的」、「弛鬆的」和「有接觸的」等名詞都可用可觀察的事物謂詞來界定。如果我們用這些謂詞作界定基礎，那麼我們可藉反覆說明底界說以及條件化約程序，更行介紹事物語言的每一其他名詞，例如，物體的指謂：「石」，「水」，「糖」；或者，諸變化程序底指謂，例如，「雨」，「火」等等。事物語言中的每個名詞，我們要加應用時，或係以直接的觀察爲基礎，或者是藉實驗之助。在作此項實驗時，我們知道那決定如何應用這些名詞的諸般條件和可能的結果是些什麼。

這樣一來，我們就容易知道，物理語言中的每一個名詞可以化約而爲事物語言，因而知道物理語言中的每一名詞最後也可以化約而爲可觀察的事物謂詞。舉例言之，站在科學的層界來說，我們拿「彈性之定量系數」一詞來代替事物語言中之「有彈性的」一詞。同樣，我們拿「溫度」這一定量名詞（quantitative term），來代替「冷」，「熱」之類底定性名詞（qualitative term）。在此一場合，我們保有物理學家藉以描述事物的一切名詞。這一切名詞，包括描敘事物之暫時的或永久的狀態之名詞，以及描敘事物變化程序的名詞。對於任何這類名詞，物理學家至少知道一種決定方法。物理學家不能讓他們所用的語言裡跑進無法藉觀察來決定其眞假的任何名詞。[11]這也就是說，物理學家要應用任何名詞時，必須知道這一名詞之決定方法。這種決定方法之組

11 譯註：一切知識如欲成為嚴格的理論知識，那麼都應滿足這一要求。在走向理論知識的途程上，物理學是佔先一步的。之所以如此，係因物理學的語言之用法乃一科學的用法。玄學語言，有時固美麗動神，但迄今仍在語言用法之

成，即是敘述我們所要著手安排的實驗程序，以及決定怎樣應用所提及的這個名詞。換句話說，這種決定方法對所要實施底實驗之組成形式之敘述及對由此而決定在考慮中的名詞之當否的可能實驗成果之敘述，即為此名詞之一個化約敘詞。有的時候，該名詞不能藉化約敘詞來直接化約而為事物謂詞；但是，可以首先化約而為別的科學名詞「甲」，依此法推進化約於名詞「乙」，再依此類推到「丙」，「丁」等等。但是，我們必須注意，像這樣的化約聯鎖，在任何情形之下，最後必須可用事物語言之謂詞表示出來；而且，更必須可用可觀察的事物謂詞表示出來。如其不然，我們便沒有方法依照所提到的觀察敘詞來決定所提到的物理名詞是否可以應用到某些特殊情形。

復次，就生物學而論，情形正復相同。我們在此以後行文所用「生物學」一詞，是依其較狹的意義的。就生物學裡的任何名詞而論，生物學家介紹這類名詞時，或應用這類名詞時，必須知道應用這類名詞的經驗斷準criteria。[12]當然，這一要求，只應用於我們在前面所曾解釋過的那種意義的生物學名詞。那種意義的生物學名詞，包括科學的生物學中所特別用到的一切名詞；但是，並不包括有時在生物哲學裡所用的某些名詞。例如，「整體」、「引特來希」（entelechy）等等。[13]也許，我們在記述一個名詞是否可用的「決擇標準」時，還需要用到一些生物名詞，碰到這種情形，我們可以首先把所提到的名詞化約而為這些生物名詞。但是，無論怎樣，我們所提到過的名詞至少必須可以間接地化約而成事物語言，並且最後可以化約而成可觀察的事物

科學前期的階段，所以不易決定其真，假，對，錯。

12 譯註：不然，包含這類名詞的語句之「真假值」（truth-value）無法決定。

13 譯註：經驗者並不是說，在原則上，這類名詞不可使用；而是說，這類名詞，如去掉神祕色彩，而有可經驗的所指與之相應，仍可保留。否則，只有廢棄，而代之以可經驗的名詞。

謂詞。因爲，在具體情況中，我們要決定某一名詞怎樣應用，最後還得以對具體事物之觀察爲依據，這也就是說，在具體情況中，我們要決定某一名詞怎樣運用，最後還得以藉事物語言組成的觀察敘詞（observation statements）爲依據。

爲了便於說明起見，我們現在拿「肌肉」這個名詞作例子。的確，生物學家知道在什麼條件之下有機體底某一部分是肌肉；如其不然，「肌肉」這個名詞不能在具體實例之下來應用。不過，我們現在碰到的問題：我們要表示這些條件，究竟需要那些別的名詞？我們知道，有機體內的有些功能乃肌肉底特徵。我們要瞭解肌肉，必須描寫這些機能。換句話說，我們必須組成某些定律，拿這些定律把肌肉活動之程序與肌肉所在的周遭聯繫起來，看二者之間有何關係。周遭變動底程序與肌肉內部變動底程序，用習見的名詞來說，就是刺激與反應。我們要對刺激與反應二者加以敘述的話，我們所用的敘述方式，必須是我們得以據之用觀察方法來決定二者之實況的敘述方式。雖然，「肌肉」一詞不能用事物語言來「界定」；但是，卻可「化約」而爲事物語言。依據相似的理由，我們容易指明生物學中在任何其他名詞之可化約性，這裡所說生物學底其他名詞，也許是指謂一種有機體的名詞，或者指謂有機體底某種部分的名詞，或是指謂有機體底某種變化程序的名詞。總而言之，不管所謂生物學的其他名詞是這三者之中的那一種，都是可以化約的。

直到現在爲止，我們所說的種種，可以表示如下：事物語言底名詞，甚至可觀察的事物謂詞之較狹的那一類，都足以作物理學和生物學二者底語言之基礎。（我們在這裡順便提一句，這些語言有許多化約基礎；不過，每一化約基礎比以上所說的諸類化約基礎的範圍狹小得多。）這麼一來，下面的問題就發生了：我們所說的那種化約基礎，即使對於整個科學語言而論，是否足夠作基礎呢？對於這個問題之積極的解答，有時叫做物理論（physicalism）。（物理論之首先組成，並非有關事物語言，而是以較廣的物理語言爲一充足基礎的。）如果物理論底論旨僅僅應用到生物學，那麼很難碰到任何嚴重的反對。但是，如果我們把物理論底論旨應用到心理學和社會科學（個人行爲學及社會行爲學），那麼光景就不同了。我們知道，有許多人對物理論提出反對的論調。不過，許多人反對的論調是由於對物理論不甚了了所致。既然如此，我們必須弄清物理論所說的是什麼，和它所不說的是什麼。

其次，我們所要問的問題，是我們可否將心理學底名詞化約而成生物學的語言，並且因而化約成事物語言。這個問題，與心理學中所用的各種方法之問題，有密切的關聯。在目前。心理學所用的方法，有生理學的方法，行爲學的方法，和內省方法。爲了說明這類方法起見，我們要對於這些方法加以討論。吾人須知，用生理學的方法來從事此一範圍以內的研究，是研究有機體中某些器官底功能，尤其是研究神經系統底功能。在這一場合，我們所用的名詞，或者屬於生物學，或者與生物學的名詞有密切的關聯。既然如此，我們很難懷疑這些名詞可以化約成生物語言底名詞和事物語言底名詞之可能性，至於從行爲學著手來研究這一範圍裡底題材，則可能有不同的門徑。如果從行爲學著手來研究的話，我們底研究也許限於有機體底外表行爲。這也就是說，我們用行爲學的方法研究的，是那些可被鄰近的其他有機體所觀察的動作，聲音，等等。或者，用這種方法，我們也可以說明有機體內部底變化程序。這麼一來，行爲學的研究與生理學的研究有一部分相同了。最後，有機體底周遭裡的事物，無論是被有機體所觀察或所處理的，或產生的，也都可加以研究。我們不難明瞭，如果知道了那用以決定一個名詞的行爲學底方法——如上稱的或與其有關聯的方法——那麼這個名詞便可以化約而成生物語言底名詞。這裡所謂的生物語言，包括事物語言在內。在前面已經說過，我們要製定那決定某一名詞如何應用的方法，乃是製定該名詞之化約敘詞。製定化約敘詞，可以不止用一種方法：我們可以取一個簡單的界說形式：也可以取一條件語句的形式。我們藉著化約敘詞，就可表明所用名詞可以化約爲描寫此方法時所用的名詞；這也就是說，可以化約而成實驗程序以及表出其特徵的結果。這樣一來，在使用行爲學的方法中，這些條件和結果，包括有機體中的生理變化程序，或者包括有機體及其周遭裡可觀察的變化程序，所以，這些條件和結果，可以藉著生物語言描寫出來。如果我們不從生理學上的門徑來研究上述的條件和結果，而是從純粹的行爲學的路徑來研究，那麼，我們要描寫那些足以表徵所用名詞的條件和結果時，在最大多數的情形之下，可以直接應用事物語言。所以，如用行爲學的方法來化約心理名詞，往往比用生理學的方法化約同樣的名詞來得比較簡便。

我們現在拿「發怒」這個名詞作爲例子。如果我們說「發怒」時，我們藉著對神經系統或別的器官作生理的解析而發現一個充足和必要的判斷標準，那麼我們就可藉生物語言來界定「發怒」這個名詞。如果我們藉著觀察外顯的和外在的行爲來決定這樣的一個判斷標準，那麼也就可以界定「發怒」一詞。但是，我們還不知道與發怒相干的生理標準爲何。一個人發怒時可能有的表情動作，並非決定他發怒的必須標準。因爲，一個眞有強固自制力的人可以抑制他底表情動作。果眞如此，至少就目前而論，「發怒」這個名詞，還不能藉生理語言來「界定」。雖然如此，「發怒」一詞卻可以「化約」而成生理名詞。如果我們洞悉某一行爲底變化程序，那麼我們就足夠製定一個化約語句。這一行爲底變化程序，可以使我們決定所研究的有機體是否發怒。這樣的變化程序，即使不能老是使我們能作這種決定，然而至少在適當情況之下可以助使我們作此項決定。而且，我們是確實知道這些程序；如其不然，我們便無法依據觀察來把「發怒」一詞應用到旁人身上。而在事實上，我們於日常生活中是常常這樣應用「發怒」一詞的；我們在對發怒作科學的研究時也常常這樣應用「發怒」一詞。當然，我們藉著這類程序來化約「發怒」一詞，或與之相似的其他名詞，確實比「界定」這類名詞之用處較少。之所以如此，因爲：一個界說對於所討論的名詞可給予一個完全的標準；而以條件形式表出的化約敘詞則只給我們以一個不完全的標準。這裡所謂「完全」的標準，意指不受條件限制的標準。但是，一個標準，無論是否有條件的，乃我們確定可化約性時之所最需要者。因此，在這一場合，我們所得結論如下：對於任何心理名詞，如果我們知道一個生理學的決定方法，或者知道一個行爲學的決定方法，那麼該名詞便可化約而成事物語言底名詞。

時至今日，吾人知道，在心理學中，除了生理學的研究法和行爲學的研究法以外，還有所謂內省法（introspective method）。關於內省法底有效性如何，使用底限度何在，以及是否必要，這些問題底性質，到現在依然很不清楚。這些問題，和與在生理學的方法上以及在行爲學的方法上相類似的問題比較起來，還需從長討論，直到目前爲止，大部分有關內省法的說法，尤其是出諸哲學家之口的那些說法，頗屬令人費解。但是「內省」一詞所意指的事實則不易爲任何人所否認。例如，一個人無需應用別人要測定他是否發怒時必須應用的任何程序，有時便可知道自己是在發怒。這也就是說，他用不著藉生理學的儀器之助來觀察他自己底神經系統所起的變化，也用不著觀察他自己底面部肌肉之活動，就可知道自己是在發怒。內省法在實際上究竟可靠到什麼程度，而且在理論上的效準如何，這些問題在此處可以存而不論。因爲，我們要討論可化約的問題，並不需要解答這些問題。在此，我們只要把下列情況指出就夠了。即是，在每種情況中，無論是否可用內省法，我們總是可用行爲學的方法。但是，我們對於這種說法的解釋必須小心。我們說「在每種情況中，無論是否可用內省法，我們總是可用行爲學的方法」，這話並不蘊涵「每一個心理變化程序都可藉行爲學的方法來確定」。我們在這裡所要研究的，並非一個一個的單獨的心理變化程序，例如某君昨晨曾發怒，而是成爲類別底種種心理變化程序。比方說，如果魯賓遜發怒，而且他在任何人來到他所住的那座荒島之前就死去了，那麼除了魯賓遜自己以外再也沒有人知道這一曾經發生過的單獨的發怒事件，但是，與此同類的發怒事件，在別人身上所發生的，假若環境有利的話，是可以用行爲學的方法來研究的，而且也是可以用行爲學的方法來確定的。（我們現在試舉一個比擬來說明此點。如果有一負電荷的雨滴落入大洋，而並沒人看見，或者附近也沒有適當的紀錄儀器來紀錄，那麼任何人也不知道此一雨滴曾負電荷。但是，同類雨滴之負電荷者可藉觀察方法在適當情境之下發現出來。）復次，爲了正確表明這一論旨，我們與其將這一論旨應用於各種各類底變化程序（例如，發怒），無寧應用於指謂這些種類底程序之名詞。這一分別，乍看起來，似乎瑣細而不足道；但是，在實際上，卻頗關重要。現在，我們完全不討論究竟是否有那些從來不能具有任何行爲徵兆的事件之問題。這也就是說，我們不討論是否有那些只可藉內省法才能知道的事件之問題，我們現在所要研究的是心理學的名詞，而不是事件底種類。對於任何心理學的名詞而言，例如「Q」，心理敘詞包括一個敘詞形式，而在此敘詞形式中用到這一名詞。例如，「某人……在某時間……有某一心理狀態Q。」這麼一來，我們藉著口述或用筆寫的一個敘詞「我現在（或者：我昨天）有某一心理狀態Q」，就是一個心理狀態之可觀察的徵兆。（例如，在適當情形之下，可信賴等等。）我們是把心理語言當作一種讓大家便於互通消息的互爲主體的語言。既然如此，在心理語言中，不能有指謂那不具任何爲行爲徵兆的心理狀況或事件的名詞存留。[14]因此，對於心理語言的任何名詞，我們必須用行爲學的方法決定。所以，像這一類底每一個名詞，都可以化約成事物語言底名詞。

有一類的物理名詞是藉著具有條件形式的化約敘詞所引介而成立的，如果我們將這類物理名詞與心理名詞相比擬，那麼心理名詞之邏輯的性質便可清楚明白了。物理名詞和心理名詞二者的各自指謂著一種狀態：這些狀態底特徵，雖藉著對某些反應程序所發生的傾向而表現出來。但狀態自狀態，反應程序自反應程序，兩者是不相同的。發怒的行爲，與發怒的有機體對其所在的環境裡的種種條件之反應不同。二者之不同，正猶之乎荷電狀況與吸引其他物體之程序不同。在這兩種情形中，即使這些事件不可從外部加以觀察，而這種物理和心

14 譯註：「互為主觀」（inter-subjective）。意即任一名詞或語句為不同的個體所應用與瞭解，並且對於不同的個體有同一效用：舊式的說法叫做「客觀」。但「客觀」一詞底意含混淆，且易予人以「有一理擺在那裡」的印象。這一印象，一旦實體化（reify），即走入玄學之途。因此，邏輯經驗論者棄「客觀」一詞而代之以「互為主觀」一詞。科學尤重互為主觀性之獲致。

理的狀態有時也會發生。「可觀察的心理事件是依某些定律由心理狀態而發生之後果」；因此，在適當情況之下，可以看作心理狀態之徵兆。但是，心理狀態之徵兆，並不等於心理狀態。

我們所要討論的最後一個範圍是社會科學，我們在這裡所說的社會科學，是取其廣義的用法；我們又把它叫做社會行爲學，關於這一方面底問題，我們無需在這裡作詳細的解析。因爲，我們容易知道，社會科學中每一名詞可以化約而成其他範圍裡的名詞。這麼一來，於是，我們對於一群人或別的有機體作任何研究，所研究得的結果，都可藉群體中之分子，他們間的相互關係，以及以這些分子對環境的關係，記述出來。所以，在社會科學場合裡，我們應用任何名詞所依據的條件，都可藉心理學，生物學，和物理學表示出來；當然也可以藉事物語言表示出來。在社會科學裡，有許多名詞甚至可以基於這些科學名詞來直接加以「界定」；至於其餘的名詞，則確乎可以「化約」而成這些科學底名詞。

的確，心理學中所用的許多名詞是指謂某種群體以內的某一行爲（或對行爲的傾向），如「望治」或對一個群體的某種態度，「害羞」，等等。爲了界定或化約這種名詞，我們需要一些用來描寫所說的群體的社會科學名詞。根據這一事實，我們可以知道，在心理學與社會科學之間，並沒有一條截然清楚的界線可劃；而且，在有些情形之下，我們不易確定，究竟是把某一名詞放在心理學的範圍裡好還是放在社會科學範圍裡好。然而，無論怎樣，像這樣的名詞也確乎可以化約而成事物語言底名詞。因爲，我們用來指謂一群有機體的每一名詞，可以化約而成指謂個別有機體的名詞。

依據我們在以上所作的一番解析，我們可以知道，一類可觀察的事物謂詞是整個科學語言化約底基礎；日常語言之認知的部分，也可在此基礎上予以化約。

五、科學定律底統一問題

我們在前面已經將各部門底名詞之間的關係討論過了。除此以外，我們尚有一種工作，即是分析科學諸定律之間的關係。依照我們在前面所討論的，我們可以知道，生物定律所包括的名詞，只有可化約而成爲物理名詞的名詞。這樣看來，科學有一種共同的語言，而生物學的定律和物理學的定律都屬於這種語言。既然生物學的定律和物理學的定律都屬於一種共同的語言；所以二者可作邏輯的比較，而且二者有邏輯的關聯。於是，我們可以問，生物學底某一定律是否與物理定律之系統相容，而且可以問生物學底這一定律是否可從物理定律推論出來。但是，這些問題不能從名詞之可化約性裡得到解答。[15]就科學發展底現階段而論，我們確乎不能從物理定律推演出生物定律。有些哲學家相信，我們永遠不能從物理定律推出生物定律。他們所持的理由是說，物理學和生物學二者底性質根本不同。不過，到目前爲止，這種看法確乎是沒有充分根據的。照我們看來，這個問題似乎是生機論（vitalism）底問題之核心——假若我們對生機論作科學性的探討的話。[16]最近，有許多人探討這個問題。不過，在這些討論之中，有些討論是與許多玄學的說法攪混在一起的。而這些玄學的說法則頗成問題。吾人須知，從某某語句可以推出某某語句底問題，乃是一個可推演性（derivability）底問題。這個問題底本身，自然是一個極其嚴重的科學問題。此一問題之解決，有待乎我們得到許多實驗研究之結果。除非我們所得到的實驗研究之結果比我們目前所得到的爲多，否則這個問題不易解決。同時，我們從物理定律逐步推

15　譯註：這是因為還得從實驗中求解答。

16　譯註：生機論是說，生命現象具有其自己特有的一種品質，因此而與生理化學（physio-chemistry）的現象大不相同。生機論者認為有機體底活動是由於所謂「生力」之活動使然。杜里舒（Driesch），柏格森（H. Bergson）等人主之。但是，這種說法，科學前期的意味太重，因此漸成科學史上的陳跡了。

演出較多的生物定律，這種努力，照已有的成績看來，乃一可使生物學的研究之結果極其豐富的趨向。所謂從物理定律推演出生物定律，用習見的說法表示出來就是：藉物理與化學之助來逐步解釋更多的有機體變化之程序。

正如我們在前面所討論過的，心理學和社會科學二者底範圍之關聯極其密切。因此，我們要將二者底定律加以清楚的劃分，比諸將二者所包含的名詞加以清楚的劃分還要困難。如果依據某種方法來把其中的定律加以劃分，那麼我們就可以看出，有時一個心理定律可從社會科學底定律推演出來，而有時社會科學底一個定律可以從心理定律推演出來。第一種情形底例子，乃解釋成人底行為者——例如，亞德勒（A. Adler）和弗洛德（Freud）底學說。解釋成人行為之法，乃藉他們童年時期在家庭或較大群體中之地位以說明之。第二種情形底例子，如，在經濟行為中，我們藉著供給減少而物價高漲時來說明買賣雙方底心理反應。顯然得很，在現在（學術的造詣），心理定律和社會科學底定律不能從生物學底定律和物理定律推演出來。可是，在另一方面，我們也不能根據任何科學的理由來假定這種推演在原則上不可能，而且永遠不可能。

依現況而論，科學底定律尚未統一。我們希望為全部科學構造一個融貫的系統。之所以如此，係為了科學未來的發展著想。我們不能舉出什麼理由來說這一目標不能實現。但是，自然，我們不知道這一目標是否終究可能實現。

然而，在另一方面，科學裡有「語言底統一」（unity of language）。這就是說，科學具有一個共同的語言基礎。我們根據這一共同的語言基礎，可以把一切科學中的名詞加以化約。這一共同的語言基礎是由一組極其狹窄但卻彼此融貫的物理的事物語言之名詞所形成的。誠然，以語言統一和定律統一相比，從所涉及的範圍言，前者遠不如後者之廣，從所發生效用言，前者亦不如後者之大。我們可以企望把諸科學定律組成一個統一的系統，並且朝著這個方向來一步一步地發展科學。之所以可能如此，係因科學已有一個統一的語言。除此以外，科學語言底統一，還具有最大的實用價值。科學定律之所以具有實用上的重要性，係因它能幫助我們預料事物之未來的演變。吾人須知，在許許多多情形之中，我們作預斷時，不只以一種科學知識作根據；而必須以許多部門底科學知識作根據。例如，製造汽車之事，就受到我們估計此車之銷數能有多大之影響。而汽車之銷數，乃係以購買者是否滿意和其經濟狀況來決定的。所以，我們要作汽車銷數之估計，就得把對於發動機的知識，瓦斯和震動對於人底有機體之影響，人們學習某種技能的能力，他們對於享受汽車所願意花費的錢有多少，社會一般經濟狀況底發展，種種等等因素的知識，合併在一起。這種知識所關涉者，乃屬於前述四個部門的特殊事實以及普遍定律。這種知識，有一部分是科學的知識，有一部分則屬常識。無論在個人生活與社會生活中，我們常常需要作許許多多的決定。我們要作這許許多多決定時，就需要作一預斷。我們所作的預斷，是以各種科學中有關具體事實和普遍定律之聯合的知識爲根據的。依據前面的解析，我們知道，如果科學各部門底名詞之間有一共同的融貫的化約基礎，那麼便可構成一邏輯的關聯，有些哲學家相信，科學底各部門在根本上是各不相同的。如果現在科學各不同部門底名詞之間並無邏輯的關聯，而是在根本上各不相同的，那麼我們便不能夠把科學各部門單獨的名詞和定律聯繫起來。既然如此，我們也就無法據之以作種種預斷。但是，如果科學語言統一了，這些目標便能達到。所以，科學語言底統一，乃理論知識之實際的應用之基礎。

參考文獻摘要

一、關於邏輯解析者

Camap, R., *Philosophy and Logical Syntax*, London, 1935. (Elementary)

——, *Logical Syntax of Language, London*, 1937. (Technical)

二、關於可化約性者

Camap, R., Testability and Meaning, *Philosophy of Science*, 3, 1936, and 4, 1937.

三、關於科學語言底統一及物理論者

Neurath及Camap所寫的文章載在《知識》（Erkenntnis），2，1932；3，933上，其中之一已譯為：Camap, *The Unity of Science*, London, 1934，關於心理學方面的論著有：Schlick，Hempel及Camap於一九三五年在《綜合》（*Revue de Synthèse*），10上所發表的文章。

——原載《現代學術季刊》，卷一期二（香港：一九五七年二月）

歷史解析底邏輯

納格爾（Ernest Nagel）原著
殷海光改作

本文原著者納格爾（Ernest Nagel）現在美國哥倫比亞大學教授哲學。他是科學底哲學創導人物之一。

照迄今流行的觀念說來，歷史與科學是在性質上根本不同的兩種學問，而且二者之間有著不可逾越的鴻溝。最大多數的歷史研究者受這一觀念底影響甚至支配，於是就決定著歷史研究底性質和方向。

科學研究底對象被看作是普遍的和可以再現的。而歷史研究底對象素來被看作是單一的和不可再現的。在這一認識之下，於是出現了兩個極端：一個極端是無想像的極端；另一個極端是超想像的極端。前者忙於尋找個別的史料；考證單一的史事。他們不大想到在歷史中有何通則可尋；甚至認為這不是歷史研究底正格事務。後者則將全部或一部歷史當作玄想底馳騁之場。他們認為「循環」或「揚抑」或「辯證」乃歷史發展底模態。於是而有所謂「歷史哲學」產生。納格爾認為歷史與科學固然有別，但二者底分別不若一般想像之甚。他說歷史必須預先假定許多通則。歷史研究所須預先假定的通則在基本性質上與自然科學並無不同之處。因而，歷史問題之處理必須可與自然科學之研究一致。固然，到現在為止，情感，社會狀況，人的缺點，價值判斷影響歷史解釋底客觀性；但是，這些因素底影響值不得鼓勵。歷史終究可走上客觀的科學道路。

本文有些地方經過節略；有些地方稍加引申；另外有些地方因欠妥當，已予修正。

——改作者

照亞里士多德說來，詩，正像理論科學一樣，比歷史要「較有哲學意味些，而且更爲重要些」。因爲，詩所說的乃普遍的東西；而歷史所說的乃特殊的東西。在許多人之間流行一項見解，以爲科學有兩種同類型的：一種是通則科學（nomothetic science）；另一種是紀事科學（idiographic science）。通則科學底目標，是要爲無窮無盡可以重現的事物建立抽象的普遍律則。紀事科學底目標在瞭解單一的和不可復現的事物。亞里士多德之言乃科學底這一劃分之可能的歷史根源。許多人以爲自然科學是通則科學；而歷史底任務既在記載事件，所以是紀事科學。因此，他們又認爲關於歷史解釋的邏輯和概念結構，與自然科學的解釋之邏輯和概念結構，二者在基本上是不相同的。這種說法是否正確呢？本文底目標是對這種說法以及與之相關的若干說法，加以考察。

一

我們隨便翻閱純自然科學的書籍和歷史書籍，就可以發現二者在表面上是有分別的。純自然科學底陳敘詞在形式方面是普遍的。普遍形式的陳敘詞即使對於特定事物和時空有所指涉，所指涉的也很少。可是，幾乎沒有例外，歷史的陳敘詞都是單稱的，並且充滿了特殊的名詞，時日，和地理上的標誌，所以，至少從這一方面來看，我們確乎可以說自然科學是通則科學，歷史是紀事科學，而且二者之間有許多相反的地方。

不過：如果我們因此就下結論說，單稱陳敘詞（singular statement）在理論科學中不起什麼作用，或者說我們研究歷史時用不著普遍律則，那麼便是重大的錯誤。[1] 我們必須知道，關於特殊事物及其變化程序之實際性質如何，不能單獨從普遍的陳敘詞裡推論出來，因爲，從普遍的陳敘詞，我們只能推演出普遍的陳敘詞。當我們企圖從自然科學說明任何特殊事象時，我們必須拿特定的經驗命辭作前題，或者列舉一些限制的條件來補助科學的理論和定律。在自然科學中有許多部門，例如地質和動物位緣學（animal ecology）。這些科學所研究的是各該系統底事物之時空分布與發展。這樣看來，無論是全部的自然科學或包含在自然科學裡的理論科學，都不能完全看作是通則性的科學。

我們研究歷史時所著重的，固然不是像理論科學中的普遍陳敘詞那樣的普遍陳敘詞；可是，如果我們底研究能夠開始並且繼續得下去，那麼必須以若干普遍陳敘詞爲根據，至少也得默不作聲地接受一些普遍陳敘詞。這樣的普遍陳敘詞與自然科學底普遍陳敘詞並無種類之不同。雖然，歷史家所研究的乃不可復現的和單一的事件，可是他在研究時不也不可能是將全部歷史整個一起都加研究，而是從他所研究的對象中選擇並且抽離出一些事件來研究。當歷史家說什麼事是單獨的特殊事件時，他必須用普遍的名詞來表示。歷史家從事這類工作時，必須能認識各種各樣類型底事物及發生的情況。既然如此，於是他們也就是默不作聲地承認了許許多多經驗事物之齊一性（empirical regularities）。復次，歷史家底工作之一方面，乃鑑定歷史文獻是否眞實，過去的記載之精確意義爲何，以及過去事件底證據是否可靠，種種等等。歷史家要能有效地從事這些研究，必須具備各種各類普遍原理之豐富的知識。這些知識係從自然科學與社會科學挪借得來的。因爲歷史家底目標往往不

---

[1] 譯註：肯定或否定某一特殊的陳敘詞叫做單稱陳敘詞。單稱陳敘詞底詞主常為一特殊名詞。例如，「拿破崙是一矮子」。

只替過去的事件編年而已，並且要藉因果關係來說明這些事件，所以他們必須假定大多數人承認的因果法則，這樣看來，歷史並非純粹的紀事科學。

雖然如此，我們不能因此就論斷理論科學與歷史科學二者毫無區別。理論科學與歷史科學之間仍有重要不同之處。理論科學，例如物理學，是要確立普遍陳敘詞和單稱陳敘詞。當物理學家在做這件工作時，他得應用從前已經建立起來了的這兩種陳敘詞。可是，歷史家底目標在論斷各個事件之發生及之間相互的關係，並且用單稱陳敘詞表示出來。雖然，這一工作只有假定並且應用普遍律則才能完成，但是歷史家並沒有將建立這些普遍律則的工作當作他底本格工作。歷史科學與理論科學之間的差別多少類似醫療術和生理學之間的差別；或者類似地質與物質之間的差別。一位地質學家要確定地質構成之前因後果，他得應用物理學中的某些定理或定律。作爲一個地質學家的人，他底任務並非建立力學定律或關於元素放射的定律，他只應用這些定律而已。同樣，作爲一個歷史家的人，雖然必須應用像因果律或自然齊一律這一類底普遍法則，但是他底任務並非建立此類法則，只是應用而已。

誠然，歷史研究之所涉及者爲單稱陳敘詞，並且確定各特殊之間的因果關係。可是，這一件事並不能證明一項流行的說法爲眞。這項流行的說法是說，在歷史解釋之邏輯結構和理論科學的解釋二者之間有著極大的差異。持此說者認爲理論科學底構成元素是「普遍概念」（general concepts）：歷史底構成元素是「個別概念」（individual concepts）。持此說者認爲在這兩種概念之間有一種可證明的形式差別（formal difference）。第一種概念顯然合於大家所熟知的一條邏輯原則。這條原則說，一個名詞底外範（extension）內涵（intension）底變化是互爲反比的：當一個名詞底外範擴大時，則其內涵減少。[2]但是，歷史中的個別概

2 譯註：在邏輯傳統中，認為外範與內涵成反比變化：外範增加，則內涵減少；內涵減少，則外範增加；外範減少，

念之情形與此完全相反。就歷史中的個別概念而論，其「範圍」所包含的愈多，則其「意義」愈爲豐富。例如，「法蘭西啓蒙運動」一詞不僅比「福爾泰底生活」一詞所包含的範圍廣，而且所含的內涵也豐富些。[3]

稍一解析，我們就可看出，這種說法簡直是由一種混亂所致。而這種混亂之所以產生，一部分的原因，係持此說者沒有清楚分辨「名詞底外範之間的『包含』關係」與「名詞所指事例及該事底構成要素之間的『全體與部分關係』」。「法蘭西啓蒙運動」一詞「包含」著「福爾泰底生活」一詞爲其「構成要素」之一。無疑，我們可以說前者比後者底「意義豐富」。但是，前者底外範並不包含後者底外範。[4]

二

有人說，歷史研究是從具體事件中選擇並抽離一些東西來研究。而且，歷史研究無論怎樣詳細，總不能將實際發生的事情完全列舉。這種說法係老生常談。不過，正因研究歷史時有這種選擇之自由，於是產生了許

則內涵增加；內涵增加，則外範減少。依據近人柯比（Irving M. Copi）底解析，這一條規律不能成立。請參看Irving M. Copi: *Introduction to Logic*, Macmillan Co. (1945).

3 原註：Rickert, H., *Die Grenzen der naturwissenschaftlichen Begriffsbildung*, Tuebingen: J. C. B. Mohr, 281 (1921).

4 譯註：這一實例足以表明邏輯解析技術之應用對於運思結果之真，假，對，錯有決定的作用。Rickert因未能作如Nagel所示的邏輯解析及由此解析所引起之形式的分辨（formal distinction），於是作了這一錯誤的論斷，尚不自知。世之不循邏輯途徑而逞思辨者，實際常為一般強烈的情感所推動，若黃河之水天上來，夾沙帶泥，一瀉莫遏。這種心理行為，似乎波瀾壯闊，而一究其實，則毫無建樹可言。因為，在運思歷程中，一個思想單元（thinking unit）沒有弄清楚或尚有問題時而不自覺，又悶著頭猛力前衝。……結果只是弄出一大堆謬誤叢集或放射情感的字句。作詩與致知是必須分開的。否則兩俱失之。

多籠統的問題。這麼一來，便給徹底的懷疑論者大開方便之門，徹底的懷疑論者懷疑到我們所作歷史的解釋有「客觀的」可能性。換句話說，徹底的懷疑論者懷疑我們所作的歷史解釋能夠成爲客觀可靠的眞理。這類說法底效準如何呢？我們現在要討論一下。

㈠我們必須注意到一項事實，就是，歷史家並沒有完全研究同一題材。無疑，在這個地球上，尚有許多事件未被歷史家注意。歷史家們所研究的範圍各不相同，這是由於什麼原因呢？復次，歷史家之所以尚未給歷史以一客觀的說明，是否因爲在一開始的時候他所選擇的問題太窄狹？

顯然得很，對於第一個問題，沒有一致的解答。因爲，在歷史的研究中，可以決定我們究竟研究那些問題的因素很多。但是，無論係出於何項因素，迄今並沒有顯著的理由使我們相信，在原則上，歷史研究得不到自然科學那樣的客觀性。對於第二個問題的解答，可見之於以後的說明。

另外有許多學人認爲，歷史家底工作有與自然科學家不同的地方。歷史家無可避免地要涉及「充滿了價值觀念」的題材。因此，一個事件演變底過程，只有在不能被別的事件所「替代」時，我們才能說它是「歷史的」。於是，有些人認爲，如果我們說研究歷史而可忽略價值關係，便是自欺之談。[5]同時，又有些人認爲「歷史是極具個人成分的」。因爲，「天上的星宿和地上的物質分子沒有愛與憎，而人則有。」[6]

照我們看來，除非我們隨意將「歷史」這個名詞再加定義，使之與上述的看法符合，否則上述的看法並無根據。固然，歷史也研究有價值的事件，卻不限於有價值的事件。例如，星宿底發展，生物底始原等等，通常也叫做「歷史的」研究。比較普遍地說，我們沒有任何理由來說歷史家所研究的事件在基本性質上與非歷史

5 原註：同註3，254。

6 原註：Nevins, A., *The Gateway to History*, New York: Appleton-Century, 29 (1938).

家所研究者不同。復次，即令歷史家所研究的充滿了價值的事情，我們不能因此就說歷史家本人必須分享其中的價值。如果我們以爲只有一個肥胖的牧牛郎才能放牧肥胖的牛，那麼眞是一項嚴重的錯誤。同樣，如果我們以爲我們不沉緬於道德的或美的價值之中就不能研究價值之條件與結果，這也是一項嚴重的錯誤。[7]有人認爲，因爲歷史只劃定有限的問題，而且只涉及我們所選的某些題材，所以歷史研究也許無可避免地要歪曲事實。如果這種說法是對的，那麼我們就得假定，除非我們知道每一事物，否則我們不能對任何事物具有適切的知識。這一看法是從一種哲學的主張裡衍生出來的。這種哲學主張說，一切關係含有「內在性」（internality）。這種哲學的主張是否正確呢？關於這種哲學的主張，我們在此只需提到一點。即是：如果這種哲學的主張之所言是可以成立的，那麼不僅人所已寫的每種歷史都是廢話，而且一切科學都是一文不值。普遍地說，一切解析的討論都是胡說。可是，就實際情形看來，歷史研究之所以是出於邏輯的，因爲它起源特定的和有限的問題。但是，這種情形並不使歷史家陷於惡劣的地位。這種情形之並不使歷史家陷於惡劣的地位，亦若不使其他科學之陷於惡劣的地位。然，其他的科學並未因分開說述事物而不令能獲得通常所謂客觀的眞理。歷史又何獨不然？

㈡依事實看來，歷史研究不僅在起點上受吾人選擇作用之支配，而且在解決問題的程序中也受選擇作用之支配。既然如此，於是有人說歷史的說明不能完全表露歷史底「全部眞相」。可是，也有人提出相反的看法。這一類底人說歷史研究之目標，並非將歷史事實從新創造出來。如果一個歷史家在研究一個特定的歷史問題

---

7 譯註：泛價值觀者常犯此類錯誤。將實在（reality）看成大「價值體系」者，其認知作用永爲價值判斷所阻障及歪曲，以致永遠不能逼近世界底眞相。戴起價值的眼鏡看世界，一切只有價值的或無價值的二種。世界底實際也沒有這麼簡單。科學研究底目標之一是要建立一個獨立於價值的知識界域。

時，他要說出「自從有人類以來在此地球上所說，所作，和所想的一切」，那麼這簡直是無謂之至的工作。我們研究歷史時必須有所選擇，否則我們將不知從何下手。[8]既有所選擇，於是研究之起點和終點就不能不受語意學的範限。

還有一種懷疑歷史解釋之客觀可能性者從知識底社會學作論斷之基礎。這種懷疑論又引起四種不同的看法。茲一一陳示於後：

㈠當吾人研究歷史所選擇的特殊問題，尤其是關於被若干人認作與自然對立的人事問題，無疑係受某一文化底性質所限制，有時且受在該文化中的研究者所處地位之限制。例如，在農業社會裡的人不大會關心商業問題；一個人之所以對勞工史發生興趣，也許與他所在的社會地位極有因果關係。固然，這種說法有根據，不

8 譯註：破「整體論」並不涵蘊破壞了整體，也不涵蘊維持了整體。形上學家所謂的「整體」究何所指，沒有人能說得出一個所以然來。如果所謂整體係事實底全體（totality of facts），那麼既沒有人能夠因破壞整體論而破壞，也沒有人能夠因維持整體而維持。指與所指只有語意的關聯並無因果關聯。依此，我們由破整體論得不出支離破碎之結論。何況「支離破碎」一詞既非一純記述名詞，更非一純邏輯名詞，而係附麗著價值判斷的情緒意含之名詞！在科學中，無所謂「整體大全」，也無所謂「支離破碎」。科學中有「類」（class）。類中可有「次類」（subclass），類與次類都是型構（formal construct）。型構底範圍之大小，有如照相之尺寸，胥視問題底指涉級距而定。這一指涉級距和語意的劃限（semantical circumscribing）是等範的（co-extensive）。

這種選擇的方法可醫籠統病。無條件地說「歷史」，「文化」，「理性」，「宇宙」，「人性」，……可以叫做「氈子名詞」（blanket terms）。我們動輒用氈子名詞，固然可以誘發「大哉乾元」一類的「宇宙之情」（cosmic feeling），但畢竟毫無所指，毫無所指的名詞不能用作解決任何問題的建構元素。在嚴格的知識裡不能有任何地位。在嚴格的知識或科學中，每一名詞底用法，必須有清晰的「指涉點」（point of reference）和「指涉架構」（frame of reference），關於這一個名詞底解釋，請參看本刊有關名詞的釐訂一欄。

過並不能決定地支持知識社會學的懷疑論。在事實上，研究者選擇題材時儘管各行其是，但其研究之結果還可以是客觀可靠的。

㈡知識社會學的懷疑論者說，在知識眞空之處不會有研究之事發生。每一研究者所有的知識和基本觀念大部分來自其所在的文化環境。誠然。但是僅僅如此，並不足使研究者一定得到某項結論而得不到別的結論。復次，在或多或少的程度以內，一個研究者所處社會地位與他所作價值判斷是有意無意地關聯著的。但是，這種關聯並不一定使他得到某一結論而排斥別的結論。研究者據以分析一個問題的先入概念（preconceptions）也許與一切社會價值的差異不相干；即令這個問題所關涉者乃人事，還可以不相干。就事實來看，對於社會科學以及自然科學中的許多問題，在不同出身的研究者之間可能有完全一致的意見。[9]

---

9 譯註：若干年在若干人之間流行一個語句「存在決定意識」。稍一分析，我們立刻發現這個語句底意義混含：

㈠如果所謂「存在」係指「世界之整全」，那麼「意識」也被包舉於「存在」之中。如「意識」被包舉於「存在」之中。則「存在決定意識」這個語句等於「存在決定存在」。如果「存在決定存在」看作一個套套絡基（tautology），那麼對於任何經驗內容無所論斷。對於任何經驗內容無所論斷的語句，沒有任何經驗的意義可言。沒有任何經驗的意義可言的語句，只是一個空虛的架子而言。

㈡如果所謂「存在」係指「經濟」，那麼「存在決定意識」這個語句等於「經濟決定意識」。「經濟決定意識」係一經驗語句。任何經驗語句皆屬「適然函數」（contingent function）。屬於適然函數的語句不必然為真；而係有時真，有時假。如果「決定」一詞與「獨一地決定」（uniquely determine）一詞同義，那麼「存在決定意識」這個語句顯然為假。

在㈠與㈡二種解釋之中，一般人所取的是那一種呢？他們自己似乎也不清楚。當著自己說的話之意義自己並不清楚時，那麼你底語言軀殼就成為執理甚堅者填以他所認為「絕對真理」的工具。他在你底語言軀殼內填以他所堅持的任何「真理」，你都不能抗拒。這是一種語言魔術。語意學大有助於揭破這種語言魔術。

在這個世界上，任何可名狀或可識別的因素，如不相對化（relativize），則無所謂重要或不重要。任何因素之重要

(三)知識社會學的懷疑論者說，在一個研究範圍裡，發生作用的「效準標準」與別的文化特色也有因果關聯。而其他的因素，如社會地位，階層和民族偏見，以及一般的世界觀，常常影響一個人接受什麼結論，而排斥其他的結論。這係常見的事。例如，做實驗工作時對於精確程度之要求至何地步，這與實驗所在的社會之技術水準相關。復次，偏見思想對於持批評的態度研究人事的歷史家永遠是一個挑戰。固然，我們不能完全消除偏見思想之影響，但是如果我們能夠找出偏見思想爲何發生的決定因素，那麼也有助於設法緩和這種思想。我們甚至可能改正偏見思想，並且得到那比較和證據相符的結論。當然，從事這類工作是很困難的，但並非不可能。

(四)有人說研究人事者之社會觀不僅對其研究會有影響，而且在邏輯上他底社會觀包含於他底效準觀念及其所作陳述詞底意義之中，但是，這種情形也不足以構成重大的災害。因爲，研究人事者如果具有相同的社會觀，並且應用相同的概念工具，那麼也可能獲致相同或相似的客觀結論，至於在不同的社會觀以內之研究人事者，則可藉「迂迴曲折」的方式來得到對人事之客觀可靠的解釋。當然，這裡得藉助於概念及命辭的傳譯工具。

在事實上，即令是最強調知識社會學的人也承認，人所作的許多論斷之眞假是可能與其所採取的社會觀之差異不相干的。數學及物理學等科學是最顯著的實例。既然如此，那麼，關於人事的論斷爲什麼也不可能如此

或不重要，繫於價值判斷，或情緒的好惡，或傳習的力量，種種等等。「經濟」，「性欲」，「觀念」，等等都可當作重要的因素來貫串歷史。然而，沒有其中任何一種是具有獨一決定力量的。習於從一種因素來系統地說明一切史實，這是初學思想之系統化者底一個很好的訓練。但是，持之過僵，塑成什麼「史觀」，則反成理知不夠成熟的標記。杜威把這類道理就得很清楚而有力。杜威是運作論底原基思想家。

呢？如果我們說「二匹馬底載重力約大於一匹馬」，那麼這一陳敘詞之爲眞與作此陳敘詞的人所處社會地位如何是毫不相干的。既然如此，如果有人說「二個工人底工作力約大於一個人」，那麼有何「內在的社會條件」使我們不能說這個陳敘詞之爲眞也與此人所處社會地位不相干呢？[10]

總括起來說：雖然歷史家在從事歷史研究時無疑多少受其選擇作用之影響，而且個人偏見和社會偏見往往使其判斷染上顏色，並且在或多或少的程度以內支配他究竟會接受什麼結論；可是這些因素一概不能阻止我們對歷史作客觀的解釋之可能性。

三

我們在上面將認爲「歷史不能有客觀可靠的解釋」之論調廓清了。顯然，僅僅廓清這種論調並不足以保證我們就能夠對歷史作可靠的解釋。廓清這種論調只是對歷史作可靠的解釋之一開路的工作而已。

我們要對歷史提出可靠的解釋，這項要求導向一個理想。這個理想就是要確定歷史現象發生之充足而又必要的條件。不過，這個理想是不太容易實現的。即令在充分發展的自然科學中，我們底解釋是否能夠滿足這個條件，常成問題。顯然，最大多數的歷史研究離此理想尚遠。因爲，在歷史研究中，全部的情境往往十分複雜，而且有許多因素尚未被我們發現。歷史家往往只攝取他們認爲「基本的」或「最重要的」因素；而常藉著「假定其他條件不變」這樣便利的成語來掩蓋他們所不知道的其他因子。

我們必須明瞭，如果我們依照我們所認爲「重要」的因素來解釋歷史，那麼我們底解釋難免有時是出於

10 譯註：以為不同的群體或階層各有不同的「真理」，乃「真理」一詞之特別的用法，同樣，以為不同的種族有各自底「真理」，乃「真理」一詞之私有的用法。真理是普遍的命辭。它不為任何特殊的人作特殊的服務。

「隨意定奪」的。因爲，「重要」與否，不是一個絕對概念，而係一相對概念。相對概念係受許多條件之制約的。一組不同的條件可以決定一個不同的相對概念。無論怎樣，我們提不出可證實據來證實某些因素是「重要的」，而別的因素是不重要的。自然科學並不需要將其解釋中的原因變數（causal variables）賦予任何相對的重要性：說何者重要；何者不重要。吾人須知，在原因變數之間，何者比較重要，何者比較不重要，這種分等級高下的看法，在自然科學中是沒有客觀根據的。在我們從事觀察時，如果只當某些條件實現了則某一現象也發生，那麼所有這些條件都是同等重要的，因而沒有任何條件可以認爲比其他條件更根本重要。

我們必須明瞭，最大多數歷史家並沒有將他們所謂的「重要」賦予確定的意義。於是，他們在這方面之所言只有修詞方面的意義。因此，我們從他們之所言也提鍊不出什麼清楚明白的經驗內容。雖然如此，爲了敘述的便利起見，研究者在不同的情境中常把不同的因素看作是重要的。例如，有人常說，家庭破裂比家境貧困爲少年墮落之「較爲重要」的原因；或者，缺少有訓練的工人比缺乏自然資源乃經濟落後之「較爲重要」的原因。許多人也以爲像這類底陳敘詞是否爲眞，乃不無可爭論之事；但是很少人能說像這樣的一些陳敘詞全無意義。

我們必須弄明白上面所說的所可表達的是什麼情形。在實際上，我們要說社會現象中那些因素比較重要，那些因素比較不重要，這個問題與各種各樣的意義是相關聯著的。在這各種各樣的意義之中，我們現在要試行將其中幾種分辨出來。如果A與B是現象C發生時所依據的二個特定因素，我們假定我們所要考察的陳敘詞具有形式「A是比B較爲重要的C之決定因素」。這也就是說，A是C底決定因素，B也是C底決定因素。但是，A之爲C底決定因素，比B之爲C底決定因素較爲重要。於是我們可以分析「比較重要」一詞於下：

㈠雖然A與B二者之聯合出現也許不足使C出現；但是A與B二者或爲C出現之所必須。因此，在一種意義之下，我們可以說A比B是C發生之較爲重要的決定因素。我們在此所說的一種意義就是：B中的變化之頻率較少；而且這種變化，就一切實際的目標而言，可以略而不論；但是，A如變化則C亦隨之變化，且A中的變化之頻率甚高。茲舉一例。假定「土人不喜洋人」和「需要經濟市場」二者乃某些國邦採取帝國主義政策之必須條件；又假定在該國邦中某一段時期排外心理無甚變化，而對國外市場之需要則增加。於是，我們可以說，需要國外市場一事對於帝國主義而言比土人排外「較為重要」。

㈡所謂「比較重要」一詞還有另一意義。我們再假定A與B二者乃C發生之所必須。但是，假定我們有某種方法來特指A，B，和C各別底變化之大小；而且，雖然三者在此種情形下的變化不能與在彼種情形下的變化比較，可是在每一細節以內的變化是可以比較的。我們更假定C中較大的變化與A中某種比例的變化相關聯：而且C與A的這一關聯較之C與B相同比例的變化之關聯要密切些。在這種情形裡，我們可以說A之為C底決定因素在地位上較B之為C底決定因素為「重要」。例如，假定煤炭供應和有訓練的工人二者對於工業生產皆屬重要。但是，如果百分之十的工人變動所引起的貨物產量之變化較百分之十的煤炭供應變動所引起的貨物產量之變化為大。這麼一來，我們就可以說，羅致有訓練的工人一事較之增加煤炭一事，對於貨物生產量之增加而言，是「比較重要」的決定因素。

㈢我們現在假定A與B二者之聯合出現對於C之發生並不必須。於是，C可以在A與Y出現的條件之下出現，或者在B和Z出現的條件下出現。此處Y和Z是尚未指出的決定因素。顯明地說，第一個條件B與Z出現的頻率較之其與A和Y出現的頻率比較為小。這種情況可以表示為：A比B為C之一個較為重要的決定因素。在這種情況之下，「比較重要」一詞與我們在上面所說的第一種意義相似。例如，我們假定汽車失事或係由於駕駛疏忽或係由於機件失靈；又假定機件失靈之頻率遠較駕駛疏忽之頻率為少。在這種情形之下，我們可以說駕駛疏忽比機件失靈乃汽車失事之較為重要的原因。

㈣我們又假定A與B之聯合作用並非C出現之所必須。假定當條件A出現而B未出現時C出現，而且C出現之相對頻率比如B出現而A未出現時爲大。在這種情形之下，我們有時可以下個論斷說：A乃比B爲C之一個較重要的決定因素。例如，家庭破裂之使兒童墮落，比經濟之使兒童墮落，爲一較重要的原因。這個例子常常用以說明來自破裂家庭的兒童墮落之相對頻率，較之出自家庭貧困的兒童墮落之相對頻率，要大得多之故。

㈤「比較重要」一詞在此還有一種意義。假定有一個理論T以A爲一個基本名詞並藉此一名詞之助而構造出來。又假定當著我們補助T以適切的基料，且此基料又指涉B時，T可以說明現象C。雖然我們藉T之助來指涉B時，對於說明C是根本重要的；可是當我們用T來說明C以外的現象時，指涉B並非常爲必要之事。同樣，因爲掉在T底範圍裡的現象之級距，較之與B相干的現象所包括者爲多，所以我們可以說A比B爲C之一個較爲重要的決定因素。掉在T底範圍裡的現象當然也是在A之應用級距以內的。有人認爲控制財富之生產與分配的種種社會關係，比之該一社會所承認的宗教和道德思想，爲該社會法治之一較基本的決定因素。這種說法，乃我們在此所說的「比較重要」一詞底意義之一例。

當然，「比較重要」一詞，除了上述五種意義以外，還有其他的意義，而且無疑我們還可以再列舉若干出來。不過，上述五種是最常見於有關人事的討論之中的幾種。我們在此列舉這幾種就夠了。就心理的歷程說，歷史家無論是否願意，他們在衡量一個因素是否重要時，常常不得不在暗中摸索。這種情形，與製定一個科學的假設類似。既然如此，於是什麼東西是歷史裡某一事件之主要的原因，這個問題在歷史家之間往往有極其相左的判斷。在實際的情形中，這一個歷史家底意見也許不見得比另一個歷史家底意見更有根據。在歷史研究範圍裡，這種缺點是否可以補救，還不得而知，實情既然如此，於是我們對歷史事件的解釋是否可靠持一合理的懷疑態度也是需要的。徹底的懷疑論勢必導向知識的虛無。完全的不懷疑一定導向知識的獨斷。合理的懷疑則是免於虛無和獨斷的安全辦法。什麼才是合理的懷疑呢？這只有求之於將我們底認知作用（cognitive function）常與經驗底輻輳點（point of convergence of experiences）密切接觸中。

無疑，在歷史研究底範圍中最基本的困難，是我們現在尚未得到大家普遍接受的，可明顯表示出來的，而且包含廣涉的一個理論架構。我們有了這樣的一個架構，然後才能用以衡量我們隨意定立的任何假設之證據，以便將我們底假設與他人底假設加以比較，直到現在爲止，我們關於歷史事實所作的若干判斷只是在混含瞭解的基礎之上構成的。當我們以缺乏標準的邏輯律則來衡量一個證據究可支持一個結論至何程度時，如果我們所作結論互相衝突，那麼這就表示我們所作結論多少有隨意定奪的成分攙雜其間。既然如此，於是沒有一個結論可以說是居於決定地位的。這可以說是歷史研究底一個死角。歷史家想要將歷史帶著走上確定的知識之途，必須儘可能地減少這一個死角。

幸喜得很，關於一個陳敘詞底證據之力量爲何大家底意見很不一致，但是關於許多假設之爲眞的相對概然率（relative probability），在許多對於相干的事實有經驗的人之間，還是可能有基本相同的意見。既然可能有基本相同的意見，這就表示當我們對歷史事件提出解釋時，縱然缺乏明顯列出的邏輯形式，可是在我們許多未曾明顯列出思考習慣裡也含有在事實上可靠的推演原則。同樣，雖然我們常有切當的理由來懷疑歷史事件藉因果關係解釋是否可靠，但是我們也沒有理由持全面的懷疑態度。全面的懷疑態度是全面的獨斷態度之反轉。眞正的知識完成於對經驗的摸索之中。[11]

——原載：《現代學術季刊》，卷一期一（香港：一九五六年十一月）

11 譯註：如果讀者對於本節感到煩難，那麼請讀E. Nagel: *Principles of the Theory of Probability*.

不要本體論的邏輯：邏輯運作與科學建構

納格爾（Ernest Nagel）原著

吾人所居住的世界顯出有種種周期性和規律性。這一事實，往往爲詩人，哲學家，和實務人物所稱□□慶幸。可是，我們找不到任何可明指的證據來證明，這些周期性和規律性會無限地延續下去；或者肯定這些周期性和規律性的命辭是必然的命辭。果如許多哲學家所言，科學知識底眞正目標是獲致那些具有先驗效準（validation）的原理原則，那末科學底歷史及其方法之解析便可爲我們提供充分的證據來證明，沒有一種自然科學已經達到這一目標。的確，到現在，很少實驗性與科學底科學家相信有既具邏輯的必然性又有經驗的內容原理原則。

關於那些常常應用於可靠的研究場合裡的各種各樣邏輯和數學原理原則之地位爲何，這一問題，即令是在終身研究者之間，也沒有普遍一致的看法。的確，自然的結構即令是有的話，我們也不易確定像這樣的命辭所表示的是那些自然的結構；而且有時還是難得清楚明白地表現這些命辭所依據的基礎是什麼。無論怎樣，公認的自然論者之間的許多尖銳的劃分是圍繞著對這些原理原則之不同的解釋而行的：所謂「思考律」，算數底基本假設，或幾何學底公理。例如，自然論底古典形式之一是說，勿矛盾律乃一必然的眞理。這一眞理所描述的是每一實際的和可能的事物之極限的結構。另一種形式的自然論把勿矛盾律看作一個適然的結論。這個結論雖然是適然的，不過很可信賴。這個結論是以對自然作經驗的研究爲根據的。第三種自然論者認爲這個原理缺少事實的內容，並且是爲構作符號系統而隨意特造出來的原理。自然論者在解釋比較複雜和深奧的數學意念時也產生種種類似的紛歧意見。

在這些自認爲自然論者之間的這些紛歧意見，並非自然論者底尷尬之源。因爲，自然論並非一個緊湊地整合了的哲學系統。也許，將各種各樣的自然思想聯繫起來的唯一帶子是一種心理脾味（temper）。這種心理脾味就是好藉可視辨事物底行爲來了解事件之流變。可是，每一種自然論的哲學必須與其自己底基本假設一致。如果自然論者自□專門接受各種各樣經驗科學所應用的方法，用這些方法來獲致關於世界的知識，那末他就不能自相一致地爲自然論者具有一種先驗的透察能力（insight）來透察事物最普遍（pervasive）的結構。如果自然論者要能融通（coherent）□□而又適當地說明我們用來獲致科學知識的各種各樣的原理原則，那末自然論者就不能說這些原理原則都是經驗的推廣。因爲，在我們用來獲致科學知識的各種各樣的原理原則之中，有些原理原則是不能藉實驗來推翻的。而且如果我們承認邏輯的原理原則在某些系絡裡——即在研究裡——具有可識別功用，那末我們就不能毫無矛盾地說，這些原理原則是完全隨意定奪的。之所以如此，理由很簡單，因爲□，如果我們把這些原理原則與某些系絡隔離起的話，那末這些原理原則便缺少事實的內容。

當我們將邏輯與數學應用於特定的場合時（in identifiable ways），雖然無論怎樣難於詳細確定應用的方法（ways），總沒有人能夠當眞地懷疑我們能夠將邏輯與數學作同等的使用。既然如此，我們藉著在那些場合與邏輯數學的概念及原理原則相關聯的種種運作來了解邏輯數學的概念及原理之重要作用，而不從所謂「終極意義」來解釋這些東西，這不是似乎很合理麼？這就是本文底觀點。在以下，我們首先要指出對於邏輯的原理原則作某些非運作的解釋之困難與瑣碎無用。其次，我們要討論對於邏輯之某種自然論的但卻狹義經驗的看法。最後，我們要撮述對少數邏輯與數學意念之運作的解釋。無論怎樣，本文所說的只是一個大綱，並且所做解析俱極平常。本文唯一的目標係提出一個合理的展望，使大家看出在科學研究的場合裡我們可以把邏輯數學底性質和作用弄清楚，而無需把它看作一種實體；並且我們提示一點，即自然論如果要免於玄思幻想同時採取一澈底的運作看法的話，那末即足顯示現代數理實驗科學底脾味。

一

㈠亞里士多德相信有許多原理原則「對於每個事物有效」，所以這些原理原則屬於把存在的事物當作存在的事物來研究的科學。在這些原理原則中，亞里士多德將某些列舉出來當作邏輯的公理。照亞里士多德看來，這些原理原則是必然的眞理，而不能看作是假設。因爲，「每個知道有關存在的任何事物的人所必須具有的一個原理原則便不是一個假設。」像這樣的一個原理原則是說「同一屬性在同一時間及同一方面不能既屬於同一主體又不屬於同一主體。」

亞里士多德在製造這一原理原則時加了一條限制，即是「在同一方面」。這一條限制是重要的。因爲，有了這一條限制，我們就能將這一原理原則建立起來，免受一切攻擊。假若有人攻擊這一原理原則，而且他攻擊這一原理原則時所持的理由是說，一枚錢幣看起來既是圓的又是非圓的。我們對於這一攻擊之標準的答覆是說，這枚錢幣當著從幣面垂直的方向看時是圓形的，當著從側面看時是非圓形的。因此，我們不能說有不同的形狀「在同一方面」出現。於是，這一原理原則並未因之倒臺。但是，如果有人進一步追問，要求我們對於所謂「在同一方面」作不模稜兩可的清楚劃分，那末防護這一原理原則而且把這一原理原則視爲一個本體論的眞理者勢必陷於困境，而無法作出必要的劃分。因爲，他勢必認爲，如果我們首先特舉出「方面」，那末我們總是能夠在這一方面□找出明顯爲違犯這一原理原則的情形。[1]

1 譯註：這樣一來，問題就挪到何謂「表面」上去了。玄學家論事，大抵類此。

例如，假定所謂「同一方面」是從與幣面垂直的方向來觀察此一錢幣。此一錢幣則成三十度的角度，又成六十度之角度。對於這種幾何形勢，顯然易見和適當的答覆是說：「但是兩種角度與錢幣的距離不相等」。可是，這一原理原則只有在我們對於「同一方面」一詞加以新的限制時才能成立。不過，在這種情形之下，辯護這一原理原則者已經把所謂「同一方面」之原來特定的意義變更了。自然，當著我們適當地特舉一種屬性來發現一組條件時，這是可能的。在這一組條件之下，一個事物不能既有一種屬性又沒有這種屬性。不過，眞正嚴重之點是，我們在特舉屬性與條件二者時，這一原則是用來當作一個標準的。我們用此標準來決定我們對此屬性之特舉是否適當，以及那些條件在事實上是否夠具決定性。因爲，我們應用「同一方面」一詞時所採取的是這種隨說隨移的方式，所以「同一方面」一詞不能付諸眞實的檢證。因爲，如果有的論據足以打破我們所要檢證的這一原則，那末維護這一原則的人便認爲這一論據是不足採信的。簡括地說，只有「合於這一原則」這一條件才是我們把某個方面看作是「同一方面」的條件。

在亞里士多德所說的這一原則中，還包含著「同一屬性」，「屬於」，和「不屬於」這些字樣。我們對於「同一方面」一詞所作的解析，也可應用於這些字樣。矛盾原理是顚撲不破的。因爲屬性之「相同」或「相異」乃藉屬性是否合於這一原理而定的。同樣，將這一原理解釋爲一個本體論眞理的人忽略了一點，即未把這一原則底功用看作一個定範或控導原則，我們依此原則來做種種區別，並且建立適當的語言用法。如果我們認爲這一原理原則能夠記述從前決定的「事實」或「屬性」之結構，那末便是把對此原則之應用轉換成應用底條件。所以，亞里士多德底看法是對這條邏輯原則底功用之沒來由的和不相干的解釋。

(二)比較晚近的時候，也有人主張對邏輯的原理原則作元學的解釋，這樣底人把邏輯關係看作一切可能世界底不變項。萊布尼茲也持此種看法。依照持此看法的一位有影響力的先驅者看來，「純邏輯和純數學之目的在求對於一切可能的世界爲眞，不僅是對此紊亂的世界爲眞而已。在此紊亂的世界裡，吾人受機遇之禁錮。」依照這種解釋說來，理性是深入一切事物之核心和不變的要素之一種研究。這裡所說的事物，包括現實的事物和可能的事物：「數學把我們帶進絕對必然的界域裡去。不僅是現實的世界必須合於數學，而且每一可能的世界也必須合於數學。」另外一種說法是說，邏輯乃一切科學中最普遍的：「邏輯規律乃運作規律或形變規律。一切可能的事物，無論是物理的，心理的，中性的，或複雜的，都可依之而聯合起來。所以，邏輯底功用乃發現最普遍抽象的可能性之範圍。」依照這種看法說來，邏輯的原理原則乃關於「存在的原理原則」，也是「推論原則」。邏輯的原理原則製定事物之最普通的性質。這些原理原則可以普遍應用，並且可以表示一切存在的事物之極限的和必然的結構。

以上的徵引還需要作些說明。

1.當著我們說邏輯的原理原則對於「一切可能的世界」有效時，我們所說「可能的」這一形容詞底意義是什麼？此處的困難之點在於確定，如果不用邏輯的原理原則作爲定然的特舉方法，那末是否能夠特舉「可能的世界」。因爲，如果所謂「可能的世界」就是合於邏輯的原理原則之世界，那末我們現在所討論的看法所說的無非是說：邏輯的原理原則之題材就是那合於邏輯的原理原則之任何題材。在這一情形之下，沒有「可能的世界」不是合於邏輯的原理原則的。因爲，依假設而論，凡不合於邏輯的原理原則的任何事物，便不是一個可能的世界。

這裡所包含的論點是很基本的，我們必須用另一種方式來說明它。假定有任何一組抽象的設準E。比如說，E是希伯特（Hilbert）所作歐幾理德幾何學底一組設準。這一組設準包括未經解釋的名詞P，L，和N。顯然，當這些名詞爲眞時，我們要問E是否爲眞，這個問題是無關緊要的。但是，如果L是用來指謂光線底通路；P是用來指謂兩條光源之相交；N是用來指謂藉任何兩個相交的通路在另一方式之下決定的平面，那末，物理的實驗對於決定E之眞或假便屬相干。不過，只有當著我們不只把光線底通路當作滿足那包含在E中的形式條件的東西，而把它當作形式條件以外的東西時，我們才能舉行實驗的研究。因爲，如果沒有另一種測驗光線是否同一的方法，那末我們便不能確定一個特殊的物理形態是否就是這樣的一個通路，而無需首先確立這一物理的形態合於對E之潛在的特舉。這也就是說，在此情形之下，我們無需首先爲這一物理的形態而確定E爲眞。同樣，因爲依據界說凡不滿足E底條件者便不能爲光線底通路，於是，E對於光線底一切通路是否爲眞之問題，不是藉實驗來解決的問題。所以，顯然，一組原理原則是否爲眞的問題，如果是一經驗的問題，那末其題材必須能藉其他徵性來證實，而非藉滿足那些原理原則的徵性來證實。

我們現在將上面的考慮應用於這一公式：「不是P與非P二者爲眞」。如果這一公式只是在某一未經解釋的符號系統以內的公式，那末這一公式是否在「一切可能的世界」之內爲眞的問題不能發生。在另一方面，如果構成這一公式的符號已經給予某種解釋，那末我們要從這一表達「必然眞理」的公式推演何項結論時，就得特別小心。例如，假定字母「P」是用來指謂任何「命辭」，而且這一公式中的其他記號則賦予尋常的意義，於是這一公式就表示勿矛盾原理。但是，其結果，或者尚有其他方式證實一個命辭，或者沒有。這裡所說其他方式，是與一個標準不同的。這個標準規定合於此公式的任何語言形式即是一個命辭。在第一種情形之下，我們說這個公式對於一切命辭有效時，這種說法乃一陳敘詞。這一陳敘詞與經驗科學中的普遍假設是嚴格類似的。這種說法底證據雖然是重要的，可是只是一部分的，而且在任何情形之下我們沒有理由把這個公式看作是必然的眞理。在第二種情形之下，這種說法是對命辭之一隱伏的界說。勿矛盾原理是一必然的眞理。因爲，凡不合於這一原理者便不能爲一命辭。這樣看來，把邏輯看成是一切可能的世界之科學，這種看法有基本的歧義。如果我們肯定一個「可能的世界」之唯一的方法乃係以其與邏輯律則相合爲根據，那末邏輯便確乎爲一切可能的世界之科學。但是，這種看法不過是一種錯誤的看法而已。這種看法將邏輯的原理原則當作設準，邏輯的原理原則界定所謂「討論底一致」是什麼。這一錯誤的看法是將這種事實誤導了。

2. 我們需要討論的第二點是說，邏輯的原理原則表示一切事物之限制的和必要的結構。如果我們應用邏輯的原理原則之範圍與實際應用到的範圍相等，那末這種看法便無法正式說明。因爲，在這種情形之下，並非事物及其實際關係在邏輯上是彼此一致的或矛盾的，而是表達事物及其實際關係的諸陳敘詞彼此間在邏輯上一致或矛盾。而且，只以後者才與勿矛盾原理之類的邏輯原理相干，沒有人會不承認「我寫字的這張桌子是棕色的」和「我寫字的這張桌子是白的」這兩個陳敘詞是互不一致的。不過依照我們現在所討論的看法而論，我們不能拿這種互不一致的形容詞來描狀兩個「事實」，「事狀」，或「對象」。因爲，如果這樣做，那就違反我們現在所討論的看法。同樣，所謂「互不一致」只能放在討論界域裡，放在諸陳敘詞之間，而不能直接放在一般事物裡。

邏輯的原理原則雖然適用於討論界域裡，但並不因此而能形變和合併一切可能的事物。的確，邏輯規律不是對於事物的運作律。比較認眞地說來，把邏輯的原理原則解釋成不變的元學常項，係對邏輯的原理原則之實際的作用之額外的裝飾。[2]

關於邏輯的原理原則之正格的用途，我們要在以後加以比較清楚的說明。

2 譯註：這話可謂道出要害。除此之外，玄學家之所以樂此不疲者，係為了滿足其天真的好奇心。

二

具有經驗頭腦的自然論者，相信關於事實的命辭必須藉感覺的觀察來支持；但是，他們又相信，邏輯的原理原則具有事實的內容。然而，他們卻不易說明邏輯的原理原則底普遍性和必然性。傳統經驗論者和現代經驗論者所廣泛接受的對邏輯原理原則的解釋是說，邏輯的原理原則是關於心靈和事物底特點之假設。而這些假設是以從經驗出發的歸納論證爲根據的。

比較新近的哲學家中之爲經驗哲學而辯護的人，雖然拒絕穆勒底心理原子論（psychological atomism）和感覺論（sensationalism），可是往往也和穆勒一樣，把邏輯的原理原則看作歸納的眞理。下面所引的，是這種看法之直截了當的陳述：

> 邏輯的效準是依據於自然的事實上的。……當著我們懷疑一個論證之邏輯的效準時，只有一種方法來檢證。如果這一類底論證是從在實質上為真的前題推出在實質上為真的結論，那末這一類底論證便是有效的；如其不然，便是無效的。……這種對於邏輯的看法是老老實實的經驗的看法。這種看法所須面對的難題是，它能否說明邏輯推論之形式的性質。我們對於邏輯所採取的實驗的假設可以告訴我們，那些由過去的知識而獲致的推論程序顯示某種不變的秩序，這種秩序之玄學的相關性必須求之於存在的事物之系列徵性（serial characters）裡。……邏輯底規律是不能被否證的。但是邏輯底規律也可以變得無用和無意義。關於這種情形之何以致此，我們不能道出其蓋然率，但是我們能夠思議，所謂邏輯底先驗律可不能促使我們組織我們底經驗。這就是這些規律之所以不是形式的或空虛的之理由。這也就是這些規律告訴我們關於實在世界的許多事物之理

由。這也就是我們能夠說我們每次愈將邏輯應用於存在的事物，便愈是在經驗上證實邏輯規律不變之理由。

這種對於邏輯的原理原則之解釋，對於經驗的自然論者是很富於吸引力的。雖然如此，這種解釋有其不可踰越的種種困難。這些困難之所以產生，主要地係由於作這種解釋的人誤解了經驗的或科學的方法。

㈠有一派的哲學家說，邏輯的原理原則所型定者乃「思想底內在固有的必然性」，並且是心靈活動之推廣了的記述。這種說法之錯誤，是幾乎不用反駁的。有的時候，一個人信持在邏輯上互不相容的若干命辭。我們要求合於勿矛盾原理，這是我們心理方面的一普遍的要求。可是，如果有人信持在邏輯上互不相容的命辭，那末便使得我們底這一要求成為無意義之舉。復次，如果邏輯的原理原則是人理行動之眞實的記述，那末邏輯的原理原則一定是可以然而不必然的眞理。這樣的眞理是可藉人所作的觀察來推翻的。但是，在這種情形裡，大家所承認的邏輯必然性，雖說其反面為「不可置信者」，我們仍然無以說明。

㈡我們在這裡所徵引的看法是說，為邏輯所准許的一種推論只能藉經驗的論證建立起來。此項經驗的論證表明，這種推論往往從在實質上為眞的前題得出在實質上為眞的結論。自然，我們必須承認，我們往往把一個有效的推論界定為一從眞的前題不變地產生眞的結論之推論。但是，我們不能因此說，一個推論可以藉此方法而變得有效。例如，設「A」與「如A則B」皆為眞的陳敘詞，於是依據大家習知的肯定前項式（ponendo ponens）規律，我們可以推論「B」為眞。我們現在設想在事實上「B」是假的，而且有人迫著我們放棄這條規律，不把這條規律當作一個普遍的邏輯原則，像這樣的一種想像難道不是一個怪誕的想法而且是由於誤解所生麼？

採取這種看法的人往往宣稱，在把邏輯的原理原則解釋成經驗的假設時，他們替邏輯作辯護。他們替邏輯作辯護時，是藉著那在最高級的自然科學中所應用的種種程序和適當底標準來進行的。所以，我們必須注意，在科學史中我們找不到一個例子來證明邏輯的原理原則之效準是藉經驗來建立的。如果從前題推出的結論我們相信它是眞的但卻與經驗事實不一致，那末這種情形是否至堪注意？在這種情形之下，我們是否可以說邏輯的原理原則因得不到經驗事實的保證而必須放棄呢？的確，前述藉經驗來建立邏輯的原理原則之效準的方法是否能在任何典型的科學研究中運用，這並不顯著。因爲，科學裡所應用的最大多數前題之爲眞，除非由此諸前題所推論出來的結論亦爲眞，否則不能成立。[3]例如，牛頓力學底原理，是許多物理學的研究項目之前題，除非我們首先發現這些原理所涵蘊的東西是什麼，否則我們不能說這些原理是可以成立的。依此，我們可以說在「事物之系列性質」中無需去尋覓與邏輯的原理原則相應的「形上學的相關項」。而且，如果邏輯的原理原則之作用不是關於事實的假設，如果邏輯的原理原則不是因其合於「自然界底某些不變的結構」和函數，那末我們說「我們愈是把邏輯應用於存在的事物，愈是在經驗上證實邏輯之不變性」這話底意義不清楚。吾人須知，邏輯的原理原則與事件之流變所可表現的任何秩序都相容。如果邏輯的原理原則需要修正，那末其需要修正的理由不在自然科學底題材裡，而需求之於他處。[4]

㈢縱然對於邏輯之經驗論的解釋乃與科學方法密切相關，且爲一健全的研究技術；可是這種解釋仍係以對於科學方法中所含有的一不正確的概念爲根據的。確實，主張這種經驗論的解釋者明顯地反對穆勒底心理原子論，可是他們自己對於科學概念底形成也往往看得太簡單。在此，有兩點是相互密切關聯著的，我們要加以

3 譯註：因為，如果前項真則後項必真，但如後項假則前項亦必被推翻。例如，如果X是一等邊三角形，則X為一等角三角形；但如X不是一等角三角形，則X是一等邊三角形便為假。

4 譯註：求之於系統建構，求之於語法。

簡略的討論：第一點是關於許多經驗的自然論者所明顯或默然地假定的有意義的討論之狹義的標準。第二點是經驗的自然論者在研究歷程中對所主張的符號語言底作用之不正確的看法。

1. 有人常常說，只有在陳敘詞表示事物與性質之可直接觀察的性質，或可以在不使意義走樣的條件之下翻譯成這樣的陳敘詞時，理論科學才可以看作是有意義的。換言之，每一有意義的陳敘詞必須包含那指謂簡單的，可直接經驗的性質和關係；或者是由指謂這些簡單的性質和關係之名詞複合起來而構成的。偶然也有人說，即令是虛妄的假設，也是有意義的。因爲這樣的假設表示某一可被實際觀察的情境之結構。而這一假設之所以虛妄，係因它把這一結構誤置於一個情境之上。因爲相似的邏輯和數學的原理原則似乎是顯然重要的，而且其通常的型定方式實際是關於事物底性質彼此間的關係。所以，如果我們把這些原理原則解釋成經驗的假設，那末這一假設有時是從這一普遍的看法裡推論出來的系論（corollary）。

不用說，這一個意義標準是不適當的。如果我們處處引用這一意義標準，那末各種科學裡最大多數的理論殆將成爲無意義的；而且，接受這一意義標準的人幾乎會排斥一切普遍的陳敘詞，認爲這些陳敘詞不表示「眞實的命辭」。之所以如此，這有幾個理由：第一，理論的命辭具有無限制的普遍形式，我們不能由此形式得知直接的觀察之結果爲何。第二，有許多理論的陳敘詞包含著一些名詞，例如，「質點」，「光波」，等等。這些名詞並不指謂可直按觀察的事物。況且，我們確乎找下出證據來證明每一假的假設都可能變成眞的。

2. 在科學的研究中，如果我們低估思考之建設性的作用，那末其結果並不比忽略符號的運用爲佳。理論的系統愈是廣含與整合，則愈加需要符號的運用。尤其是在現代科學底理論中，所用的符號往往並不指謂可直接經驗的事物。在這些理論中，除非廣泛地藉應用符號的形變之助，否則我們不能知道概念構造之直接的經驗意義。同樣，任何陳敘詞如果脫離了符號的系統，那末我們就無法衡量它底經驗效準。在圖畫式的思想背景中，我們也無法保證一個孤立的概念是否合用。但是，既然符號的運用在科學的研究中日益不可或缺，於是構作並且擴張符號系統之事在科學理論中日益迫切需要。

在科學的研究中，我們雖然舉行一序列底符號演算，可是同時也可以追溯出事物之間的實際聯繫。所以，在某種形態之下，符號形變底型模反映我們所研究的題材之結構。理論由之而構造出來的以及知識藉之而整合的特定模式只是部分地為經驗事實所決定著的。除了經驗事實以外，各種各樣的範型或理想也支配著科學研究底方向和理論底貫通。這裡所說的範型或理想，例如要求某種程度的精確性，要求思考上的經濟，要求記號方面的便利，或者要求某種廣含性。所以，許多符號的構造和運作是支配有系統的科學研究標準之索引，不只是實驗結果之指標而已。傳統的經驗論者往往只尋找科學理論在感覺方面的保證。這種看法容易使人忽略組成科學理論時所需符號的構造與運用。

三

以上的討論主要地是從消極方面出發的。除此之外，我們現在要對於某些邏輯和數學的意念提出另一種解釋。我們在此並不想對邏輯和數學作有系統的說明，只想簡單地考核少數邏輯的原理原則和數學名詞。不過，即令是這樣簡單的考察也足以顯示對於形式概念的運作解析之效果，並且使我們認為形式的學問之內容在科學研究中有一種規範的作用。

雖然邏輯是最古老的學問之一；可是關於邏輯理論底範圍以及那些概念和原理原則特別屬於邏輯，在學人間的意見還存有重大的歧異。因此，我們現在討論的題材只限於大家公認的若干形式原理，例如所謂思想律，和其他「必然的眞理」，以及像肯定前項式這樣的推論原則。在開始的時候，我們要把通常所謂邏輯的原理原則分作兩個意義：第一個意義是關於符號或語言的；第二個意義關於必然眞理的。在這一意義之下，邏輯底顯著題材往往是某種非語言的界域。[5]

(一)思想三律，在如下的情形之中，是用成第一種意義。假定在一個討論裡有幾次用到「動物」這個名詞。只有當著這一名詞每一次出現時保持一個固定的「意義」，我們底討論才是扣緊的。我們要求在一個系絡或上下文裡一個名詞必須始終一貫地在一個條件之下應用。這一要求如果表現出來就是同一原理（principle of identity）。同樣，勿矛盾原理要求我們在同一系絡中一個名詞不能既用來肯定一個東西又用來否定同一個東西。排中原理（principle of excluded middle）是說，我們要麼肯定A是眞的要麼肯定A是假的，二者必居其一，但不可既不眞又不假。

當著這些邏輯的原理原則以這樣的方式表出時，這些邏輯的原理原則顯然是我們應用語言時的預設原則（prescriptive principles），而不是記述原則（descriptive principles）。這些原理原則指出一個清晰而不混亂的討論所需滿足之最低的條件。因爲，這些原理原則至少敘述一個精確語言所需滿足的某些條件。日常的語言在某種程度以內是混合的，即令是科學底專門語言也難免如此。所以，這些語言並不完全合於這些原理原則所定立的要求，雖然在許多場合我們能夠作完全有效的交通，可是在另外許多情況之下我們依然需要所用語言具有較大的精確程度。所以，思考三律是我們必須達到的一個理想範律。

很少人會否認此處所說思想三律具有規範的作用。不過，這一作用往往有一限制。如果這些律則所表示的理

5 原註：這一區別，大致說來，與時下論著中所作「後設邏輯的」陳敘詞及科學底「所論語言」中的陳敘詞之區別相當。

想是一個合理的理想，而非一隨意定奪的範型，那末便必須有一客觀的基礎，且使之產生權威，這一客觀的基礎乃「在結構上不變」者。再者，有人常常堅持，這一理想必須是一必然的和無可逃避的標準。如其不然，則吾人可用別的原理原則來代替它。如果我們應用語言時可以不合同一原則，那末人與人間的交通便不可能。但是，照我們看來，這種說法簡直是循環論證。因爲，如果所謂「人與人間的交通」底意義是我們平常談話，寫作，或藉以研究科學的程序相似的程序，那末我們應用符號時至少必須有一部分合於思想律。如果係如此，那末，若我們應用語言時一點也不合於思想律底要求，則人與人間的交通殆不可能。但是，話又得說回頭。如果我們應用語言時僅僅合於這些思想律，而在此所說的思想律，對於所謂「人與人間的交通」而言，只有解析的意義，那末人與人間的交通不見得就可能。[6]我們必須明白，在應用語言時我們要求意義精確，這一要求不是完全出諸隨意而爲的。之所以如此，係因人與人間的交通和科學研究是爲了達到某些目標；而當著我們所用語言愈是逼近思想律所表示的範型時，便愈能達到這些目標。當然，這種說法需有經驗的證據來支持。但是，我們所能拿得到的證據是從研究人底行爲得來，而不是從研究結構上的不變項得來。我們現在要對推論規律稍加討論。在推論規律之中，最爲大家所熟悉的，也許是前述肯定前項式。推論規律底基本作用是：在某一方向中指導討論底發展。所以，推論規律有助於使語言底用法比較確定和精密，並且能達到特定的科學研究之目標。不過，我們必須承認，我們往往不易提出適當的證據來證明，一種推論系統底效用大於另一種推論系統底效用。尤其在特定的研究目標是混合不清的並且至少有一部分是以美學名詞來描狀時，更難於證明。不過，我們現在所要注重的一點是，這種困難無論有多大，我們只能藉著考慮在決定科學研究底系絡時這樣的邏輯原理原則所發生特定的作用來解決。

6 譯註：（原稿破損無法辨視）

㈡又有人說邏輯的原理原則是必然的眞理，而此必然的眞理又不指涉語言的題材。例如，「每一事物與其自身同一」和「如果A則A」乃同一原理底型定方式。「沒有一個事物既具有某一性質又不具有某一性質」和「A與非A這兩個陳敘詞不同眞」，這二者乃勿矛盾原理底型定方式。

關於這些邏輯規律所要說的，第一點是，如果我們斷定這些邏輯規律是必然的眞理，那末我們必須在多少有精確組織的語言裡去斷說它們。我們也不難指明，雖然這些規律底題材並非語言，而這些規律之所以用此語言表出，係由於我們使用語言的習慣使然。例如，假若「眞」和「假」這些字眼是依照尋常的用法來用的，那末我們就不能說任一陳敘詞是既眞且假的。如果「不」字底用法與肯定陳敘詞及否定陳敘詞的動作相關聯，那末我們說一個陳敘詞是假的，即說它是不眞的。這麼一來，我們便是在建立勿矛盾原理，說這一原理是一必然的眞理。不過，沒有任何語言底形式結構之彈性大到一個地步，即是不能限制其中的表式如何聯合及使用。一種語言底必然陳敘詞幫助我們舉出這些限制是什麼。但是，日常的語言既不夠精確，於是我們也就無法精確地決定其中那些陳敘詞是必然的陳敘詞。當然，所謂「純邏輯」底系統沒有這種短處，所以當我們需要所用的語言精確時，純邏輯底系統可以用來作建構比較精確的語言之範型。

——據手稿排印；原文：Logic without Metaphysics (1957).

實徵論導引

米哲士（R. von Mises）原著

自一九〇七年來，特別自一九二四年來，蘊涵在歐洲思想裡的實徵論（positivism）這一脈絡，碰到現代物理學，現代邏輯，以及行爲心理學，產生急遽的新發展。這一新發展，對於哲學遺產之或多或少的部分，採取激烈的或溫和的批評。因而。近數十年來，實徵論底新發展在哲學思想界掀起軒然大波。然而，無論贊成或反對，實徵論底這一新發展對於哲學思想界之無可抹煞的影響至少有二點：一、它給哲學界以一種有力的新刺激，特別是對講哲學問題的「講法」予以新刺激。二、與第一點密切關聯著的，是它以解析技術見長，尤以普通語言解析的技術見長。因此，東方學人，對於如此有影響力的新學派，似乎不能不聞不問；而且學習東方素缺乏的解析技術以補所短，似乎尤爲必要。

米哲士（R. von Mises）是愛因斯坦底友人福克蘭（P. Frank）那一流底學人，現任哈佛大學氣體力學暨數學教授。在實徵這一路底思想中，他底態度似較溫和。茲所譯導引係取自氏著*Positivism*（Harvard University Press, 1951）。照譯者看來，從米哲士實徵論，比從施里克（M. Schlick）到實徵論，路途要平坦得多。所以，我們從米哲士入手。

一

「實徵論」這個名詞，正像這類底一切名詞一樣，具有許多不同的意謂，而且有些意謂是互相矛盾的。所以，我們最好談談「實徵論」一詞在本書裡所用的意義。但是，我們要將「實徵論」予以完全的討論，在這裡顯然不可能。因爲，要完全討論這個名詞，就得提前將本書底內容陳示出來。現在，我們所能做的事只是：先從讀者底知識架構以內熟悉的東西開始討論；並且一步一步地逐漸介紹我們所謂實徵論這路底思想。

也許，讀者知道，在我們生活底大部分情況中，有我們所一定認爲合理的態度或正當的態度。無疑，這種態度主要地是依據經驗判斷而構成的。這就是說，我們記住我們生活中所發生的一些事件，並且知道別人生活中所發生的事件，然後構成判斷。復次，我們要能保持剛才所說的態度，必須繼續不斷地隨時準備放棄我們所曾作過的判斷；或者，如果有新的經驗發生，而且這新的經驗證明原有的判斷不符事實，那麼我們就改變原有的判斷。我們要能抱持這種態度，必須不固執成見，破除迷信，不盲目崇拜權威，缺少神祕的思想，缺少狂執之氣。顯然沒有誰在一切時候能夠完全如此。可是，只要我們知覺到我們底行爲和判斷不合於這些要求時，我們就應立即放棄它。

如果有人遇見任何實際的問題或理論的問題時，便採取像我們剛才所說的態度，那麼他就是一個實徵論者。這種說法，可以當作實徵論之一個嘗試的和十分粗疏的界定方式。

近幾百年來，在西方國家裡，有一種生活底領域。在這生活領域之中，實徵論的理則幾乎成爲一種廣泛應用的理則。我們所說的這種領域乃科學研究之領域。可是，我們並不是說，只有研究自然科學時是遵守這種理則的。我們在許多其他的研究範圍內，亦復遵守這種理則。例如，我們研究拉丁系語言之語音的發展規律，或者試行考證凱撒被刺的情形，都是在做積極的科學研究。我們做積極的科學研究時，可能完全本乎客觀的態度。但是，在科學家研究與他們底生活有比較密切關係的題材時，他們就不易採取這種態度。天文學家所研究的星體與我們底利害關係是夠遠隔的了。因而，我們在研究天文學時，比較容易採取無關利害的態度。但是，我們在研究社會科學問題時，就不易採取這種態度。我們在這裡所說的社會科學，係採取其廣義的意謂，即是，甚至把神學也包括在內。不過，我們依然可以說，除了最極端的情形以外，凡想做科學家的人，至少在原則上必須接受我們在上面撮要列舉的規律，並且將那些規律當作「合理的行爲」之標記。我們依據這一點，便可以比較精確地說，根據那些「合理的行爲」規律而行的人，就是一個實徵論者。這也就是說，一個人當著碰見一個問題時，如果他對付這一問題的方法，與現代典型的科學家之研究他底問題之方法是一樣的，那麼他就是一個實徵論者。當然，我們底這種說法雖然還算確當，不過依然是極其粗淺的。

在以上我們已把實徵論是什麼說了一點點。我們把話說到這裡，最好對於我們所謂的實徵論不是什麼，也說幾句話。在藝術史中，我們往往要鑑定遠古流傳下來的藝術品起源於何代。在從事鑑定時，有人研究藝術品底作風之同異，然後依此來下判斷：有人則根據對於藝術品底質料作化學分析來下結論。實徵論者並非只認第二種方法，而在原則上否認第一種方法。實徵論並不低估以有系統的觀察作爲依據的有效程序。醫生替人治病時，有人認爲他只可用物理學的方法或化學的方法來治。這種看法，並不爲實徵論所支持。從實徵論底觀點看來，研究的題材和研究的目標所受到的限制，較之方法所受到的限制還要少。傳心術（telepathy）之研究，至今似乎不甚有前途；但是實徵論者並未勸人終止這種研究。實徵論者也沒有以爲「人只靠麵包而生活」；也沒有以爲人只有理智上的需要；實徵論者認爲人底生活需要不止於此。

在我們心靈中有些什麼確乎須被看作是反實徵論的呢？第一我們以爲，有一類問題存在，而我們不能使用「理智」來對付這類問題。在這一領域中，我們不能思辯，或不應思辯。其次，我們以爲有一類「眞理」，這一類眞理，無論在過去或在將來，都不能爲經驗所動搖。再次，如果我們運用理智來證明理智沒有價值，而且認爲在任何地方或某一範圍裡不應運用理智，那麼這也是十足的實徵論之「取消論」（negativism）。

除了以上所說的以外，我們還要討論一些比較精細的問題。我們要將那些幾乎潛入每個地方的偏差想法剔除於「合理的行爲」之外。我們知道，即使在所謂精確科學的研究中，除非科學家時時不斷地予以最大的注意，否則也容易產生偏差的觀念。我們敘述和交通意念時應用語言工具的方法，在科學發展底每一階段裡，都需要重新淨化。不過，這種「清理」工作，往往只在一個短的時間以內就做完了。在每門科學底眞實進步中，不斷有輔助概念產生；可是有些研究科學的人很容易誤解，他們不知道這些概念並非定論，只有嘗試的作用。

我們在以上係從概念方面來描繪實徵論底面目。除此以外，我們再說點實徵論之比較特別時性質。不過，我們現在所說的，也是嘗試的說法：實徵論的學說所要達到的目標，乃是評論並且撮述吾人在一個一致的世界圖象中累積起來的經驗。這樣，吾人便可在一切生活的情形中建立互相一致的判斷。

二

當我們努力尋求合理的判斷並且構造一個一致世界圖象時，第一種困難和最大的困難就寓於語言之中。有人常說，我們底語言含有深邃的智慧。這也是眞的。但是，這是原始人底智慧，是人類孩提期底智慧。單字，字眼，文法規律，都是語言要素。所有的這些語言要素都起源於我們需要一種方法來記述日常生活底繁複情形。語言中的這些要素只能藉著我們現有的知識和經驗累積通過很大的困難來安排。任何人知道，具有像「原因」與「結果」這類字眼的語言，或者具有適然語句（contingent sentence）。（譯者按：所謂「適然語句」是可以為真但不必然為真的語句。例如，「錢是有重量的」。）和因果語句及其規律之語言，幾乎可以在一切實際情況之下使用這類字眼和語言規律。但是，如果我們一旦稍稍深入那些遠離日常生活的情況中，那麼這個世界便遠非人類剛剛創造文字的幾千年前所想像的那麼簡單。一切學派底哲學家，從柏拉圖，經過康德、黑格爾、到胡塞爾（Husserl）和海估格（Heidegger），都曾試行引用他們語言中已有的表現方式來解決一個不可解決的問題，即是，試行引用他們語言中已有的表現方式來衍生一個一致的世界圖象。今日的邏輯實徵論也有較早的的先驅。我們語言中所含蓄的「邏輯」是一初期階段的科學。邏輯實徵論係由一階段而開始。實徵論者，正像大多數的人一樣，必須應用通俗語言，以使別人瞭解他底意謂；不過，他用通俗語言時，是經過了一番批評與分析的。邏輯實徵論者認爲，我們所用的一切名詞都是些約定。這些約定之所指，乃一有限的經驗範圍；而且在這範圍以外，此名便無意謂可言。（譯者按：此點請特別留意。）邏輯實徵論者一再究詰這個問題：我們用一個特定的字，語句，或一學理，所表示出來的實際經驗是些什麼？

就實徵論者而言，通俗語言底每個字，每一成語，將世界分成三類。第一類，依照現有的語言約定，單字所指的事物或情況；且單字之此種用法，乃無可置疑者。第二類，包括我們用的字確乎不予意指之事物，第三類，乃語言約定不足以決定我們所提出的語言表示是否可以表達的那些現象。像這些最簡單的字，如「桌子」，「床」，「在上」和「在下」，「走」與「跑」，以及比較複雜的名詞，例如，「原因」與「結果」，「身體」與「靈魂」，「善」與「惡」，都是。在大多數的日常生活中，以及在科學底廣大領域中，我們能夠應用這些熟悉的語言工具，而無遭誤解之虞。可是，如果我們走出這些語言工具由之而創造出來的原始經驗以外太遠，那麼我們日常所用的權宜辦法便不足夠了。

實徵論對於語言作解析與批評，其目的並非限制我們日常生活中，科學中，或詩詞中標準的語言工具之合法的用法，也不禁止這用法。我們試舉一個簡單的類比，立刻就可以將這一點說明白。在我們生活底較大部分中，我們不把地球當作一個球面，而是把它當作一個平面。我們測量距離，分辨方位，談到山嶽與河谷，說到高與低時，似乎認爲地球表面是一個平底盤子。只有當我們圍繞地球旅行時，或者論及東西兩半球底時間不同時，我們才注意到地球底眞正形狀何如。所有這類底知識，今日凡進過中等學校的人，都知之甚稔。我們希望，在不久的將來，大家也可以瞭解，像因與果，身體與靈魂，這些概念，以及此類因一時權宜而使用的其他字眼，都不是解決比較困難的知識問題之適當的概念。

可是，形上學家對於語言的態度則完全不同。他們以爲我們所用的字，比如像「正義」這類底字，是與一切約定俗成毫不相干，而是與特定的有元（entity）相符。他們並且著意去發現這種有元。這也就是說，他們要去徵求正義之「眞正」和正確的定義。但是，就實徵論者而言，像「何謂正義」這樣的問題所意指者，只有兩樁事之一：㈠我們要在時間過程中發現在不同的文化領域（歷史語意學）裡「正義」一詞所意指的什麼；㈡我們心中具有一特定的目標，要發現正義一詞之固定的新的「概念」。這也就是說，我們要在某一有限的行爲領域或有限的科學領域裡提出我們所用的一個新的語言約定。在精確科學中我們常用的是第二種程序。在力學所謂的「力」或「工」絕不能從日常語言中所謂的「力」或「工」之意謂裡衍生出來。

三

在任何領域中，我們想努力獲得知識時，有一種自然的趨勢，就是，我們總希望我們所得到的知識是最後可靠的知識。科學命辭並不是別的，除了敘述以外，只是關於未來經驗的預言。既然如此，於是我們有一種希冀，這種希冀生活普通安全。所以，在極早的年代，人類感覺到有一不可變易的「永恆」眞理。這是不足爲怪的事。

許久以來，我們知道有一類命辭，這一類命辭似乎可以滿足我們希望獲致「永久」眞理的要求。這一類命辭，就是數學定理。數學定理似乎是完全無可置疑的，而且在未來一切時間裡也是確切不移的。康德及其後繼者所建立的大多數的知識論是專注於一個問題，即是，在其他領域裡，比如說在天文學裡，我們如何得到與數學定理相同的絕對確切不移的結論。但是，在康德時代，甚至在康德以前，有比較聰明的學人，他們知道這種追求是徒勞無功的，在這些學人中，重要的有英國實徵論者，如洛克和休謨。不過，對於這整個情況加以適當的解析，只在最近才開始。現代開始的人是維根什坦（Ludwig Wittgenstein）。（譯者按：維根什坦乃羅素門人，曾就讀劍橋大學。對現代實徵論思想之啓導作用最大。）

一九二二年維根什坦劃時代的著作《邏輯哲理論》（*Tractatus Logico-Philosophicus*）問世。維根什坦在這部著作裡指出，純數學或邏輯底定理，絕對不是關於實在的命辭，即是，不是關於這個可經驗的和可觀察的世界之命辭，而只是一種特別意義的套套絡基（tautologies）。當然，他說純數學或邏輯底定理是一種特別意義的套套絡基，這並不是說，純數學或邏輯定理是多餘的，或是一望而知的。有時，純數學或邏輯底定理是依固定規律而構作出來的某些符號組合之極其複雜的形變。邏輯或純數學底定理，如果合於我們所已接受的一套界說和規律，那麼我們便說它們是「正確的」。這種情形，正如下棋一樣，我們才能確定那些著法才能爲大家所接受。知道這些規律的人，才可斷定一個套套絡基是否爲眞或爲假（除非發現此一系統中有矛盾）。但是，無論如何，他並未因此說及關於任何可觀察的事物。十二可被三除盡，但十三則不能。這是絕對地爲眞。但是，牧童卻無法將十二隻羊分作絕對「相等」的三部分，亦若其不能將十三分作絕對相等的三部分然。

上面所列舉的這個例子又可以表明，數學定理在什麼情形下可應用於實在世界，邏輯底符號和形變規律是以逼近方式（approximation）符合於日常生活中的某些事實和某些關係。在一群羊中，每四隻羊底羊毛是逼近地等於另四隻羊底羊毛。而且，如果我們對於逼近的程度感到滿意的話，那麼我們未嘗不可以說由十二隻羊所構成的一群羊可以分作三部分，但由十三隻羊所構成的一群羊則不能分成三部分。可是，這個命辭就失去數學上的絕對性和精確性了。在比較複雜的幾何問題或一般物理學問題裡，情形並無不同。歐基理德幾何學底定理，以及非歐幾何學底定理，是各從不同的公理系統經推演出來的，可是同樣絕對正確。就空間關係而言，我們去觀察時，它只是逼近於一種幾何學系統，或別種幾何學系統。在某種情形之下，我們究竟要採用那一個系統，那只是那一個系統更爲逼近的問題。亦即那一個系統更爲合用的問題。所以，說來說去，我們底選擇，多少是有點隨意而行的。

所以，我們對於康德的知識問題之答案是：我們以用種種方法構造許多套套絡基系統。（此說非譯者所敢苟同。——譯者）在這些套套絡基系統中，有依固定規律而得出的絕對正確的陳述詞。但是，如果我們見陳述可觀察的現象之間的關係，那麼我們底陳述詞就得受未來的經驗所左右。我們應用數學方法，從未能保證非數學命辭一定是正確的。（所以，quasi-deduction不可靠，且常無意義。——譯者）

反對實徵論的人常常說，實徵論者也相信某些獨斷之論。所以，實徵論者自相矛盾。實徵論者底獨斷之說，例如，是這樣的陳述詞：「世上並無永恆的眞理」。如果我們接受這種說法，那麼別人以爲我們便是至少相信有一永恆的眞理，即是，「世上並無永恆的眞理」這一陳述詞。所以，我們如肯定世上並無永恆的眞理，便是陷入自相矛盾之境。然而，實徵論中並沒有這類底說法。作爲知識論者，我們所做的事只是每個科學家所做的事：我們將我們所觀察到的記述下來，並進而作語言的批評。我們又知道有許多套套絡基系統，在這些套套絡基系統中，我們依照已經接受的規律用固定的符號來施行運算。我們知道，在日常生活與科學中所用的陳述詞大多數是起源於觀察，並且不斷爲經驗所試證。亞里士多德力學，說圓乃物體之自然的軌道。但亞氏力學已爲牛頓力學所代替。牛頓力學說直線乃物體自行之途轍。可是，這種學說，又爲近來由觀察所得到的事實動搖。爲了說明近來由觀察得到的事實，牛頓力學又爲愛因斯坦底學說所代替。根據愛因斯坦底學說，我們可以藉非歐幾何學來解釋在空間慣性軌道皆爲直線之現象。也許或遲或早，這個學說都要改變。但是，究竟是否如此，我們確乎不知，因而也無法預下斷語。

但是，我們可以將形上學家所提出的許多命辭再研究一下。形上學的命辭是怎樣構造出來的呢？這些命辭既非已成立的套套絡基之一部分，也不是可以藉經驗來試證的命辭。這樣底一些命辭，如係出諸一個形上學家之口，往往會引起其他形上學家反對。不過，一個形上學家有時也會擁有某一特定地理區域以內的徒眾，如果我們要說這些形上學的學說是「永恆的眞理」，或者我們將其中之一名爲「永恆的眞理」的話，那麼這就是說，這一學說之用法爲何能爲每個人自己判斷而已。

四

我們並不以爲科學的學理，無論是在物理學中，或是在經濟學中，或在任何其他領域中，是獨一無二地爲可觀察的事物所決定的。一切學理，都是人底發明，是人底知識建構。如果一個學理能夠正確地預言現象之變化，那麼它便是有用的。不同的學理，對於廣大範圍的事實，可作相同的預斷。在情境相等時，我們選擇那能含蓋較廣現象的學理，或者選用那從某種觀點看來似乎「比較簡單」的學理。在這種情況之下，我們底選擇是主觀的。因之，我們對某一特定學說之去取，在某種程度以內，也就是隨意而爲的。我們有企圖「依據科學方法」來決定一個學理底用處爲何。例如，我們有時想藉所謂蓋然預算（calculus of probability）來作此種決定。不過，這種辦法是不對的。因爲，蓋然演算底本身也是一種科學的學理。蓋然演算底應用範圍，是一長串重複出現的現象，或是大量現象。可是，在任何範圍裡的科學問題和彼此參商的學理，並不能一一出現。所以，我們不能拿數字上的蓋然程度來計量它們。經驗告訴我們，一切學理往往或多或少有所改變；而且，正如馬赫所說的，科學是由不斷將觀念應用於事實所形成的。

實徵論的科學的哲學之所著意決定者，厥惟數端。第一，是決定一切的科學所共同具有的特性。在這一意義之下，實徵論的科學之哲學主張底統一（unity of science）。可是，實徵論者並不因此而忽略各門科學底方法各有之不同。我們並不將科學依等級來分類，或是將科學依照等級之高低來堆成一個金字塔，因爲如果這樣分類的話，我們所採取的觀點太多了，而且這些觀點彼此跨越以致無法清楚劃分，並且許多科學底界線也不穩定，這些情形，我們從科學中每個格子都可以看出來。在人爲創造的條件之下來實行觀察，即是試驗。試驗，在物理和化學中之作用居於首要地位；可是迄今天文學或地質學幾乎用不到試驗方法。天文學主要靠數學方法，但地質學則否。在物理學中，正如在地質學中一樣，新學理仍在繼續不斷形成之中。物理學與化學底界線近來逐漸消失。天文學變成天體物理學（astrophysics），而地質學則日漸採取物理學底方法。時間愈往前走，這種變化愈來愈快。科學與科學之間的界限消失，這門科學與那門科學變成一體。一代以後，科學圖譜也許面目全非了。

當我們研究自然科學與人文科學底互相關係時，便發生一個主要的問題。這兩種科學，通常總以為是全然對立的，甚至於看作是互不相容的。依照原來在德國居於支配地位的概念說來，這兩種科學不僅僅是研究的方法各異，不僅僅是研究結果之主要意義不同，而且各自應用的「理解」方式也顯然完全不同。然而，照我們看來，這種二分法是不能成立的。物理學、生物學、心理學、社會科學、歷史，合共構成一個複雜的互相聯繫的網。我們不能用一個簡單的方法來割裂此網。我們愈是研究心理病態現象，我們愈是不能將心理學底一部分割裂，認為它是「人文科學」底一部分。社會科學與心理學底關係日益密切，社會科學底許多部門愈來愈採用自然科學底方法。不過，有人認為，我們是否應用數學的形式，乃測量一門學問底「科學性」（scientificness）之標準。我們以為並非所有的科學都須如此。

自馬赫以來，自然科學家知道，對一群現象之解釋，或關於一群現象所提出的學理，不過是對於事實之較高一層次的記述而已。在歷史中，主張二元論的人以為歷史裡並無所謂學理，只有關於現象之純客觀的記述。照我們看來，像這樣「客觀的」記述是沒有的。如其不然，則新歷史家對於相同的事件不會常常作新的說明。即使我們把像馬克斯主義或史賓格勒主義（Spenglerism）這些有名的歷史學說撇開不談，歷史家之立說是必須以他們所選擇的事實為本的。歷史家認為，從他所記述的某些前題，會得到所引證的結論。因而，他預料在將來類似的情境裡，類似的事件會再發生。當氣象學家記述氣象變化時，他們是以相似的方式著手的。氣象變化，就整個看來，與人類歷史或地球歷史同為獨有的事件，科學也往往探究並且敘述世界唯一的演程中典型的要素，和時時重現的要素。

五

我們在這裡談實徵論，是要免除許多早期實徵論者所犯的毛病，甚至於最近的實徵論者所犯的毛病。他們常說，形上學乃屬胡說。照我們看來，形上學並非胡說。詩，也不是多餘的東西。藝術和音樂，乃人與人之間正式的交通方式。

「邏輯實徵論」創立於二十世紀初葉。邏輯實徵論者首先認為知識論並不是別的東西，只是語言之邏輯的研究。這樣的語言是用來表示科學研究之結果的，維也納學派（Vienna Circle）創立了許多學說，特別是開納普（Carnap）和牛奈特（Neurath）細心發展了一項學說。這項學說表示，科學語言可以藉整齊劃一的簡單要素與自相一致的方法構作出來。我們所說的要素語句（element sentences）乃簡單的感覺（即吾人之感受）之短簡的和可直接瞭解的陳述詞。這種學說，只是馬赫底要素論之另一形式而已。這種學說與布利基曼（Bridgman）的「運作論」（operationalism）有密切關係。（譯者按：布利基曼乃一實驗物理學家。二十世紀哲學中運作論之創建者。氏之重要著作有*The Logic of Modern Physics*）

維也納底科學家們從科學語言之邏輯的解析得到一項結論，即是，凡不能用我們上面所說的方法構造出來的形上學命辭，都是無意義的，並且沒有表示任何東西。關於這一點，我們不能同意。照我們看來，知識中具有決定作用的概念是可聯繫性（connectibility）。科學底陳述詞，以及細心表達出來的日常語言中的語句，都是可以彼此聯繫的，並且是藉著某些語言規律的聯繫的。形上學底命辭則不屬此範圍。形上學底陳述詞中的字，如從要素語句去推演，或溯源於要素語句，或剖析為要素語句，便不能有何意謂。雖然如此，在大多數的情形之下，形上學底陳述多少具有一此意謂。不過，這此意謂有些含混而已。形上學底陳述之所以多少具有含混的意謂，這是由於，在有限範圍裡形上學底陳述也有某種可聯繫性。這也就是說，在一有限的形上學派別底著作與這此著作中某些行得通的語言規律之間，有可聯繫性，當然，形上學底語言之可聯繫性，遠不及自然科學，如有兩種物理學家談到熱能傳導現象，那麼他們用相同的語言所指謂者常爲相同的事物。但是，如有兩個形上學家提出關於因果的學說，那麼彼等之所言，往往各不相同。只有他們同屬形上學之一「派」，他們所說的才可能相同。

我們所作的智識努力，最後分析起來，是記述我們有興趣的現象。我們所做的記述可以將一切範圍底知識之邊界聯繫起來。當然，這是一個最後的目標，現在我們距離這個最後的目標還遙遠得很。既然如此，於是這個現存的空隙便被許多非科學的學說所塡充。這裡所說的非科學的學說，就是不能藉科學語言來聯繫的一此學說，這此學說，表現爲形上學，或爲宗教系統，或爲詩詞。我們像這樣說，這不是意謂。這些類型底理智活動，在可見及的將來會歸於消滅。凡知道一點物理學的人都可曉得，人類不斷地消耗地球貯藏的能力，而地球的熵（entropy）則繼續增加。（譯者按：凡一物質系在等溫T下，吸收熱量Q，則稱為該物質系因吸收熱量Q而增加其熵。熵之希臘語源乃變之意。）但是，如果有人說，有一天一切可用的能力會耗竭，而且我們會因有熵致死，這個預言並不足使我們震恐。我們並不杞人憂天，因爲，在時間過程裡，一切條件都在改變。科學語言中，沒有「永恆」這一名詞。

像「永恆」和「超越」，「美」和「愛」等等，是在詩的語言中常見的字眼。在此，我們並不只想到抒情詩，或者想到一般的韻文，而是想到一切交通意念的普遍方式。我們常把眞（truth）和對（validity）這此概念應用到這些交通意念的方式裡來。不過，當我們把眞和對這此概念應用到這些交通意念的方式裡來時，我們所說的眞和對，其意謂與日常生活底語言中所謂的眞與對不同，小說故事之眞，就歷史意義言之，並不爲眞。可是，如果小說故事與人生某些經驗相合，而且小說作家給予我們一些看法，這些看法又可爲後來的經驗所證明，那麼我們就說這小說故事是對的。即使是抒情詩，認眞說來，也表達一種特殊的經驗。一部詩中語言之可聯繫性，甚至比形上學底語言之可聯繫性還要有限。但是，詩的語言中之某些基本要素，對於廣大受過教育的人頗爲熟悉的。詩的語言所表現的東西，較之科學理論，似乎可爲更多的人所體味。

一般邏輯實徵論者認爲科學與藝術底關係不甚密切。照我們看來，二者彼此底關係是頗爲密切。每一藝術作品，都可看作關於實際生活中某一特殊小部分的學說。無論怎樣，我們將藝術看作一個學說比看作對於任種題材之模倣或複製要好。一齣戲劇，是藉著表現一個人生活中少數的動作，或幾個鏡頭，來描寫其性格之發展，例如，〈沉思者〉底雕像，即使只表現了側面的臉，和側面的位置，可是仍足以告訴我們在一個人做理智工作之特點。一個藝術作品既不爲眞又不爲假，但它多少能與我們過去或未來的經驗相合。

我們通常對藝術作品的評價，往往是用與「美」這樣的字眼有關聯的字眼表出的。時至今日，很少有人依照相信有一個在一切時候對於一切民族都行得通的美之標準存在。我們可以假定有一足夠普遍的社會學。這一普遍的社會學底任務之一，是研究美的判斷在什麼情形之下，以種族，環境，教育，以及個人底經驗爲依證。我們對於形上學體系的一切「評價」亦然。無論怎樣，我們並不否認美感的需要，而且也不反對設法去滿足此一需要。

六

大多數實徵論者不談關於人底行爲這一方面的複雜問題。（這一類底複雜問題，通常叫做倫理學。）我們現在不像這樣局限我們自己底思路。我們必須討究倫理問題。我們之所以要討究倫理問題，原因不止一個，尤其是因爲，我們看不出爲指導一般人底行爲而作的智識上的努力，和我們研究其他題材而作的智識上的努力，二者之間有何明顯分界。

如果一位工程師計算一座橋樑大小以及這座橋的荷重量之間的關係，那麼他可將結果這樣表示：此橋須有此種形式。如果一位醫師藉科學試驗而決定某種藥劑可以殺滅某種細菌，那麼他可規定病患者應吃此藥。如果社會科學的研究使我們相信，某種養育小孩的方法對於小孩將來的發展會產生不良的影響，那麼我們就可以制定一條法律：禁止以此方法養育小孩。由此看來，事實陳述詞與表示應然的語句（ought-sentence）之間的聯繫，顯然係從這類研究裡衍產出來的。因此，我們可以說：表示應然的語句是一些省略的事實陳述詞。這樣的陳述詞省去一部分被涵蘊的語句。

照一般的意見說來，除了上述的語句以外，尚有另一種語句，叫做要求語句（imperatives）。有人認爲，像這樣的一些誡命，如不可偷盜，或不可殺人，所表示者不止是普遍的經驗而已。我們在這裡所說的普遍經驗，就例如，如果偷盜與殺人之事盛行，那麼人類底群體生活一定爲之破壞。此處「不止」二字所意指的，是應然語句所明確涵蘊的東西。而這種東西，正是未得到公認的。有些人以爲某些倫理規律乃人生而固有者，正如人之能呼吸然。另外有些人則以爲某些行爲規律係藉聖靈之啓示，而在某一特定的歷史階段中傳達予人者，這也就是說，這些行爲規律爲人接受時，並不受他們自己理智之干涉。

上述第一種說法不合事實，有些原始民族簡直不知道那些在我們看來顯然易明的行爲規律，第二種說法是說，道德規律乃宗教性的東西。這種說法也不合事實。我們不難看出，那些所謂由神啓示的誡命是混含其詞的，和不完全的。其混含不完全，以致於我們要應用時，必須不斷予以新的解釋。而解釋誡命的工作，究竟說來，乃一種理智的工作。沒有誰能夠確定地說，第七誡命是否允許我們借錢給人可以任意提高利息。也沒有人能夠確定地說，第五條誡命是否包含自殺，自衛，戰時殺人。也沒人能夠確切斷言第五條誡命是否禁止犧牲掉尚未出世的小孩以救孕婦底生命。無疑，我們依之而行的那些規律，乃在傳統中精心體驗出來的結果，乃不斷經驗出來的結果，以及習俗決定的結果。（譯者按：此處所說「誡命」，乃指摩西十誡而言。）

有人常常以爲倫理學之主要任務乃建立一套倫範（norms），並且設法證明其爲正確。正如我們所已說過的，我們只能由已規定的行爲與某些結果之間的關係來證明一個行爲規範是否正確，在這些結果之中，安全感之獲得，內心愜適之獲得，心靈平安之獲得，大家之得以瞭解等等，乃特別重要者。我們要獲得這些東西，主要靠別人也承認並且遵守相同的行爲倫範。而在大的群體中廣爲傳播，使大家都相信一致的倫理系統，乃建立這些倫理底先決條件。在事實上，只有少數宗教教義在歷史中存續下來。而這幾個宗教教義，在倫理上，彼此無甚差異。沒有人能夠否認希臘宗教，猶太基督教，伊斯蘭教，佛教，以及孔子底學說所給予人類文明的影響。可是，在這一類底事實中，我們看不出有什麼理由可以使我們說，倫理學說底命辭不能用同一邏輯方式來批評，並且不能像任何科學理論那樣不斷地求與經驗符合。（此點甚關重要。——譯者）

倫理問題往往與價值問題和評價問題聯帶發生。有人以爲，不僅一個單獨的行爲及一個人底全部行爲有善或惡可言，而且甚至可將一切行爲在一個秩序系中列出，以表示道德價值之逐漸增長。這事在理論上也許可能，不過在實際上很難辦到。我們很容易依各人高矮或輕重來排列一百個人，使之成爲一個序系；但是我們很難想出一個一致的方法依照個人底能力來定一個秩序。復次，如果有人要研究一百個人身心健康底程度，那麼他們可以採取種種不同的觀點。這樣一來，如果他們想到一致的標準，那麼必須明白地隨意採取一組條件。照我們看來，如果我們得到道德行爲底分類法，那麼必須在相同的方向一再採相同的步驟來應用才行。在道德行爲底分類，究竟是否有一客觀標準「存在」，這個問題我們不能確定，所以我們存而不論。關於道德價值之一致的評價問題。除作了十分粗糙的論斷以外，的確只能在生活經驗大部分相同的社會裡去決定。

我們介紹並且討論可能滿足某目標的價值標準，無疑是件值得做的事。自然，滿足快樂之情，是屬於這類價值標準的。但是，如果有人以爲一切道德系統及其證明，乃與科學理論同屬一類的理智之產品，那麼便不會達到有用的目標。

七

最嚴重地反對實徵論的說法，就是說實徵論不能滿足人底基本需要；而且事實往往證明，如果我們底生活不嚴格依照邏輯與科學方法，反而較好。當然，在某種程度以內，這兩種批評是不錯的。

對於第一種批評，我們只很簡單地答覆幾句。我們之所以要研究科學的理論，只是爲知識而知識。這也就是說，我們研究科學，只在提供事實報告，啓發知識，說明現象與現象之間的聯繫。至於這些所產生的結果是否使人愉快，那就不是科學家所管的事了。其他型式底交通意念的方式，比如詩詞，除了交通意念以外，還可使人愉快或不愉快。像詩詞這類交通意念的方式所以使人產生某種感情，是因其能激起我們底聯想。我們十分瞭解，如欲嚴密描繪此類形形色色的心靈活動，那是不可能的事。正如我們在前面所著重說過的，我們認爲實徵論並不要取消詩詞，藝術，倫理等等。因此，那些希望從實際的藝術品來滿足美感而不從科學研究來滿足美感的人，並不必反對我們所謂的實徵論。

我們要討論實徵論是否具有其實用價值，這是一件頗爲困難的事，對於實徵論的批評，是從許多方面來的，有些人常說：「如果要用過分清晰的眼光來看一個有限制的和不夠確切的學說，那麼會妨害科學家底創造能力。科學家底創造能力主要是由其天賦本能引導著的。」的確，許多有價值的科學發現是由那些有意無意不顧到哲學上的困難的人弄出來的。這些人絕對相信流行的補助概念爲正確，但卻不注意到知識論底問題。任一門科學教本乃界說，觀察報告，歸納的推廣，以及精確的和不精確的結論之混合品。在這一範圍中，並非每個專家能夠分析或全部瞭解這整個的複合品。但是，我們不能否認，在科學發展歷程中的重大轉捩點，決然是受到具有實徵性質的哲學思想進步之影響。牛頓所創造的決定論的物理學結構，在其起源上，是有賴乎約五十年前笛卡兒（Descartes）所提倡的主張，他說我們底觀念要清晰明白。時至今日，我們知道相對論和隨之而來的一切物理學底新趨勢，在馬赫對於牛頓力學基礎的批評中已深植苗。我們依實徵論底方向採取另一步驟來廓清量子物理學底某些困難和自相矛盾之處，因而可促使現階段的物理科學之發展趨於完善。在小的範圍中，在某一細節裡，實徵論也許不見得有何用處。可是，在大的研究範圍裡，在長遠的學術發展歷程中，實徵論是我們所需要的。

我們談到的日常生活裡的事件時，也並非不需要一點實徵論的態度。無疑，在許多情形之下，我們靠天賦的本能，或靠未經考慮過的行動，是可以成功的；而如事事顧慮過度，有時反致失敗。不過，今日文明社會裡所謂本能，大部分是早先的訓練、成長和教育之結果。如果我們碰到困難的工作，碰到令我們顯然逸出常軌的情境，那麼我們就很難信賴直觀或靈感了。就令我們信賴這些東西，我們成功底希望也非常之少。

有時，我們又聽到有人說，實徵論之實際的結論被自然科學底某些較新的結論推翻。他們說，心理解析學已經揭露人底行為中潛意識之作用；又有人確言量子物理學之所謂無定關係已經證明，即使在物理學範圍裡，並非每件東西都可測量。對於這類問題，我們底答覆是：心理解析學所研究的「潛意識」，量子力學所說的「無定性」，一概都是出自理性的概念。這類概念，也許可藉形上學來解釋。但是，我們用形上學來解釋這些概念時，意即，我們在引力之「在距離中運動」或在一切電磁中看見形上學的要素時，我們才能藉形上學來解釋這類現象。否則不能。有人相信，某些心理病態，一旦加以徹底研究，也許不止於是對自然界之理性的解釋而已。這種古怪的想法，與形上學的信仰，是屬於同一範疇的。

許多認為有一絕對宗教權威存在的人，是確定地反對實徵論的，我們不難知道，要創立一個系統來預言一切可發生的情況，這是不可能的事。用理智方法予宗教以新的解釋，時下逐漸成為一必要之事。縱然，從表面看來，宗教富於保守色彩；可是，從歷史上看，教會對於實際問題的主張是有許多改變的。例如，教會現在之對待異教徒，與古代是大不相同的。那些閉目不見這些改變的人，而且其日常生活仍然依照教會在某一時期所訂規章而行的人，也許可以得到靈魂底安慰的快樂。當然，如欲提供這類底效果，實徵論是無能為力的。

實徵論者並沒有認為一切問題都可合理解答。但是，我們說某些問題也許不能解答，這並非不去尋求解答的充足理由，也非不去利用可用的方法以求解答之充足理由。

這一點對於與我們關係重大的那一叢問題為尤然。這類問題，乃起於日漸擴大的人類群體生活的問題，這類問題：不問古今，都是相同的：在一方面，由於人口密度逐漸增加，社會需要計畫與組織；可是，在另一方面，我們需要個人自由。在這二者之間，怎樣求得合理的平衡，這是一個重大的問題。現在，兩種最強有力的思想力量在這個問題上各執一端。雙方學人試行以科學方法來證明自己所站的這一邊底學說是正確的。可是，最後分析起來，二者底想法都是建立於極端形上學性質的意理系統之上，而且也沒有得到充分的證明。一方面是建立於教會底義旨之上；另一方面是建立於黑格爾底絕對主義的觀念世界之上。有人預言解決基本社會問題的第二步驟是以物理方法消滅對方底人口，如果世界是這樣繼續下去的話，那麼這一項預言是會應驗的。

照我們看來，唯一解決的方法，是少說不著邊際的話，多批評語言；少刺激情緒，多用科學方法訓練思維；少一點形上學，多點實徵論。

——原載《民主評論》，卷四期十八、十九（香港：一九五三年九月十五日、十月一日）

實徵論底批評

約德（C. E. M. Joad）原著

在前一篇譯文裡（見本刊四卷第十九期），譯者藉翻譯米哲士教授所著《實徵論》底引論來再度發端地從正面介紹實徵論。現在，譯者藉翻譯〈實徵論底批評〉來從反面介紹實徵論。這篇摘譯的文字係取自約德（C. E. M. Joad）先生近著《邏輯實徵論批評》（*A Critique of Logical Positivism*）一書（Chicago University Press, 1950）。他所寫作的此類著述不下十餘種，大部能說理明暢，淺近可讀，因此頗受若干讀者歡迎，本篇譯文所從出的一書，就是其中之一。

這篇譯文裡對於實徵論的批評，顯然不是現代實徵論者所能全部同意的。而且，這類批評所注重的角度，與現代實徵論者所注重的角度不盡相同。不過，在這篇文字中，有幾句話使譯者受到震撼。這幾句話是如此之重要，值得我們在此提示出來：「大多數的人需要一種信仰。而在經驗世界裡，信仰則無處生根。因為，在經驗世界裡，除了物質運動以外，什麼也沒有。物質運動固然可被觀察，但卻不能被信仰。」約德先生之指陳，的確是當前世界的嚴重問題之一，而且也正是實徵論之一大考驗。約德先生對於實徵論的批評之主要論旨，固然不能為現代實徵論者所全部同意，但卻多少代表了目前許多人對於實徵論的批評。所以譯者選擇了這一篇。

雖然，譯者個人是傾向實徵論的傾向的。但是，從介紹學術的立場來說，譯者覺得還應該讓讀者有機會知道反面的說法。即如拿約德先生這本反對實徵論的著作來說，它是在現代實徵論創導者之一的開納普教授坐鎮的芝加哥大學出版的。在哈佛大學，主張相反的教授共處一堂，截然不同的著作同時並列，讓大家有自由選擇的機會。這樣的現象，在英美學術界，簡直太尋常了。這就是民主在學術上的具體表現。中國目前最迫切的需要無過於貨真價實的民主之實現。有了貨真價實的民主之實現，才能孕育出一股新生力量以反極權暴政。而學術上的民主，應該是民主示範之一。在這樣迫切需要民主的時際，學人應該首先自動從學術研究中向民主之路走去。

——譯者

一

一九四八年夏天，《新政治家》（*New Statesman*）刊物上，有一個署名「牛津人」（Oxoidan）者寫了一篇文章。這篇文章談到現在牛津大學裡學術方面的情況。文中特別注意到時下流行的邏輯實徵論（logical positivism），尤其論及愛爾教授（Prof. Ayer）底大作《語言，眞理，與邏輯》（*Language, Truth, and Logic*）一書。該書於一九三六年出版，「第二次世界大戰末期幾成一哲學經典」。（譯者按：愛爾教授此書是現代實徵論底開創著作之一。出版以來，對於哲學界發生相當影響。譯者曾為全部譯成中文，以期介紹此路思想。惜全稿毀於戰亂。）

這位牛津人說，愛爾教授在這部著作裡不主張討論有關價值判斷的問題，並且斥形上學爲胡說八道。他這種態度使若干研究哲學的人沮喪，不敢去研究哲學中「意義較深」的問題。於是，這位牛津人下結論說，像愛爾教授這類底著作，造成一種對傳統思想持否定態度的空氣。這種空氣，是有利於法西斯主義之發展的，他說：「因為我們中止討論人生根本價值底問題，於是法西斯主義便趁虛而入。」這篇文章曾經引起廣泛的注意，並且引起許多讀者來書。這些讀者來書，多半是由支持邏輯實徵論者寫的。寫這些信的人否認邏輯實徵論有任何政治上的或社會上的具體影響。他們尤其擯斥邏輯實徵論造成一種有利於法西斯主義成長的空氣之說。不過，照我個人看來，我很懷疑這些反對者是否有理。我已經把我底疑慮寫成一篇文章，在《新政治家》刊物上發表。在這篇文章裡，我並未討論到邏輯實徵論底本身究竟是否為眞的問題，我只討論到邏輯實徵論是否有該牛津人所說的惡劣影響。

不幸，我底結論與該牛津人相同。

邏輯實徵論目前的發展，頗似十九世紀六十年代和七十年代唯物論之發展，而且也頗似本世紀初葉馬克斯主義之發展。現在，邏輯實徵論只流行於若干專業的哲學家之間；將來，機會來臨時，也許會被廣大的知識界所接受。這是由於邏輯實徵論有某些特色與時代的風氣大為相投。

在大學裡執教的人很容易看到學術風氣是什麼，及其轉變如何。在二十世紀二十年代，懷疑主義盛行。在二十世紀三十年代，大家同情於馬克斯主義。辯證唯物論式的說詞，經常掛在所謂「有階級意識」的青年人口邊。自二十世紀四十年代以來，至少在英國，起主要作用的思想就是邏輯實徵論。在邏輯實徵論底影響之下，年輕底男女們很自信地斷言，世間無所謂「絕對」，（譯者按：所謂絕對，就形上學的意謂言之，係思想之無條件的和終極的指涉。）形上學是沒有意義的語言，科學是能得到正確結論之唯一方法，而且科學所研究的世界秩序，是世界唯一的秩序等等，柏拉圖底形式說，傳統的價值觀，眞理論，美和好，萊布尼茲與笛卡兒所證明了的上帝，黑格爾所說的絕對，概念實在論者所說的潛存對象，等等學理，都是數千年來許多人所仰慕的。可是，邏輯實徵論者卻一概對之投以蔑視的眼光。

二

邏輯實徵論底學理，有些類似一種新宗教底教義。從歷史上觀察，我們知道，在宗教新的啓示中，常有兩種特徵：第一，是不寬容；第二，是獨斷論。而在邏輯實徵論的論爭之中，這兩種特徵俱見。

邏輯實徵論底義旨之缺乏寬容精神，主要地可由其乾乾脆脆拒絕討論形上學問題見之。邏輯實徵論者常常認爲形上學的問題是不值得有頭腦的人去研究的。有哲學史知識的人知道，形上學中的許多傳統問題，是自柏拉圖到阿奎納斯（Aquinas），自斯賓諾薩到黑格爾，以及自波萊德雷（Bradley）到懷德海（Whitehead）以來，許許多多哲學家絞腦汁想去解決的。熟悉哲學史中這種情形的人，眞是禁不住要請問邏輯實徵論者，他們憑什麼權威來對哲學家們如此無理取鬧。

在事實上，現在有許多弄哲學的人認爲傳統形上學枯燥無味，讀之無益，只是一堆空空泛泛的玄思。更有些人甚至以爲研究傳統形上學不僅浪費時光，而且是有意製造蒙昧主義（obscurantism）。他們認爲傳統哲學轉移人底注意力，把人心轉離此唯一重要的實在世界，而注意到那虛無縹緲之境。此唯一重要的實在世界乃科學所研究者。而形上學家們則一味糾纏於一大堆毫無意義的字句之間，他們窮年累月在一些不能解決的玄虛問題之間打轉。照邏輯實徵論者看來，傳統形上學是哲學帶著走的夢魔。他們以哲學的解放者自居。他們要替傳統哲學家解放哲學的這種負擔。他們常常甚至於聲言傳統哲學是一堆迷信。他們負有替哲學家們驅除迷信的使命，這樣看來，邏輯實徵論者之一般的態度是屬於哲學上的極端派。他們自覺有徹底改造哲學之責。這種心理狀態，正像某些政治人物之自覺負有某種時代使命一樣。

邏輯實徵論與宗教啓示底先驅人物相同的第二種特徵是堅持獨斷論。我們讀到邏輯實徵論的文字，看見裡面充滿獨斷之論時，常爲之驚震不已。如像「證實原則」（verification principle），（譯者按：各種說法的證實原則，乃邏輯實徵論不可少的論旨之一。這一原則說：吾人如認為任一語句為真或假時，必須能確知決定其為真或為假之程序為何。）倫理學中的「情緒說」，或「邏輯構造論」等等，都反對以前多數哲學家底學說。邏輯實徵論所不反對者，大體上只有像休謨這一類底哲學家。邏輯實徵論者常常聲言，有些哲學問題已經得到確定的解決。愛爾教授說：「我們已經解決了觀念論與實徵論之衝突，以及理性論與經驗論之間的論爭。」他們竟是如此把事情看得這樣容易。

不寬容的態度與獨斷論二者合起來就產生狂熱之情。當我們與邏輯實徵論者討論問題時，我們會發現他們底態度與他們所談論的內容不相調和。這是一種很奇異的現象。邏輯實徵論者所談論的內容是很抽象而溫和的，但是他們談論時的態度卻如此迫切而熱烈。他們認爲大多數的倫理判斷是「情緒的」。這類判斷並不斷定誰對或誰錯，也不斷定是好是壞，只是贊同與否之情的流露而已。

如所周知，邏輯實徵論著重分析語句以及各種不同的意義之意義。我想，若干年後的哲學家看到這些工作定會驚奇；他們會以爲今日許多研究哲學的人拚命弄些在學理上無關重要，而且在實際上又毫無用處的東西。

三

有許多人說，在哲學中採取邏輯實徵論的觀點，並不會引起在哲學以外的影響。的確，邏輯實徵論不會發生直接的政治影響；例如，直接激起有利於法西斯主義成長的心理狀態等等，在這一方面，邏輯實徵論可與極端經驗論（radical empiricism）相比。（譯者按：極端經驗論乃知識論之一說。此說認為一切意念皆可化約而成感覺；或者，以經驗乃知識中的實在之最後的標準。首先持此說者為詹美士W. james.）邏輯經驗論，在其基本因素上，可說是極端經驗論之複述與發展。正如極端經驗論一樣，邏輯實徵論打消一切先驗知識（a priori knowledge），拋棄所謂「必然關聯」這類底概念，放棄「絕對」觀念，否認形上學的世界觀，而將描述經驗世界的事實陳述詞當作假設看待。（譯者按：邏輯實徵論者，主要的人物如開納普教授，將一切有意義的陳述詞分作二大類：一類是邏輯陳述詞，不描寫經驗事物的；另一種是事實陳述詞，即描寫經驗事物的。）

既然如此，於是邏輯實徵論所培養起來的空氣不利於種種色色的權威主義（authoritarianism）。邏輯實徵論所造成的這種空氣，可以破壞教會所要求的超自然的權威之基礎，正如其破壞有些人所建立的國家神祕權威之基礎一樣。邏輯實徵論所培養出來的這種空氣，也不利於倫理學與美學中獨斷看法。因爲，這種空氣不利於獨斷的倫理學與美學之絕對價值所依據的那些知識。顯然得很，這種空氣卻有利於我們心靈之開放。我們開放的心靈總是迫切地準備著依據實績（merit）來接受一切理論，並且判斷一切事物。這種狀態的思想，如果表現於任何顯著的政治或倫理中，那麼便易於與政治中的自由改革主張相結合，易於與倫理中現世的人道主義相結合。無疑，邏輯實徵論所造成的這種心性，是與形形色色的狂執主義之理論基礎所發射出來的心性不甚相容的。自然，這種心性與不寬容和獨斷之論也不甚相容。休謨與穆勒底心性是開放的心性之代表。當然，邏輯實徵論者在面對傳統哲學而申訴其學說時，在免除不寬容和獨斷態度上，還得作相當的努力，休謨在政治上屬於溫和派，而穆勒則主張激烈的改進，但他卻不贊成革命。

照我看來，英國哲學中極端經驗論的趨向是重自由的與反權威主義的。極端經驗論爲什麼會產生這樣的結果，個中的原因，我們不難看出，權威之爲物，是依據於一種信仰之上的。而激動人心的大多數信仰則是以形上學爲基礎。邏輯實徵論致力於破壞這些基礎。這些基礎一經破壞，要許多人信仰科學所研究的世界秩序以外的任何秩序，當然困難倍增。這樣一來，我們只有信仰客觀的物理事實，而不是信仰這些物理事實所依據的客觀法則。或者，我們是信仰個體，而不是信仰全體政治。吾人需知，這全體政治，不止於是構成它的各個個體之總和而已。的確，我們很難看出受邏輯實徵論這一型類思想嚴重影響的人，怎樣態夠接受黑格爾式的思想。

黑格爾說，國家是超越個體的存在。我們也很難設想邏輯實徵論者如何接受法西斯主義的國家思想。法西斯主義者把國家加上神聖的裝飾，說國家是實現神聖使命的工具，而且國家有其必然的歷史任務。正如愛爾教授所指出的：「法西斯曾擁護某種形式的形上學。可是，在另一方面，只要他們感覺到有實徵論的觀念存在，他們便加反對。」

四

上面所說的種種，照我看來，也是不錯的。可是，我們還得知道其他與之相反的重要看法，這些相反的看法可以使我們知道，播散邏輯實徵論這一類型底思想會腐蝕好的信仰，並且助長不好的信仰。我們現在提出四個這類底看法，並且指出邏輯實徵論易於使人產生那些種類的信仰。

易於腐蝕好信仰的思想，照我看來，是如下的四種：

㈠如果我們破壞那以爲有一客觀價值秩序的信仰之基礎，那麼我們會認爲在實際上信仰此一客觀價值秩序的人都是錯誤的，而且他們的信仰是悖理的。我們所說的這類好的信仰是：甲，有些人底品性以及有些人底行爲確乎比其他的人好；乙，「好」之所以爲好，並不等於任何人或一群人之贊同；丙，即使我們不快意，有些義務總是應盡的。當然，我們還可舉出一些。

復次，支配人們主要目標的力量也會被上述邏輯實徵論的說法削弱。我們現在暫不討論構成良好生活的條件是什麼。但是，我想，良好的生活總包含一兩個主要的目標。而邏輯實徵論的思想則易使我們放棄這類目標，我們在這裡所說的目標，意指那些與宗教有所關聯的目標，與政治有點關聯的目標，以及爲服務人群而確立的目標。當然，其中也包括個人雄心和追求財富之動機。也許，有人完全被一種興味所支配，例如，賭博，考古，甚或捕鳥，這些事體，無論是好是壞，都能使人生充滿了趣味。不過，全心全意去追求一個目標，或滿足一種興趣，是不容易的事。世有以成一事爲樂者，另有人則以毀之爲樂。人間的困難與紛擾遂由此而生。無論如何，這些問題，不能單靠邏輯實徵論底義旨來解決。而且，單靠邏輯實徵論，也不能到達柏拉圖所謂的「民主」生活。柏拉圖所謂的民主生活，在藝術上是波希米亞式的，在處事時是溫和的。

(二)照我看來，邏輯實徵論所主張的倫理情緒和宗教情緒說，把倫理與宗教情緒中所含有的主旨都抹殺掉了。倫理與宗教固常與情緒俱來，但情緒並非倫理與宗教。倫理情緒與宗教情緒乃情緒中之特種。此特種情緒有其悠久性與普遍性。既然如此，可思議地，其中必蘊含悠久而普遍的眞理。所以，這類情緒，不可以個人因受一時刺激而引起的情緒相提並論。

(三)邏輯實徵論對於宗教特別有不利的影響。假定我們說「耶穌是一超自然的人」。這個陳述詞，依邏輯實徵論，不能在經驗中證明。諸如此類底陳述詞在宗教中甚多。如必欲依邏輯實徵論底標準繩之，將皆打入「無有意義」之列。這樣一來，整個的宗教勢將崩潰，宗教一崩潰，影響將爲何如？

(四)在現代哲學或邏輯中，類（class）與系統（system）都是重要的概念。然而，依據邏輯實徵論之徹底經驗論的觀點，類和系統都不能存在。一個類是不能藉官能來直接感觀的，一個系統也是如此。我們可藉官能直接感覺的只是一個一個的個體。（譯者按：此處所謂「個體」，意指構成類的分子。）依此，關於類與系統的陳述詞，都不能有何意義。系統之分殊，可爲制度。我反對法西斯制度，同時我也許會喜歡個別的法西斯黨員，如果系統或制度不存在，那麼「法西斯乃一政治制度」這樣的陳述詞便沒有意義可言。如果這樣的陳述詞沒有意義可言，那麼我們究竟反些什麼便很難說。復次，如果無所謂客觀的對或錯，如果道德判斷是贊同或與否之情底流露，那麼我們就無法判斷法西斯底行爲是罪惡了。

五

邏輯實徵論與傳統信仰是有衝突的。如果一個人是邏輯實徵論者而他同時又信仰上帝，他又相信對優於錯，他又相信有美的價值標準存在，這似乎是自相矛盾的。一個年輕人應用邏輯實徵論的技術，首先產生的結果，是心思活潑，有能力，富於研究精神。這樣下去，他會徹底走向懷疑論之路。他會認爲，這個自然秩序沒有一超自然底秩序爲其基礎。自然秩序底意義與目的是從此超自然的秩序衍生出來的。如果說沒有此超自然的秩序，那麼價值是不實在的，道德也無意義了。

破壞傳統信仰之結果，便是產生我們心靈中的無人地帶。這種情形，有如伊利約（T. S. Eliot）底詩所描寫的。我們知道，「自然忌眞空」，自然界是如此，心靈界亦然。心思活潑，富有能力，而且喜追究底年輕人，如果要他在心靈上長久陷在一種虛懸不定的狀態之中，這是非常困難的事。他底心靈是需要營養的。於是，他要找些主張來擁護擁護，他要找點教義來信仰信仰，他要尊敬些什麼，他要追求什麼目的。因此，在我們這個時代，大家所尊敬和信仰的對象，有神聖的國家，有萬能的黨派，有高於一切的種族等等。圍繞著這些對象，於是凝結了一些教條。這些教條構成我們這個時代底特點，同時也是這個時代之不幸的根源。如法西斯主義，共產主義，和狹義的民族主義等等，都足以形成大禍。法西斯主義已經煙消雲散了。但是，共產主義與狹義的民族主義還是兩個偶像。這兩個偶像勾結起來，影響著一部分現代青年，使他們爲之犧牲。

如果人信仰什麼是滿足一種心理上的需要，那麼信仰愈是強烈和不寬容，便愈能得到一種滿足。所以，在我們這個時代有一特色，就是暴力集團興起，悖理的各種主義盛行。許許多多人以一種不寬容的獨斷態度來抱持共產主義底教條。這種現象，與其說是由於他們所抱持的教條乃一眞理，下如說是由於這些人肯定地認爲這些教條爲眞。簡截了當的和獨斷的教條，使得信之者不寬容，並且強烈地堅持之。因爲這樣他們可以滿足一種心理上的迫切要求。

如果我們在以上所說的還不錯，那麼可見現時不寬容與獨斷論之盛行，是隨道德上的懷疑論與宗教上的不可知論而來的。邏輯實徵論者顛覆我們對上帝的合理信仰，對傳統眞理，好與美等等之合理的承認；而認爲只有關於經驗事物的陳述詞才是有意義的語言。這麼一來，正如有人割嘉禾，而留下空虛的田園。這時，有人散播不寬容和獨斷論的種子，其結果爲何，不問可知。共產主義，一如法西斯主義，乃懷疑主義與虛無主義之自然的副產物。在這個世界上，大多數的人需要一種信仰。而在經驗世界裡，信仰則無處生根。因爲，在經驗世界裡，除了物質運動以外，什麼也沒有。（譯者按：請讀者注意，約德先生在此處所用「經驗世界」，其意指與現代實徵論者所意指的經驗世界不等範。看約德先生底上下文，得知彼用「經驗世界」一詞之所指，實係物理世界。而現代實徵論者用「經驗世界」一詞之所指，則遠較前者為廣。除物理世界以外，心理世界、……總之凡可經驗的世界，無不包括於「經驗世界」一詞之所指中。）物質運動固然可被觀察，但卻不能被信仰。（此二句乃至理名言。——譯者）所以，邏輯實徵論者顛覆合理的信仰，鼓勵悖理的信仰之滋生，並非偶然之事。那位牛津人說的眞不錯：「邪惡的信仰起於拒絕從正確的一面討論人生的基本價值問題。」現代的人，應該三覆斯言。

——原載《民主評論》，卷四期二十一（香港：一九五三年十一月一日）

美國實在論簡史

慕太戈（William P. Montague）原著

慕太戈是美國新實在論底始創人之一。他底重要著作是*The Ways of Knowing*, The Macmillian Company, New York, 1925.

——譯者

一、實在論前期的思想背景

十九世紀末葉，美國哲學界對於經驗論有一點點興趣，對於實在論（realism）則幾乎全無興趣。公教之偉大的多瑪主義的實在論（Thomistic realism），不幸被非公教徒認爲與神學的獨斷諸義之關聯太密切，而對人間世的思想沒有任何重要意義。蘇格蘭學派之實在論，曾經一度頗爲流行於美國，麥科西（McCosi）且曾在普林斯頓大學極力加以宣揚；可是，現在卻已過去了。斯賓塞（Spencer）和漢彌頓（Hamilton）底現象實在論（agnostic realism）在美國大學裡的哲學教學方面影響極微。在裴士．波亞的哲學中我們可以追溯尋出實在論底兩種根源：即有柏拉圖的實在論和特殊主義的實在論（particularistic realism）的痕跡。可是，這種痕跡，並未引起注意。海斯洛普（Hyslop）建立的實在論所遭遇的情形亦復如此。這種實在論是海斯洛普把他底靈魂主義的（spiritistic）信仰與實在論合併起來構成的。克羅斯（Paul Carus）將佛教和心物一元論（psycho-physical monism）混合起來。在這一混合的論說中，含有實在論的要素。可是，這一論說，很少影響學院裡的哲學研究。克羅斯本人在宣揚哲學方面作了許多有價值的貢獻，照理他成就是應該得到美國大學之承認的，可是並沒有。

實在論當時在美國所處的境況如此。然而，唯心論當時在美國所處的境況則大不相同。當時，美國雖有上述那些實在論的趨向，但卻是零星片斷的。而唯心論的哲學，無論是認識論方面還是元學方面，在美國到處都是枝葉繁茂。愛默生（Emerson）和亞勒科特（Alcott）的超越主義（transcendentalism）曾盛行於新英格蘭一帶。甚至在超越主義未曾完全消逝以前，哈雷斯（W. T. Harris）即已在聖路易士（St. Louis）組織了一個團體來研究黑格爾主義（Hegelianism），並且創刊了一種哲學刊物，叫做Journal of Speculative Philosophy。溫雷（Wenley）及其他許多人在米西根大學研究唯心論，於是唯心論在美國中西部底發展得以繼續下去。在加利弗尼亞大學，郝威遜（G. H. Howison）建立了一個多元主義的唯心論（pluralistic idealism）。他在此論說中，把萊布尼茲底單元論（monadism）和斐希特（Fichte）的主觀唯心論作了一個新的綜合。這一論說雖然沒有充分加以發展，但卻極富原創力。郝威遜的人格力量偉大，信念堅定，熱忱動人，於是在太平洋岸鼓起研究哲學的熱心。這一熱心，至今不衰。美國西部亦然。在美國東部，達費遜（Thomas Davidson）於其紐約「自助學院」裡講授一種形式的多元主義的唯心論。這種論說與郝威遜的論說相似，但卻比較富於主意主義的色彩，並且極其富於羅斯米尼（Rosmini）思想的色彩。在康乃爾，普林斯頓、薛爾尼亞、哥倫比亞、耶魯大學有克萊頓（Creighton）等等唯心論者，在波士頓大學有鮑恩（Bowne）等創導「人格主義」（personalism），在哈佛大學，唯心論者有樂伊士（Royce）等人。

在這些唯心論者之中，最大多數的人與其說是屬於黑格爾「左翼」的，不如說是屬於黑格爾「右翼」的。從鮑恩底正教一神主義到樂伊士的人格主義的絕對主義之間，很少有屬於勃萊德雷式的唯心論

（Bradleyan idealism）之斯賓諾莎式泛神論的趨向。郝威遜與達費遜等人逐漸遠離傳統宗教。穆恩斯特伯（Muensterberg）則以極大的原創力將斐希特式的超越主義當做其澈底機械主義的自然主義之面貌。

二、實效論者底反擊

二十世紀是美國哲學上的一個時期。詹士底實效論，在他底偉大著作*Principle of Psychology*（《心理學原理》）中已可預先見及；在一八九八年他於加利弗尼亞大學哲學會致詞中說得很明白；而有系統的闡述則見於他底著作*Pragmatism and The Meaning of Truth*（《實效論和真理的意義》）。在相同的時候，杜威首先在芝加哥大學後來在哥倫比亞大學獨立地創建另一形式的實效哲學，叫做「工具論」（instrumentalism）。杜威雖然是獨立地創建這種論說，可是對於詹士底論說卻賦予密切的同情。詹士底實效論和杜威底工具論都是反對一元論的，並且是反對居於支配地位的唯心論之理知主義的。雖然如此，不過就我所得到的印象而論，詹士之所以反對這些論說，係因這些論說中有玄學上和心理學方面的錯誤；而杜威之所以反對這些論說，係因這些論說有社會學方面和方法論上的種種弱點應予攻擊。所以，二氏雖然同是反對唯心論，可是反對的重點則各不相同。因為二氏有此差別，詹士底哲學則發展成一形上學的多元論。這種論說注重自由意志及個體獨立。這種想法與詹士所說絕對論者之「封閉的宇宙」觀相反。詹士底這種思想也可以叫做人格主義的多元論。這種多元論日後發展成更為完備的多元論，即澈底的經驗論（radical empiricism）。在另一方面，杜威底工具論則逐漸應用於教育問題和社會問題；因此，很少注重傳統的形上學問題，最後則認為這類問題是過時的問題，於是棄而不顧。總而言之，杜威底工具論，無論是在實效論的動機方面還是在其反玄學的結果上，較之實效論要更純粹實效些。

三、新實在論者及其綱領

一九一〇年春天，有六位哲學教授組成了一個團體，目標是爲了闡揚一種新的實在論的哲學，並且爲這種新哲學辯護。這個團體是由這些人組成的：來自哈佛大學的丕理（Perry）及何爾特（Holt），來自普林斯頓大學的馬爾文（Marvin）和史鮑汀（Spaulding），以及來自哥倫比亞大學的皮特金（Pitkin）和著者本人。我們這幾個人在一起開了幾次會。會後我們在一種哲學刊物*The Journal of Philosophy*（《哲學雜誌》）上刊佈了一篇宣言叫做「六位實在論者底綱領和首次宣言」（A program and first Platform of Six Realists）。在發表這篇文章的一年半以後，我們又合著了一本書，叫做*The New Realism*（《新實在論》）。

我們這些人在組成這個團體以前都是實在論者，而且每一個人都曾或明顯或不明顯地著文爲實在論辯護。我記得柏利和我開頭寫了兩篇文章明顯地支持實在論。我們之所以寫這兩篇文章，是受我們底老師樂伊士在其基弗講演（Cifford Lectures）第一集中對實在論所施辛辣的攻擊激勵所致。我於一九〇一年三月在*The Philosophical Review*上發表的文章底題目是「Professor Royce's Refutation of Realism」（〈樂伊士教授對實在論之反駁〉）。丕理底文章是「Professor Royce's Refutation of Realism and Pluralism」（〈樂伊士教授對實在論與多元論之反駁〉）。這篇文章是同年十月載在The Monist刊物上。雖然我們底新團體內的人在形上學方面的看法大不相同，但在某些方法論的設準和認識論的設準上卻有共同之處。我們現在將這些共同之處撮要敘述於下：

㈠哲學家研究哲學時必須以科學家爲例樣，而且應須彼此合作。

㈡哲學家在研究哲學時應須像科學家一樣，把他們底問題獨立起來，並且一個一個去解決，我們研究認識論的問題時，不必涉及事物之最後的性質爲何。

㈢我們必須承認有些特殊的事物，即令我們沒有意識到，也是存在的。[1]

㈣我們必須承認有些共相，即令我們沒有意識到，也是潛在的（subsist）。

㈤至少有些實在的特殊事物以及共相藉著心理影像而直接爲我們所收容。

從上列五個設準中的三個設準，讀者可以看出，我們在通常的實在論裡加入了柏拉圖的思想，並且抽掉了知識底二元論或摹擬說。我們是藉此辦法來修正實在論，並且爲實在論辯護。

四、存在的實在論之論據

新實在論應用於特殊事物的普遍論據並不是新的。這樣的論據是要藉著經驗和推理來指明，我們信以爲眞的事物，並不因其可作吾人覺知底對象而存在。這也就是說，事物底存在與吾人底覺知是獨立的。自然，我們不能藉穆勒底差別法（Mill's method of difference）來證明這一獨立的情形。而且，以此期諸實在論者實屬不公。可是，我們卻不能因此就說，我們不能用其他的方法來證明這一獨立的情形。我們尤其不能因此同意唯心論者底看法，即以爲當事物被吾人觀察時意識便即存在，並且由此論斷事物之存在是以意識爲基礎的。

如果說意識與我們所意識到的事物是一起存在的，那末這個說法不過是一套套絡基（tautology）而已。這一說法不能使我們決定事物底存在或不存在是否以意識底存在爲基礎。我們本此說法不能藉觀察事物底行動來推論它是否可離意識而獨立存在。

這種情形與占星家說星宿同人事有何關聯類似。如果我們要否斥占星家之言，那末我們不能移去星宿然

1 譯註：這是新實在論者底一個重要的設定。關於這個設定之解析的批評，請參看W. T Stace： The Refutation of Realism, H. Feigl and W. Sellars, *Readings in Philosophical Analysis*, Appleton-Century-Crofts, Inc. New York, 1949.

後觀察有何結果以支持我們底否斥。同樣，事物底行動即令與意識同時存在，也不足以證明事物與意識有何恆常關聯。但是，唯心論者卻因此而說意識乃事物存在之基礎。[2]穆爾（G. E. Moore）說，如果（只要）唯心論者能夠假定我們所意識到的事物可與意識獨立，而且認定這只是一種可能而已，那末實在論就得到一半的勝利。因為，我們無論是考慮尋常的見聞或是比較深奧的科學題材，在任一情形之下我們看不出它們是受意識之影響。意識自意識。當著我們說我們底經驗及其變化大部分是以意識及其變化為依據時，我們可不能反過來說意識及其變化係以我們底經驗為依據。在所有的物理「定律」中，我找不出一條是僅因吾人經驗到它它才存在的。

五、潛存的實在論之論據

證明潛存的共相或要素有獨立於人底意識之實在性，與證明特殊事物有獨立於人底意識之實在性，所用的方法是相同的。我們要說明7+5=12，完全靠著說明7，5，和12底性質來進行，一點也不靠意識底性質來說明。如果靠意識底性質來說明，就是「以自我為中心的論斷」（egocentric predicament）以自我為中心的論斷，在形式的知識裡用不著，亦如在特殊事物的知識裡用不著。無論我們這裡所說的形式是數，或藍與黃，它們底關係或完形（configurations）與我們之意識到它們與否毫不相干。自然，一個人在任何時候經驗到哪一個形式或哪一個事件，這是受他底機體之條件所決定的，甚至受他在那一刻的記憶和興趣所決定的。但是，這些主觀因子底作用，與其說是知識底建構條件，無寧說是選擇的條件；而且事物自身必須藉其彼此間的關係來

2 譯註：這種說法，如果從經驗方面著眼，則既不能證實，又不能否證。如欲自圓其說，勢必弄成一套套絡基。「關於經驗的套套絡基」。與「語無倫次」同義。

說明；而不是藉事物與選擇的程序之關係來說明。

六、表徵的知識學說之論據

我們要能知覺一個東西，有兩條途徑可循：一是這個東西刺激我們底機體，例如藉著光波或音波；二是與一個刺激相似的效應可於官能中產生。例如，假若確實有一球體而且它把光波送入吾人眼中，那末我們就會正常地知覺在我們前面的一個球體，並且藉此方式在吾人腦中產生某一特定的效應。但是，如果兩個扁平碟子藉實體鏡子底作用而產生相同的效應，那末我們將會像在別的情形中一樣清楚地知覺到一個球體。每個人會承認這類事實。而且有許多人認爲，因爲我們機體中所發生的效應必須在對於一個事物的覺知以前發生，所以我們所知覺的事物之自身等於我們機體中所產生的效應。這個結論底意思是說，全部的知覺世界就在知覺者內部，而且充其量來只是外在世界底一摹寫而已。

照新實在論者看來，這種說法是認識論的二元論（epistemological dualism）。這一認識論的二元論並不能從那用以支持它的前題中推論出來。我們曾說過笛卡兒（Descartes）、洛克，及其從徒認爲我們所覺知的事物必須等於此物由之而覺知的機體內在的方式。於是他們以爲，既然後者是內在的，所以被覺知的事物也必是內在的。照我們看來，他們所得此項結論是全不相干的。

也許新實在論者一致認爲，我們所知覺的事物看起來是存在於外在世界的。由這一事實產生了一個假設，即以爲這些事物眞是存在於外在世界的。如果有人反對此一假設，那末他就應負證明之責。

七、新實在論與唯心論之關係

唯心論底種種謬誤，就我們所見到的而論，可以簡略地陳敘出來，而且這種陳敘有助於我們釐清自己底思想。

唯心論者最大的錯誤就是他們將知者與被知對象間的關係看作是一「內在關係」，並且認為這一看法是不證自明之理。

這種看法是唯心論者底第一種獨斷之論。同時，這一種獨斷之論是唯心論者底基本設準。唯心論者底其他許許多多說法是順著這一基本設準推論出來的。從柏克萊（Berkeley）到勃萊德雷（Bradley）以來的唯心論者都持此說。實在論者不承認知者與被知事物之間的關係是一種自明的「內在」關係。可是，實在論者倒也沒有提出對案，認為知者與被知事物之間的關係是一種自明的「外在」關係。實在論者只是認為，被知事物之存在可藉歸納方法來證實。

唯心論者以為世界上沒有事物可離意識而存在。當著唯心論者一旦陷入這一基本設準中時，他就是已陷入一個困境之中。我們知道，這個宇宙顯然是太廣大了，時間也太悠久了。唯心論者不易說這個宇宙之存在是以其有限的經驗為依據。所以，我們必須設定有一無限的經驗。在此經驗中包含著唯心論者之有限的經驗，它並且以此無限的經驗為依據。

八、新實在論與實效論之關係

從最大多數實在論者看來，實效論底基要論旨是由兩個設準構成的：一個是方法論的設準；另一個是認識論的設準。方法論的設準是實際論（practicalism）。實際論所說的是關於一個理論的眞理標準。認識論的設準是相對論（relativism）。相對論所說的是關於一個理論的眞理意義。實效論者之方法論的設準是很有歧義的，而且即令是實效論者自己對它的解釋也各不相同。實效論底基本論旨之一是說：如果一個命辭在實際上有用，或者它能引起成功的後果，那末我們就可以說我們能夠相信這個命辭是眞的。或者，我們也可以說：㈠接受這個命辭便會產生幸福，或㈡產生一個可感覺的經驗，而這個命辭則能預告這一經驗之產生。在這類條件之下，我們可以說我們相信這個命辭是眞的。例如，一個宗教信條可以看作是眞的。因爲，這一宗教信條可使信奉之者行動有效，並且在危機臨頭時可處之以鎭定與勇敢。在這種意義之下，這一宗教信條頗能發生作用，並且在實際上可以導向成功的結果。但是，照我看來，最大多數的實在論者一定認爲一個命辭之爲眞與其能「發生作用」之間的相應關係是極不完全的，而且是極不可靠的。有許多假的信仰曾在長時期內對於許多人發生作用。可是，有許多眞命辭曾使若干信持的人陷入絕望之境，甚至行動癱瘓。如果，在另一方面，我們認爲「發作良好作用」或「在實際上成功的結果」意即「預見可感覺的結果」，那末，我們的確得到一個可靠的眞理標準。可是，這樣的眞理標準，不過是在一個新名義之下的舊式經驗論而已。

但是，一部分實在論者所反對的，主要地並非實效論之方法論的設準。即令實效論之方法論的設準只作「人理的」解釋而不作經驗的解釋，依然不是一部分實在論者主要反對之對象。一部分實在論者所主要反對的無寧是由此設準所產生出來的認識論的設準。我們因爲從一個信念能夠產生有效用的經驗而把這一經驗當做此一信念爲眞之標準，這是一件事；但是，我們假定眞理本身是由其證實的程序所構成，這是另一件事。如以前者爲眞理底標準，則吾人勢必承認心理的事件爲眞，並且勢須承認相對於具有此經驗的每一個體而言也有眞理。我可能由相信「A是B」這個命辭爲眞而經驗到有效用的結果。那末，我們能否因此說這個命辭爲假而經驗到有效用的結果。那末，我們能否因此說這個命辭既眞且假呢？我們能否說這個命辭對我爲眞對你爲假呢？可是，實效論者是這麼說的。實在論者反對實效論者這種相對論的認識論。實在論者認爲，一個命辭底眞或假在其被證實或否證的程序以前即已成立。[3]「火星上住著有智慧的人」這個命辭也許是眞的，也許是假的：不過，這個命辭無論是眞的還是假的，總是在我們發現以前許久即已如此的。如果我們確實發現這個命辭是眞的，那末，除了在哲學上的實效論者由於私究其哲學而想像這一命辭可以變得爲眞以外，沒有旁的人會以爲這一命辭是等到那個時候才變眞的。關於火星的事實，正像世界上別的事實一樣，本來就是那個樣子，無待乎發現或證實，發現或證實對它並沒有影響。[4]

實效論者說，實在論者底這種說法乃一種拜物教，崇拜「抽象中的眞理」。而這樣的眞理永遠不能經驗到，因此也就沒有用處，沒有意義。實效論者還要說，當著實在論者我們說眞理是「判斷與實在間一致」的關係時，實在論者同時還得承認判斷與實在間的這種一致只能在個別經驗中去發現。既然如此，眞理就是相對的了。

照我看來，這種說法又是出於「以自我爲中心的論斷」，不過形式稍有趣味而已。在「以自我爲中心的論斷」之原來的形式中，唯心論者反駁實在論者所說，有離開經驗的「實在」。在「以自我爲中心的論斷」之這一新的形式中，實效論者反駁實在論者所說，有離開經驗的「眞理」。可是，實在論者答覆唯心論者說，雖然我們如不經驗到事實我們便不能觀察到事實；但是，如果我們因經驗到事實而觀察到事實，那末我們找不到任何證據來證明事實與其同時呈現的經驗不是各自獨立的。事實如此，眞理亦然。所謂眞理，乃由事實與我們對於事實所下的判斷之間的一種特別的一致關係。這種一致關係，如無經驗則從來不能發現；但是，當著這些

3 譯註：由何程序得知？這一問題如不解答，實在論者只有訴諸直覺。但粘染科學氣息的實在論者對於直覺似又不熱心。

4 譯註：這種說法底困難，與譯註3所示者在邏輯結構上相等。

事實在經驗中發現了的時候，我們從每一方面都可看出事實與經驗是獨立的。科倫布證實了從歐洲向西航行便有陸地這一假設。牛頓證實了萬有引力假設。畢達哥拉斯（Pythagoras）證明了其幾何學的假設。在這些例子底每一個例子中，他們所已證實了的眞理顯露了一個結構，而這一個結構並不建立於證實的經驗之上，也並不「有待乎」提出證實的經驗方能成立。世上事物底全部性質和行爲替實在論者證實一項結論，即是，一般經驗底功能以及特殊的證實之功能，並不能創造事物，亦非創造我們所經驗到的判斷與事物間的一致性，只是發現之而已。受到個體及其環境間的一切關係之改變的，是我們這些知覺主體，而非那些被知覺的對象。

實效論者有時對實在論者還提出一種抨擊。這種抨擊使實在論者特別感到憤怒。這一抨擊說，因爲事實與眞理並不因爲被經驗而存在，而是有其獨立的存在，所以實在論者也應須認爲經驗是多餘的，並且認爲經驗不使這個世界產生何種差異。爲了反駁這一抨擊，實在論者說意識雖然不在顯示事物存在的動作之中影響事物，可是卻經由感受者底行動而有所改變。我們觀察一個事物，這使我們適應此一事物及其定律，或者甚至使之適應我們底需要。燈籠底光亮並不直接影響夜行人道路上的障礙物，但是這光亮卻可使得此夜行人把它移除。這麼一來，就是此光亮間接影響這一障礙物。有而且只有在這種情形之下，我們才可以說事物受我們對於事物的經驗之影響。

從本節及上節的討論我們可以看出，有關認識論的論爭是三角關係的：唯心論，實效論，和實在論。這三者之中每一種與其餘的二種是反對的。從實在論的觀點看來，唯心論者把尋常的眞理概念當做絕對的東西，它與有限的心靈不是相對的。這一說法是對的。不過，唯心論者認爲所謂事實最後不過是一個單獨的和無所不包的經驗之中的一枝一枝而已，這就不對了。在另一方面，實效論者認爲事實底世界是多元的，這也是對的；可是，實效論者以爲關於這些事實的眞理是與變動和衝突的經驗相對的，並且是以這些經驗爲依據的，這一說法就不對了。

九、新實在論者間的歧見

新實在論者口口共同發起新實在論這一運動，但彼此所抱的理由和興趣殊不一致。大家對形上學的看法，甚至對認識論某些方面的看法，並不一致。在這些歧見中，孰爲最重要的？並且是怎樣形成的？各人的看法，口口不能一致。本文闡述這運動的簡史，我唯有憑著己見，擇我口口最重要的加以討論。作者是新實在論者，倘因此而誤解了同人們的立場，特先於此表示歉忱。

從我底觀點看來，本身最具重要性且對新實在論運動後來的發展具影響力的種種歧異是集中於兩個問題上：第一是關於「意識之『行爲學』的性質」問題；第二是關於「幻覺與錯誤的對象之『相對的』但卻存在的狀況」。關於這兩個問題，丕理及何爾特所持的看法，照我看來是錯誤的。至於皮特金，馬爾文，和史鮑汀對於這些問題的看法，我並不十分清楚。

十、新實在論之諸謬誤：行爲論

關於意識底性質，丕理及何爾特相信，一個人之所以能察覺一個對象，係因他底機體對此對象作「特定的反應」（specific response）。照我看來，一個機體對於一個對象的反應，應須是一個運動（motion）。這一運動可以是簡單的，也可是複雜的。任何運動必定在空間中並且有方向可循。這樣的運動怎樣能夠構成我們（所經驗到的）對於一個對象的「意識」呢？㈠這樣的運動與對象無論如何不相似；除非在極少的情形之下，對象本身就是質點底運動。㈡這樣的運動不能直接趨向此一對象，除非我們底意識之對象是在空間的一事件而且與機體運動同時發生。㈢這樣的運動不足以使我們產生理解次級性質（secondary qualities），抽象的觀念，他心（other minds），或過去和未來事件之能力。㈣最困難的一點，機體底特定反應不能給我們以時間綿續或「構想的現在」（specious present）。時間綿續或「構想的現在」是每個經驗底特點，並且是它與一切其他事件和關係不同之點。每一運動在後一運動來臨之前必定要過去。但是談到意識，情形剛好相反：後一意識發生，並不把前一意識驅走。意識是一個接著一個發生的。

這些反對的論證，足以用來反對舊式的唯物論，更足以用來反對行為論。行為論是把「對於身外對象的意識」與一個「特定的反應」視為一事。所謂「意識」是特殊的自我超越的事物。意識把一個人與對象置於一種關係中。這些對象也許是在別的時空，也許完全不在時空之中。如果意識就是機體裡的某種東西，那末這種東西不是運動，而只能是別的東西。[5]

十一、新實在論之諸謬誤：客觀的相對論

我與我底同儕間的第二種歧異之處，係關於知覺的幻構之對象以及其他錯誤的經驗之地位問題。除非我對我底同儕底學說誤解，否則的話，他們底學說可以叫做「客觀的相對論」。客觀的相對論是說，每一呈現於空間的事物是在空間裡，而且，因為彼此不同和互不相容的事物占有相同的空間，於是一個事物在每一瞬間不能自成一單獨的位置和形狀，而是有許多位置和形狀。每個位置和形狀與某觀察者底關係是相對的關係。

茲列舉一個例子來說明這一點：火車行駛的兩條鐵軌，從月臺看去愈遠則愈現得聚湊起來；可是，如果從空中垂直看去，則覺兩軌是平行的。兩軌之聚湊起來與兩軌之平行是同樣客觀地存在於空間的。但是，在每種情形之下，這一客觀的存在不是絕對的，而是相對於一個觀察者的。總而言之，我們說一個事物是客觀地存在

5 譯註：這類問題，如屬形式的，應交邏輯科學家去研究；如屬經驗，應交經驗科學家去研究。哲學上許許多多問題都該這樣處理。

於空間，這話要包括我們尋常所認為的存在狀態，也要包括幻覺，甚至夢境和幻覺。知覺之實際的對象和可能的對象都得計算在內。

客觀的相對論者很小心地指出，一個客觀的存在是與一個觀察者相對而言的，並且在這一意義之下是以此一觀察者為依據的；但是，這並不是說一個客觀的存在係與「意識」相對的，或係以「意識」為依據的。不過，客觀的相對論有下述的幾種困難。新實在論者因不能解決這些困難，於是產生了批評的實在論。

客觀的相對論底第一種困難，是忽略了知覺之眞實的對象與知覺之幻構的對象間的關係不是對稱（asymmetry）的關係。之所以如此，係因幻構的知覺可藉眞實的知覺來說明；可是眞實的知覺則不能藉幻構的知覺來說明。就前面所舉的例子而論，從某些觀點看去兩條鐵軌是聚湊的；從另外的觀點看去二者是平行的。如果我們假定兩條鐵軌是平行的，我們就很容易說明這兩條鐵軌為什麼並且怎樣以及在什麼時候會看起來像是聚湊在一起的。但是，反之，如果我們假定這兩條鐵軌是聚湊在一起的，那末我們便不能說明兩條鐵軌在平行時為什麼是平行的。夢境與清醒二者間的關係亦然。夢境可用清醒的世界來說明；但是，清醒的世界卻不能藉夢境來說明。

客觀的相對論底第二個困難乃第一個困難底推廣之一種。客觀的相對論者認為，眞實的事物透過那相信的人而發生了作用，甚至在兩種方式之下發生作用。幻構的事物只能在一種方式之下發生作用。茲說明於下：一個存在的事物，無論是物質的或心靈的，產生㈠直接的效果；㈡間接的效果。產生第二類效果的事物並非本來就是存在的，而是適逢其會作為某種經驗之對象。眞實的事物產生㈠與㈡兩類底效果；幻構的事物只能產生間接的效果。試以比目魚與人魚為例。上了鉤的比目魚影響釣鉤，人底胃消化了比目魚。除此之外，比目魚是漁人遐想之對象。這遐想之對象令漁人感興，也許令詩人感興，使他們做某些事體。除非漁人或詩人對於釣魚的事有相當的經驗，否則他們是不會做那些事體的。在另一方面，人魚也是詩人或漁人遐想之對象，並且引起詩人或漁人做了某些事體；但是，人魚從來沒有直接影響一個釣鉤或胃。

可是，客觀的相對論者沒有認清這一顯明的區別，於是荒謬而冒失地說，所謂眞實的知覺之對象比所謂幻構的知覺之對象要較爲「便利」些。

客觀的相對論底第三個弱點乃過於繁雜，可能繁雜到不易運用。關於我們把兩條鐵軌看成聚湊的例子，我們不難給予說明；可是，如果我們在這樣的例子之上再加添一些別的因素，比如說作夢或神經錯亂。我們要藉客觀的相對論來說明這些情形，那就顯得極爲繁雜了。

十二、批評的實在論

約在一九二〇年，有第二批美國哲學家決定合作寫一本書來闡述實在論的認識論。在這一群哲學家中，有山大耶納（George Santayana），史特郎（C. A. Strong），羅傑士（A. K. Rogers），勒夫覺外（A. O. Lovejoy），塞拉斯（R. W. Sellars），普拉特（J. B. Pratt），和德雷克（Durant Drake）。這些哲學家自稱爲「批評的實在論者」。他們將他們合著的書叫做*Essays in Critical Realism*（《批評的實在論論文集》）。他們認爲，如果把對象看作是直接呈現於心的，那末這是粗樸實在論（naïve realism）底一種形式。他們要用「批評的」一詞來表示不贊成某前人所犯「粗樸」之病。

正如較早一批的六位哲學家一樣，這較遲一批的七位哲學家，也只是在認識論方面的見解一致，而在形上學方面的見解則否。可是，如果把他們在形上學方面的各種見解撇開，單看他們對認識論的見解之核心，那末，我看不出他們在這方面有何原創的和豐富的貢獻。他們在這方面的思想只能算是認識論的二元論。認識論的二元論顯見於洛克和笛卡兒，而隱伏於霍布士（Hobbes），斯賓諾莎，以及在柏克萊以前的近代哲學家底思想中。

這種認識論的二元論是很簡單和清楚的。它底論旨可以列示如下：

(一)世界至少是由兩組元目所構成的：1.物質的東西；2.心靈狀態或觀念。

(二)只有觀念才是意識裡的對象。而且在這種意義之下，觀念係直接爲吾人所知，而物質的東西只是間接地爲吾人所知。物質的東西乃觀念之直接的或間接的原因。吾人藉此推知物質的東西之存在。

(三)由推論而得知的物質的東西常常在數量上與直接呈現的東西或觀念不同一。復次，物質的東西至少是一部分地與直接呈現的東西或觀念不同種類或性質。

十三、美國實在論對美國哲學的影響

我們在上面將美國實在論底歷史擇要陳敘了一番。我們現在要提出兩點來結束我們底陳敘。

(一)爲了使我們愉快起見，我們應該記得「未曾證明並非否證」（unproven is not disproven）這一片語。我在前面說過，新實在論把心靈視爲一堆「特定的反應」。茲假定我所說的是正確的。我在前面又說過，批評的實在論恢復了一個舊的疑難並未曾解決它，並且擴大了心靈與物質之間的鴻溝。茲又假定我所說的是正確的。雖然如此，我仍然可以說這兩派共同致力研究的對象，即令尚未得到證明，至少是一尚未遭否證的信念。這個信念是說，物理世界之存在是獨立於心靈的。山大耶納說「信念」是動物生活之所需。同樣，信念乃哲學成長並促致哲學健康之所需。

(二)近來實在論底運動，無論它底說法怎樣，確乎給美國哲學帶來比較令人鼓舞的空氣。

在新實在論來臨以前，學院裡的哲學眞是夠奇怪的。它既不與常識接觸，又不與科學接觸，甚至不與宗教接觸。「概學概論」課程上通常總是要學生信服：㈠柏克萊底物理世界概念對於哲學眞理是根本重要的；㈡這種眞理，一旦接受了，對於任何特殊的信仰又無何基本差異。這樣教學之實際所得，就是使學生獲致一種印象，以爲哲學係一堆詭異的和不重要的字眼而已。至於科學呢？這類哲學家就給予貶抑之詞，動輒說科學方法及科學上的偉大發現是「從經驗底整體中所作殘缺不全的抽象」而已。除了樂伊士以外，像這類的哲學家覺得他們不必通曉什麼專門的知識。關於宗教問題，哲學教授們來回於兩條途徑上：一種是採取不值一談的忽視態度，認爲宗教只是眞正的哲學之粗糙的原始形式。另一種是拿唯心論來防護宗教。持這種態度的人不藉研究宇宙及其歷史，而只藉對認識問題作辯證的解析來輕易地保證上帝，自由，與不朽。

我們要感謝實在論，也要感謝實效論。這些論說之興起，使得大學中哲學底這種淺薄的態度變得深厚了。今日，形上學底教學已經比較密切地與自然科學及社會科學聯繫起來。關於宗教底基本信仰，現在已經不太用唯心論底陳腔濫調來分析，而比較多用宗教信仰與自然知識和歷史的關聯來分析。這麼一來，結果，在一方面，我們更能了解教會底價值和危險：在另一方面，我們把一神教當做一個使人激感和重要的假設，而不當做一個辯證的眞理，也不看作一個純粹獨斷的信念。

總而言之，至少在某種程度以內，關於宇宙底特點及奧祕，我們已經恢復了古代愛奧尼氏的態度。這種情形，對於美國哲學而言，無寧是到健康之路。能使美國哲學回復到這一條健康之路的，我相信大部分要歸功於新實在論和批評的實在論這兩種實在論的運動。

——據手稿排印

經驗論的意義標準之問題與變遷

罕波勒（Carl G. Hempel）原著

罕波勒現任美國普林斯頓大學哲學教授。他是現代居於領導地位的方法論家（methodologists）之一。專門論著頗多，且頗為科學底哲學家所重視。

——譯者

一、引論

現代經驗論底基本論旨，是將一切非解析的知識（non-analytic knowledge）看作是以經驗爲根據的知識。我們姑且將這一論旨叫做經驗論底原理（principle of empiricism）。現代邏輯經驗論者在這個論旨之外，又加一條規格。這條規格說，一個語句僅僅是在㈠解析的或自相矛盾的，或者㈡至少在原則上可付諸經驗的檢證時，才有認知的意義，而且才有眞假可言。依照這一認知意義底經驗標準，傳統玄學裡的許多說法和認識論底大部分都缺乏認知的意義——無論它們所提供的非認知的含意多麼豐富，總是缺乏認知意義的。同樣，曾在經驗科學或其界際上占有地位的某些論說，照現在看來，是不能藉任何可思議的證據來檢證的。所以，這些論說只能算是擬似的假設（pseudo-hypotheses）。擬似的假設什麼也沒有斷說，所以也就沒有說明力或預斷力。

以上所說的經驗論的原理和經驗論者的意義判準，不過是把對經驗論的基本觀點先作一個普通的而又比較混合的說法。所以，對此兩者還得進一步加以釋明與口充。邏輯經驗論在發展底早期，主要的工作是運用這些基本原理和判準來批評哲學的和科學的種種論式（formulations）。近來，邏輯經驗論者多轉趨於積極的工作。他們從事於詳細分析經驗科學底邏輯與方法論，並且藉由此而得到的洞見來釐清和重訂經驗論底基本觀念。本文擬討論這些積極工作所引起的一些問題，以及在這一方面似乎已經確立的一些成績。

二、經驗意義底可檢證性的標準之改變

正如我們在上面所陳示的，經驗論的意義標準是要求在有認知意義的語句中既非解析的又非矛盾的語句必須可予經驗的檢證。[1]我們把這樣的語句叫做具有經驗意義的語句。通常所謂「以經驗爲根據」這個意念是頗爲混含的。可檢證性底概念是要把這一意念弄精確。可檢證性這一概念已經經歷了幾次的改變。這幾次的改變可以反映出我們對於經驗知識底結構之解析精進不已。在本節中，我們要考察這一發展中的主要階段。

爲了敘述的方便起見，我們首先引介三個補助概念（auxiliary concepts），即：㈠可觀察的徵性（observable characteristic）；㈡觀察謂詞（observation predicate）；㈢觀察語句（observation sentence）。如果物理對象底一個性質或一個關係在某一事例中是否出現，於適當情境裡可藉直接觀察來確定，那末這一性質或一關係便叫做可觀察的徵性。例如，「綠」，「軟」，「較長」這些名詞所指謂的乃可觀察的徵性。凡指謂可觀察的徵性之名詞，叫做觀察謂詞。至於觀察語句，即那對於一個或一個以上特定名謂了的事物正確地或

1 譯註：這樣的語句如不能交付經驗的檢證，則依經驗論的意義標準，為無意義者。

錯誤地斷說其有或無某種特定的可觀察的徵性的語句。例如，「艾弗塔（Eiffel Tower）較其鄰近的建築物爲高。」，「紐約自然歷史博物館所陳列的最大恐龍有一條藍色的舌頭。」，這些語句都是滿足上列條件的語句。這後面的一個語句是把一徵性賦予一個特定的對象。而這一徵性——有一條藍色的舌頭——之有無，在適當的情境之下可藉直接觀察來確定。「在過去，有一種觀念不夠清楚的語句，有些事物縱然在實際上不能被我自己觀察到，也許與我同時的人也觀察不到，也許活著的人或未來的人都觀察不到，但『在原則上』，這些事物是可藉直接觀察來研究的。我們現在提出『觀察語句』之概念，係爲了替這樣混含的語句觀念下一精確的解釋。」我們在檢證一個經驗的假設時所可徵引的任何證據。現在都可藉著這種觀察語句表示出來。

我們現在要討論可檢證性底概念之種種改變，因而也要討論到經驗的意義。在維也納學派早期的學人認爲，如果一個語句至少在原則上可藉觀察的證據來完全證實，那末這個語句便算是有經驗的意義。我們藉著觀察語句底概念之助，能夠把經驗意義底這一必需條件從新陳敘如下：如果而且僅僅如果一個語句S能夠指謂一組觀察語句O_1，O_2，……，O_n，而且如果這一組語句爲眞時S也必然爲眞，那末S就有經驗的意義。我們還可以將這個說法比較精確地表示於下：

㈠在原則上完全可證實底必需條件：

如果而且僅僅如果一個語句不是解析的語句，並且是在邏輯上是從一些有限的和在邏輯上一致的那一類的觀察語句推論出來的，那末這個語句便是具有經驗意義的語句。

不過，經驗意義底標準之這一說法有幾個嚴重的缺點。在這幾個缺點之中，此處所要說到的第一個缺點曾爲許多不同的學人指出：

1.可證實性的必需條件將具有普遍形式的一切語句都擯棄了，因此也就將那用來表達普遍定律的一切陳敘詞擯棄了。因爲，具有普遍形式的一切語句和用來表達普遍定律的一切陳敘詞不能夠定然地藉著任何有限的觀察基料來證實。可是，這類語句又是科學理論之主要部分，所以這一可證實性的必需條件在這一方面是限制過分。同樣，這一標準又排斥了那既包含普遍量化項（universal quantifier）又包含存在量化項（existential quantifiers）的一切語句。[2]例如，「對於任何物質而言，有某種能使它溶解的東西存在」。因爲，這一種語句在邏輯上並不能從任何有限數目的觀察語句推論出來。

除此之外，這一標準尚有其他兩個缺點。這兩個缺點似乎還沒有引起廣泛的注意：

2. 茲假定S爲一合乎所設意義標準的語句，而N則爲類如「絕對是完備的」這樣的語句。前述的意義標準不能賦予N句以經驗意義。於是輪選語句alternation S ∨ N也滿足此一標準。[3]因爲，加果S是某有限的觀察語句之類底結論，那末S ∨ N當然也是此同一類底結論。但是，顯然得很，經驗論者之定立經驗論的意義標準，並不爲了容納這種語句。所以，從這一方面看，前述完全可證實性底必需條件又嫌太寬泛。

3. 茲設「P」爲一觀察謂詞。於是，純粹的存在語句「(Ex)P(x)」便是完全可證實的。因爲，這個語句是從斷說某特殊事物具有性質P的任何觀察語句推論出來的。但是，這個語句底否定等於普遍語句「(x)~P(x)」。[4]這個語句顯然是不能完全證實的。所以，在意義標準㈠之下，某些在經驗上有認知意義的語句之否定在經驗上是無意義的。而且，由於這樣的語句既非解析的又非矛盾的，所以它們在認知上無意義。不過，無論我們怎樣退限有意義的討論界域，我們總得堅持，如果一個語句落入此一界域，那

---

2 譯註：普遍量化項即用（α）表出者。存在量化項即用（∃α）表出者。前者例如，「對於X底一切值而言」，……。後者例如，「對於X底有些値而言」，……。

3 譯註：S ∨ N可讀作「S或N」。此處的「或」表示S與N可同真，但不能同假。

4 譯註：(x)~P(x)可讀作「對於X底一切値而言，X不是P」。

末它底否定也得是有意義的。我們可以把這一點說得更明白些：凡夠資格叫做有認知意義的語句正是那些可以說是眞的或可以說是假的的語句。但是，依照㈠便產生一個嚴重的兩難式。這一兩難式，正如剛才的結論之所示者：我們要麼放棄一個邏輯原理，要麼否認「(x)~P(x)」在邏輯上等於「(Ex)P(x)」底否定。這個邏輯原理是說，如果一個語句是眞的或假的，那末它底否定便是假的或眞的。照直觀派對邏輯與數學的看法說來，「(x)~P(x)」在邏輯上等於【編註：應譯爲「在邏輯上不等於」】「(Ex)P(x)」底否定。顯然，我們要使意義標準㈠站得住，便不能保住這樣激烈的辦法。所以，這個標準必須放棄。這個標準在幾方面都引起自我否定的。

嚴格類似的考慮可以應用到另一意義標準。這一標準是把「在原則上完全可以否證」當作經驗意義底界定徵性。茲陳示此一標準如下：如果而且僅僅如果一個語句在原則上可藉有限數目的觀察基料來完全否證，那末這個語句便有經驗的意義。

或者，更精確地說：

㈡在原則上可完全否證的必需條件：

如果而且僅僅如果一個語句底否定不是解析的並且是從在邏輯上一致的某些有限數目的觀察語句之類推論出來的，那末這個語句有經驗的意義。

如果這個標準底反面合於完全可實證性之要求，那末它便可使一個語句具有經驗的意義。既然如此，我們可以想得到，這個標準有像下面所說的毛病：

1.這個標準擯斥純粹的存在假設，例如，「至少有一獨角獸存在」；也擯斥一切混合的語句，即包含普遍量化（universal quantification）和存在量化（existential quantification）的語句。[5]因爲，在這些語句之中，沒有一個可以定然地藉有限數目的觀察語句來否證。

2. 如果一個語句S是可以完全否證的，而N這個語句則不能完全否證，那末S與N之契合S．N便是可完全否證的。[6]因爲，如果S底否定是被某類觀察語句所演遞（entailed），那末S．N底否定更不成問題，它被相同的類所演遞。於是，在這個意義標準之下，許多語句是具有經驗意義的，例如，「一切鵠是白的而且絕對是完全的」。不過，諸如此類的語句，如果依照一個適當的經驗意義底標準看來，那末是沒有經驗意義的，所以應予擯斥。

3. 如果「P」是一個觀察謂詞，那末我們說「一切事物具有性質P」，這個陳敘詞是有意義的，但是這個陳敘詞底否定則否。（參閱1.）這個陳敘詞底否定等於一個純粹的存在假設。所以，意義標準(二)產生像(一)相同的兩難式。

總括起來說，我們藉完全的可證實性或完全的可否證性來解釋可檢證性的意義標準都是不適當的。因爲，從一個方向觀察，二者都失之太窄；從另一個方向觀察，二者都失之太寬；而且，如果二者要站得住的話，必須把邏輯底基本原理予以澈底的更改。

爲了避免上述的幾種困難，有人企圖把經驗的假設部分的可印證性（partial confirmability）當作經驗的意義標準；而且可能把經驗的假設之間接的可印證性（indirect confirmability）當作經驗的意義標準。經驗假設之部分的可印證性或間接的可印證性都是由觀察的證據而得到的。

5 譯註：例如，$\vdash : (x) . Px . \supset . (\exists x) . Px$，可讀做「如果一切X是P，那末有些X是P」。

6 譯註：S．N可讀作「S與N」。此處的「與」表示S與N可以同真，不可以同假，也不可以一真而另一為假。

㈢愛爾（Ayer）所製定的意義標準。這個標準足以表徵這些要建立一個有關可印證性之清楚明白的和足夠廣含的意義標準之企圖。愛爾底意義標準在實際上是說，如果一個語句S與適當的補助假設契合在一起，我們能夠推演出若干觀察命辭，而這些觀察命辭不能單獨從這些補助的假設推演出來，那末這個語句S便有經驗的意義。

這個條件是藉著對於科學的檢證之邏輯結構作比較切近的考慮得來。不過，這個條件還嫌太寬。的確，正如愛爾自己在他底著作*Language, Truth, and Logic*（《語言，眞理，與邏輯》）一書第二版中所指出的，他所建立的意義標準可使任何語句得到經驗的意義。例如，假若S是「絕對乃完全者」這一語句，那末，這個語句可以把「如果絕對乃完全者則這隻蘋果是紅的」這個語句選作補助的假設，俾能演繹出「這隻蘋果是紅的」這一觀察語句。而這一觀察語句顯然不能單獨從此補助的假設推論出來。

㈣爲了應付這一駁難，愛爾最近對此可檢證性的意義標準提出一個修正的說法。這一修正的說法在實際上就是把㈢所說的補助假設限制到兩種語句。一種語句是解析的語句，或者是那能夠獨立地指明其可在修正了的意義標準之下予以檢證的語句。

但是，我們不難指出這個新的意義標準，像完全可否證性底必需條件一樣，允許任何契合語句S．N有經驗的意義。在此契合語句中，S滿足愛爾底意義標準，而N則是像「絕對乃完全者」這樣的語句。這樣的語句係爲這一意義標準所不容者。的確：凡能從S及藉那能成立的補助假設之助而推論出來的任何結論，也可藉相同的補助假設從S．N推論出來。而且，既然愛爾所立的意義之新標準根本是藉著從所設語句推論出來的某種結論而製定的，所以這一標準允許S．N與S契合。這一標準底另一困難爲喬琦教授（Professor A. Church）所指出。喬琦指出，如果有三個觀察語句，其中沒有一個能夠單獨推演出其餘任何一個，於是，任何語句S或其否定，依照愛爾修正的標準都有經驗的意義。

三、可譯性（translatability）

有人認為可以將通常的語言翻譯為經驗論的語言，並且將這一翻譯的可能性當作認知意義底新標準。照我看來，我們繼續藉著意義標準與觀察語句之間的演繹關係來尋求適當的意義標準，這是沒有用的事。過去所建立的意義標準，不是太窄便是太寬。而且這些意義標準經過演繹程序底處理以後，所得到的結果，往往不是經驗論者所能接納的。因為這些結果，依據任何自然語言底文法看來都不能不承認其為語句，可是這樣的語句很難說有經驗的意義。例如，我們在前面所提到過的「絕對乃完全者」便是其中之一。然而，根據前面所說的意義標準，我們卻又不能不承認像這樣的語句是有經驗意義的陳敘詞之構成要素。

當然，在一人造的符號語言裡，這種尷尬的局面是不會出現的。因為，符號語言底文法規律在事先就可以排斥經驗的意義標準所要排斥的任何語句，即是讓這種語句在此一符號語言裡根本構造不出來。我們現在把任何這樣的語言叫做經驗論的語言。這麼一來，我們研究意義標準的問題之著手法就全然不同：我們首先普遍徵別可以叫做經驗論的語言的那種語言，然後再定立下列條件。

㈠認知意義之可譯性的標準：如果而且僅僅如果一個語句可以譯成經驗論的語言，那末這個語句便具有認知的意義。

認知意義底這一概念，也許未曾顯明地陳示出來，可是似乎潛藏於經驗論者近年來的許多成就以內。就我所知，這種觀念在開納普（Carnap）底論文Testability and Meaning（〈可檢證性與意義〉）中可以找到根源（尤其是第四部）。

正如任何語言一樣，任何經驗論的語言也可藉指明其字彙和決定其邏輯的規律來考察。所以，在實際上，可譯性的意義標準就是要藉著構成那有認知意義的語句之字彙來徵別有認知意義的語句，並且藉著那支配有認知意義的語句之構造的語法原理來徵別有認知意義的語句。所以，在許許多多語句之中，我們要排出那些語句並且說它們是有認知意義的，這視我們如何選擇字彙和構造規律而定。我們現在考慮一個特定的可能性：

㈡如果一種語言L滿足下列的條件，那末我們說這種語言是經驗論的語言：

1. L底字彙包含：

⑴在語句底型定中所用的通常邏輯字眼。在這些字眼中，尤其包含「不」，「與」，「或」，「如果……那末……」，「一切」，「有些」，「一切事物底類，於是……」，「……是類底一個要素……」；

⑵某些觀察謂詞。這些觀察謂詞構成L底基本經驗字彙；

⑶可藉⑴與⑵項下的東西來界定的任何表式。

2. L底語句形成規律是在某些現代邏輯系統裡所定立的規律，例如在*Principia Mathematica*中的。

上述諸規律在實際上是規定：如果語言L底一切語句都可藉物理事物之可觀察的徵性並藉通常邏輯字眼之助表達出來，那末這種語言L就是經驗論的語言。我們現在將屬於這一種類的任何語言叫做狹義的事物語言（thing-language）。復次，我們可以將經驗論的語言之基本的經驗字彙看作是由現象論的名詞所構成的。現象論的名詞中的每一名詞指謂知覺或感覺底現象之某一方面。我們要構作適當的現象論的語言是非常困難的。最近經驗論者底注意力則是集中到語言底潛力方面。這些語言底基本經驗字彙是由觀察謂詞構成的。

如果我們照㈡底意義來解釋經驗論的語言，那末可譯性的意義標準便免除了上述其他意義標準底那些缺點：

1. 我們對於經驗論的語言之徵別，把普遍量化和存在量化各予顯明的安排。因爲，沒有任何型式的量化陳敘詞在一般情形之下被排斥於有認知意義的討論界域以外。

2. 像「絕對乃完全者」這樣的語句，在經驗論的語言裡構作不出來。

3. 在有合於*Principia Mathematica*的語法規律之語言L中，一個語句底否定還是L底一個語句。

4. 這個新標準雖然富於廣含性，可是並不把認知的意義派分給一切語句。像「絕對乃完全者」這樣的語句不能翻譯成經驗論的語言。因為這種語句底關鍵名詞不能藉純邏輯字眼和觀察名詞來界定。

四、傾向名詞與理論構項底問題

不過，這個新的意義標準在一個重要的方面還是嫌太窄狹。我們現在要討論這一點。如果經驗論的語言是依照三㈡來界定的，那末，只有當一個語句之構成的名詞是經驗的並且是顯明地可藉觀察謂詞來界定時，可譯性的意義標準三㈠才許這個語句得到認知的意義。但是，即令是物理科學底許多名詞也不能這樣界定。這麼一來，此一意義標準迫使我們擯斥一切包含著這種名詞的科學假設。因為，根據此一意義標準，這樣的科學假設是缺乏認知意義的。這種結果，完全是科學家所不能忍受的。

例如，溫度概念所處的情形正是如此。乍看起來，「某物X底溫度為攝氏一百度C」，（或者簡單底說，「$T(X)=C$」），似乎可藉這一語句來界定(D)：$T(x) = C$，如果而且僅僅如果下列的條件滿足了的話：假若一個溫度計與X接觸，那末它就在表上記錄C度。

在此的細節我們且不管，我們且假定此處的界定端（definiens）完全照著可觀察項來製定。不過此處有一非常成問題的方面：在*Principia Mathematica*及相似的系統中，「如果 p則 q」這個成語與「非 p或 q」是同義的。這是條件語句之實質的解釋（material interpretation）。[7]在此解釋之下，如果站在「p」位置的語句

7 譯註：請注意這裡所說的「實質的解釋」有而且只有邏輯技術的意義。這一意義從邏輯中所謂「實質蘊涵」（material implication）而來。在此蘊涵之中，前題可以是假的，而結論可以是真的。依此，在實質的解釋之下，前題是假的時結論依然可以是真的。此外別無夾纏的意含。這種解釋，在常識中似甚創奇，但在經驗科學的推論及數學的推演中，它對我們方便。所以，邏輯家採用之。

是假的，那末具有「如果p則q」這種形式的陳敘詞顯然是眞的。所以，如果我們將在（D）底界定端裡的「如果……，那末……」底意義了解成實質的意義，那末，假若X是不與溫度計接觸的東西，界定端便是眞的。[8]既然在同樣情形之下被界定端（definiendum）一定是眞的，於是界說（D）可使那未曾與溫度計接觸的任何東西之溫度記錄看作是眞的！類似的考慮可以應用到這類名詞，例如「電荷」，「電磁」，「智力」，「電阻」，等等。總而言之，類似的考慮可以應用到一切傾向名詞（disposition terms）。傾向名詞即是表示一個或一個以上在特定情境之下於一定的方式中反應的傾向之名詞。藉觀察謂詞而界定的此類名詞不能由（D）而得到。

因傾向名詞而引起的界說問題之另一應付方法，係開納普所提出並經彼所詳細發展者。這一方法是藉所謂化約語句（reduction sentences）在一經驗論的語言中引介新的名詞。化約語句具有一部分的界說性質，或條件的界說性質。例如，上述溫度概念可藉如下化約語句來引介，（R）：如果一個溫度計與一個東西X接觸，那末，假若而且僅僅假若溫度計上的記錄爲C度，則T(x) = C。

這麼一來，化約語句對通常所謂運作界說提供一精確的型定方式。同時，化約語句可以表示運作界說並非嚴格意義的界說，而無寧是意義底一部分特定化。

如果經驗語言底概念放寬了，那末可譯性的意義標準三㈠也能適用於某些陳敘詞。這些陳敘詞底構成的經驗名詞包含著「經驗構項」（empirical constructs）。所謂經驗構項就是不指謂可觀察項（observables）的名詞，但可在觀察謂詞底基礎上藉化約語句而引介者。

我們所立認知意義底標準，即令用上述普遍形式表出，依然不足以因應高級科學理論的需要。這些高級的

8 譯註：此處所就「實質的意義」之意義，與譯註7所註者相同。

科學理論是藉「理論構項」（theoretical constructs）而建立的。所謂理論構項，例如「絕對溫度」，等等。我們有理由認爲，無論是界說或化約語句都不適於在觀察謂詞底基礎之上來引介這些名詞。我們在此所說的高級科學理論，可以看作假設的演繹系統（hypothetico-deductive systems）。在這樣的系統之中，所有的陳敘詞乃一組基本臆設（assumptions）之邏輯的結論。在這樣的一個系統中，基本陳敘詞及演出的陳敘詞是藉某些理論構項製定出來，或者是藉理論構項所界定的表式製定出來的。所以，在邏輯結構方面，這樣的系統等於數學和邏輯裡所研究的未經解釋的設理系統。這樣的系統可應用於經驗的題材，因此藉經驗的解釋而得到經驗科學理論的地位。對於邏輯系統之經驗的解釋，係藉將系統中的某些語句譯成經驗語言而進行的。這種經驗語言既包含著觀察謂詞又包含著經驗構項。這麼一來，邏輯系統中的語句獲得了經驗的意義，並且是科學理論底基本假設之邏輯的結論。既然如此，翻譯歷程間接地影響科學理論底部分解釋，以及科學理論由之而構成的構項之部分解釋。

我們在前面說過，將自然語言譯成經驗語言，這一翻譯底可能性可作爲認知意義底一適當標準。爲了定立這樣的一個標準，所以我們將經驗語言底概念擴大，以便包括廣義和狹義的事物語言，以及剛才所說的那種經過解釋的理論系統之全部。具有這一了解的話，三㈠終於可作認知意義底一個普通標準。

五、論經驗陳敘詞底「意義」

在實際上，依照我們所得到的意義標準說來，如果一個語句之非邏輯的要素直接或間接地指謂著可觀察項，那末這個語句便是有認知意義的。但是，這一意義標準並沒有說一個有認知意義的語句之「意義」是什麼；這一意義標準尤其沒有說，這一意義是能藉全部可能的檢證程序所揭露的東西來無遺漏地徵別的。的確，一般說來，具有經驗意義底陳敘詞之內容不能藉任何一類底觀察語句來毫無遺漏底表示出來。

㈠我們看著純粹的存在假設或含有混合量化的任何陳敘詞。正如我們在前面所指出過的，在二㈡1.之下，這種陳敘詞並不演遞任何觀察語句。因爲，這種陳敘詞底內容不能藉一類底觀察語句來表示。
㈡即令是最大多數純粹的普遍量化陳敘詞，也只有在與其他適當的觀察語句合併起來時，才能演遞觀察語句。

這後面的一點可加推廣。實際說來，在一切情形中，我們要用經驗的假設來預料可觀察的現象，必需用一些補助性的經驗假設。所以，通常籠籠統統所說的科學假設底「認知意義」，不能僅藉觀察的證據來徵別，也不能孤立起來看。爲要了解經驗語言裡的假設之「意義」，我們不僅必須知道它所單獨演遞的觀察語句是什麼，或者它與補助性的假設合併起來所演遞的觀察語句是什麼，我們還得知道它所演遞的其他非觀察的經驗語句是什麼；以及在此語言中什麼語句印證這一假設或否證這一假設，這一假設與別的假設是否互相印證。換句話說，在一經驗論的語言中一個陳敘詞與此一語言中一個陳敘詞底認知意義乃反映於這一陳敘詞與此一語言中其他一切陳敘詞的全部邏輯關係裡，而不僅反映於它與觀察語句的邏輯關係裡。在這種意義之下，經驗科學底陳敘詞具有較之僅藉相干的觀察語句所表示者有更多的意義。[9]

六、經驗論的意義標準之邏輯位態

有人常常問，經驗論的意義標準之自身是那一種語句呢？顯然得很，經驗論的意義標準之自身並非一經驗的假設：但是也不是解析的或自相矛盾的。這麼一來，經驗論的意義標準用它自己底標準來評判時，是否沒有

9　譯註：這種說法底用意如在提醒科學工作者注意相干範圍之釐定則可；但如不加明文的嚴格劃限，則易使一元論走私而入。一元論到臨科學範圍之時，即科學宣告死刑之日。因為，設整個宇宙為n，科學語句底含蓋範圍無論大到什麼地步能而且只能為n-1，而不能為n。若然，即等於未作斷說（makes no assertion）。未作斷說，何科學語句之有！

認知的意義？如果它沒有認知的意義，那末能有何效準？

也許有人想把這一意義標準看作一個界說。這一界說告訴我們，經驗論者所謂有認知意義的語句是作何了解。如果我們這樣看待意義標準，那末意義標準便不復成一斷說（assertion）。意義標準既不復成一斷說，於是就無眞假可言。但是，這種看法會令人感到這一意義標準是隨意定奪的。不過，這麼一來，就不會引起如此熱烈的論爭了。這一意義標準底內容之論爭和改變，係爲了使它更能適於我們尋查認知的意義。而這一目標正好說明經驗論的意義標準之性質：我們之所以定立這一標準，係爲了釐清並說明一個語句底觀念，而這一語句是作一可理解的斷說之語句。可是，大家都知道語句底觀念是混含的。哲學底任務之一就是移除混含的觀念，而代以比較精確的觀念。結果，經驗論的意義標準所代表的係一語言的方式。而這語言的方式之自身是無所謂眞假的。但是，我們對之得提出適當與否的要求。我們在此對這一語言的方式所提出適當與否的要求有兩方面：第一，哲學的說明必須合理地嚴格分析那待說明項（explicandum）所具有的而又爲大家接受的意義。這一要求涵蘊著經驗的斷說。第二，哲學的說明可使待說明項獲致「理知的重建」（rational reconstruction）。這一要求是屬於邏輯性質的。

從以上所討論的看來，經驗論的意義標準雖然只是一個形式上的方式，可是絕非一個隨意定奪的界說。如果違犯了適當的必須條件，那末這一標準須加修正。如果有更能滿足這些必需條件的方法，那末我們必須去發現它。的確，我們希望在不久的將來關於認知意義底解析中許多尙未解決的問題可以得到釐清。到了那個時候，我們所提出經驗論的意義標準之說法，可代以更適當的說法。

——據手稿排印

附錄

語言世界和經驗世界

一

有許多使用語言的人對於被他們所使用的語言常常懷抱著一種優越感，以爲他們自己是主動的動因（agents），而語言是被動的工具，因此他們高興怎樣調遣語言便怎樣調遣，儼如韓信將兵。他們覺得他們能支配語言，而語言卻不能支配他們。

作者現在要指明，這類的人既不識語言底功能和性質，又不知語言對他們底思想以至於行爲影響甚至支配到什麼程度。

如果人類沒有語言，謊話固然沒有發生的可能，人類底文明是否建構得起來固然也大成問題，但是像「偉大的形上學體系」一定無從建立。如果我們從根本上有健全的語言教育，那末像這一類由語言的濫用和被語言奴役再加上自大狂的想像之構作是不會出現的。

許多人對語言的優越感和受語言所奴役而不自知的事實是怎樣形成的呢？這至少有了下列的幾種原因：

㈠語言的行爲效應。語言活動無疑是行爲底一種。語言行爲產生與之相應的效應。依此，特定的語言行爲產生特定的語言效應。爲了便於說明和了解起見，我們現在拿漢文作例子。和許多歐洲語言比較起來，漢文是難以學會的一種語言。在從前帝制時代，寫通一手文章就可考取功名，因此也就有做官的希望。在現今民制時代，雖然白話文暢行天下，但是能寫通理論文章的人士似乎還不太多。若干希望從「文墨」這條路打天下的人，在經過相當長期努力和掙扎之後，居然能夠寫出「得心應手」的文章，就難免有點像剛學會駕汽車就開快車飛跑的小夥子似的，享有「馳騁之樂」：在這種情緒的充塞之下，自然對於被他們運用的語言發生一種凌越之感，於是也就不容易發覺語言的缺點。比較小心的駕駛者才比較容易發現自己所駕駛的車輛之缺點。

(二)「內住的原因」。作者在這裡用「內住」一詞，毫無哲學意味。我之用它，完全是爲了節省篇幅。這個名詞在這裡不多也不少是作爲一組心理現象之記述的縮寫。如果有人願意粗疏地說在這裡所用的「內住的原因」與「交互制約」是同義名詞，那麼我提不出反對的十分必要的理由。

話說到這裡，我願意順便表示，我對於我所知的一切傳統哲學名詞都無絲毫敬意。什麼「內在」，「外在」，「心靈」，「物質」，「本體」，「存在」，「理性」，等等種種，都是代代相傳的糊塗人造出來迷泥糊塗人的糊塗名詞。拿這些名詞來互相播弄的人除了十足表示無知以外，就是作語言的奴隸時得到一些快感。作奴隸時常是快樂的。我沒有理由相信現代人不犯大錯；同樣，我也沒有理由相信古代人的一切皆足爲後世法。就我所知而論，當著上列傳統哲學名詞有何認知意義（cognitive meaning）的時候，無一不可翻譯爲科學名詞；當著那些名詞不能翻譯成科學名詞時，便毫無認知意義可言。我們沒有理由認爲古代哲學家對於「數」（number）的了解，有像代德金（Dedekind），弗勒格（Frege），羅素等人清楚。我找不到任何理由說，除了這些數學家所說的「數」之概念以外，那些對於數學毫無訓練的哲學家們所創立的「更高的」數之概念有什麼立得住足的地方，或有助於數學的建立。同樣，要想眞正了解「人性」，必須請教行爲科學家，如果說我們可以撇開這些踏實的收穫不理，要去請教玄學家所謂「更深的」人性之了悟才行，那末，這幾乎等於說現代醫學的成就劣於江湖密醫，而必欲捨前者以就後者。當然，江湖密醫們不必緊張，不必憂慮他們底尊嚴和營業之喪失。因爲，迄今爲止，在這個地球上的人類，擁護愚昧的人遠比欣賞知識的人爲多。

我們還是把話題拉回頭吧！

無論是自然語言，還是符號語言，在一習染和約制的實際心理程序中，都有塑形（formulation），同化（assimilation），甚至於型固（stereotyping）意念的作用。既然如此，於是特殊組織和形式的語言，以或多或少的程度，特殊地塑形，同化，甚至於型固我們底思想意念。因此，如果我們底語言組織和形式有某些方面的缺陷或盲點，那末我們底思想意念便無可避免地具有某些方面的缺陷或盲點。這種情形，當我們將幾種語言作比較研究時便不難發現。中國語言是很難表達抽象思想的語言。因此，直到目前爲止，除了極少數有過解析訓練的人士所寫作的以外，很少見到比較乾淨的表達抽象思想的作品。關於這方面的理由，從我們在以後所作比較詳細的討論中可以得到一點了解。

㈢文化背景。中國一般受社會神話拘範的人有對字的崇敬習慣。從前的人講究「敬惜字紙」。這種心理狀態，翻譯成堂皇的說詞，就是「一國的語言文字乃一國精神文化的遺產及其表徵」。遺產不可破棄。所以語言文字必須崇敬，而不可改動。文化人類學告訴我們，愈是原始的人，崇拜的對象愈多。這樣的社會，拜山川河嶽，拜祖宗鬼神，拜天祭地。非洲土人認爲文字符號有神祕的力量。想不到在二十世紀六十年代，還有人從「歷史精神文化」的觀點，提倡拜字。人們一對語言文字有頂禮膜拜的念頭，那末語言文字便多少被神聖化了。語言文字一被神聖化了，自然不容易看出它底毛病，「情人眼裡出西施」。同樣，崇敬者眼裡的一切都是完美無缺的。

㈣日常應用。從比較嚴格的語意解析的眼光看來，自然語言在用來作表達精確思想的工具時破綻百出，可是日常生活中應用自然語言時這種情形即令發生，也不致構成太多的嚴重後果。這也就是說，就日常生活所要達到的目標而言，自然語言將就可以「混」得過去。這並不是說，在日常生活裡，我們使用語言在任何情形之下都不需要精確。不是這樣的。在日常生活裡，我們也常需要精確的語言達到共同生活的目標。可是，當著日常生活語言不足以精確地達到我們底目標時，我們常常利用「語言以外」（extra-linguistic）的因子來協助。例如，當時的情境，姿勢，表情，鐘錶，紅綠燈，路標，拈花微笑，種種等等。在這些項目的協助之下，日常語言底許多毛病常常被「帶」過去了。既然如此，於是它就不容易被一般用者發現出來。

二

一般人常常以爲「說」和「所說」有一種相符。我們現在要考察這種信念（conviction）是否建立於可靠的基礎之上。爲了將這個問題煮乾一點，我們將這個問題再塑形（reformulate）於下：「語言世界」和「經驗世界」等範。我們這裡所說的「經驗世界」，可指物理世界，但不限於物理世界，它也可指心理世界或行爲世界。普遍地說，凡認知作用所接觸的世界，我們一概叫做「經驗世界」。這樣的一個世界底存在，應該是與任何人底任何哲學「立場」不相干的。作者並不認爲討論任何問題都非扯上一個人底哲學背景不可的。如果討論任何問題都非扯上哲學背景不可，而可巧這樣的哲學背景永遠在論爭之中並且得不到一個解決，那末這個被討論的問題便也被置於得不到一個解決的境地了。哲學，並非一個必須時時刻刻頂在頭上的神。

爲了便於現在的討論之進行起見，我們純粹從技術觀點提出下列的假設：

茲有一個世界W，無論我們對它言說與否，它是存在的，而且是與我們對它的言說獨立的。比如說：牛，鬼，蛇，神之存在，與我們對它們言說或不言說毫不相干。

我們現在將這樣的語言世界叫做L。L與W的外範關係有下列三種，不多也不少：$>$ $=$ $<$。L_1表示小於經驗世界的語言世界；L_2表示大於經驗世界的語言世界。如果是前者，我們通常對它的口頭語是「說得少」（assert less）。如果是後者，我們通常對它的口頭語是「說得多」（assert more）。如果語言世界和經驗世界相符，那末L_1和L_2兩條線應須是與W相符；即與L_3相等。但是，並非一定如此，而是有L_1，L_2，L_3三種情

形，可見語言世界與經驗世界不相符。

這種情形，普遍地說，可從用語言序列與感覺序列疏密之差較得到明白的了解。例如，我們現在所控制的表達顏色的序列和溫度序列的詞字之密度遠比我們所感覺到的顏色序列和溫度序列爲疏。音樂序列也是如此。

推論一：既然語言世界與經驗世界不一定相符，所以藉語言世界來了解的經驗世界不必即等於經驗世界。讀羅馬遊記與遊羅馬總有許多不同。

推論二：如果我們要能像某些哲學家所想像的用語言「體系」來再造（re-produce）世界，那末必須在一切情形之下使語言世界與經驗世界相符。但是，這是辦不到的事。因爲，藉上面所說，語言世界永遠不等於經驗世界。至多，語言世界是經驗世界底一部分或一分子。

物理科學是以最經濟的程序，逼近地（approximately）描述那作爲經驗世界底一個層界的物理世界。直到現在爲止，物理科學是描述這個世界之最爲成功的實例。傳統哲學家抓住「心」，「物」，「理性」，「一元」，「二元」，「多元」，這些空泛已極的名詞要來要去，祇能表示他們不能對我們提供任何知識而已。

語言世界和經驗世界之間的外範關係，我們還可從另一說法來表明：

如果我們再把「語言」一詞煮乾一點，叫它做「指謂」，將被它所指謂的任何事物叫做「所指」，那末二者之間有些什麼關係呢？

茲設「指謂」爲S，「所指」爲D，則二者之間的關係有而且祇有下列矩陣所示幾種：

	D	S
(1)	1	1
(2)	0	1
(3)	1	0
(4)	0	0

(一)表示既有某所指又有對它的指謂；(二)表示沒有所指而有指謂；(三)表示有所指而沒有指謂；(四)表示既沒有所指又沒有指謂。

第(四)種情形「無可奉告」，我們現在祇好存而不論。是否僅有指謂的存在而無所指的東西存在呢？多得很！「雪人」就是最聳人聽聞的例子。所謂「雪人」尚未緝捕歸案，而關於牠的報導則已傳遍全球。關於「雪人」如何如何，許多探險家作過不少的描述，但是「雪人」之所指迄今尚未印證。「鬼」似乎也是這類東西，在科學的研究中，常常在某一東西尚未發現之前，我們說它具有那些性質，並假定其存在。然後求證其存在。在這種情形之下，祇有「指謂」而無「所指」的。有待哥倫布去發現的新大陸是這一類的東西。是否祇有「所指」而無「指謂」呢？有的，在我們祇藉直指或姿勢來表示某一事物的存在時，這樣的事物就是祇有「所指」而無「指謂」。

從上面的解析，我們可以知道「指謂」和「所指」相符的情形在三種有重要意義（significance）的可能裡面有而且祇有一種，在其餘的可能裡沒有。由此我們可以得到：

推論三：語言世界與經驗世界相符的情形較少，而不相符的情形較多。

但是，大多數人卻以爲語言世界和經驗世界相符，而實際上二者並不相符，於是發生下列美妙的結果：

(一)謊言有人信以爲眞。
(二)諾言之類的遠期空頭支票有人收受。例如「犧牲這一代以爲下一代」。
(三)形上學體系有人認係眞理。
(四)神話對於社群行爲有支配作用。
(五)教條有助於邪惡的統治。
(六)製造偶像崇拜成爲可能。

有種哲學家以爲「共相」（universals）構成一個自立的世界。這樣的世界是與「殊相」（particulars）獨立的。他們並且由此更進一步把這一「共相世界」加以實化（reification）。這完全是語言世界底投射（projection）所構成的產品。如果我們知道前面所說的第二種情形，即是有可能「指謂」而無「所指」，那末就不會有這種錯誤的想法。像「圓的方」，四邊的三角形，「偉大的小人」，「白晝的黑夜」，沒有人能斷言其存在。因爲，這些名詞之荒謬，凡懂得其中的構成名詞（component terms）之意義或用法的人一望而知。但是，像「絕對是完全的」，「理性是本質」，「宇宙底本體是心靈或物質」，這一類底話，一經說出，使人莫測高深，便以爲其中必定有「一番大道理」。其實，在語意構成方面，這些話之荒謬無稽，與前面那一堆話正同。但是，後者容易引起崇高，廣漠，遍在，和深邃等等情緒和意象，而前者不能，所以後者對於一般人具有搖撼力。

復次，一種語言說出時所在的情境和說者所表現的態度對於群眾也極具影響。如果像「絕對是完全的」這一類的話是在莊嚴的講壇上說出，而目說者底態度莊嚴，加之其人底身分在事先已經佔領了聽者底心田，那末同是這種語言，較之在非莊嚴的場合，非莊嚴的態度，和非被信服的人身所說的，有較大的說服力和感應力。這些因素，對於一般未經開化的頭腦而言，遠較經驗檢證和邏輯推論所產生的力量爲大。可是，場合，態度，身分，這些因素底搖撼力，套在圈內的群眾往往毫未自覺，於是誤將這些因案所產生的感染力與說者所說的那一類底話連在一起，而認爲那些話如何如何「有道理」。其實，一句話之「有道理」或無道理，與這話說出的場合，態度，和說者底身分毫不相干。這也就是說，如果那些話本來就沒有「道理」，那末並不因場合和態度莊嚴以及說者底身分崇高變成有「道理」。如果一句話本來就是有「道理」的，那末並不因爲場合及態度不莊嚴和人身分不崇高而變得無「道理」。在這一關聯中，經驗和邏輯才是我們可靠的依據和判準。

三

這個問題還可以作更進幾步的解析。

㈠是「個體化」（individualization）與事物底分殊。

我們必須明瞭，「這個」，「那個」，並不是事物底屬性，而是語言底一種格式。在起初的時候，人依照知覺的分辨和生活的需要，演變出種種格式。這些格式，將就可以備用。久而久之，它們在我們底思想中成了定型。一成了定型，於是乎也就成爲我們安排，收容，或類分事物的「範疇」。語言格式底使用發展到了這個階段，於是我們常常倒過頭來將事物去迎合語言格式，習之既久，就僵化起來。在日常粗疏的情形之下，已有的格式大致夠用，所以較少甚至於幾乎不發生格式僵化或不夠用的問題。但是，到了有新的事物發生，原有的格式不夠用而尚要勉強去嵌入時，就發生「削足適履」的情形。

我們通常說「這塊石頭」，「那塊石頭」，這種「個體化」的情形在感覺上並無不自然的地方。因爲，我們憑視覺作基礎就可以支持這種劃分。然而，許多情形並非如此。我們讀地理書，書上說金沙江和長江是兩條江。投考初級中學的學生也很容易答出這個題目。可是，如果我們帶這位學生到地圖所示的位置去看，要他劃出一條清楚的界線來分別那是金沙江，那是長江；或者那一粒水分子屬於金沙江，那一粒水分子屬於長江。這位可憐的學童，實際所看見的不過是白茫茫的一片水而已。我們不必說這位學童，即令請丁文江活過來，這件事他也無能爲力，祇好望江興歎。

我之所以列舉這樣的例子，並非與大家爲難，我祇是使那些依語言文字形成的差別而武斷地作差別的哲學家清醒清醒而已。原來人間許多了不起的差別之形成大有語言在其中來幫忙。抽去了語言，那些差別的強度一定大減，或者邊沿變得模糊起來，或者甚至於根本消失不見。

我在以上所說的，並不涵蘊目前存在於這個世界的這些分別一定沒有。我並不是說這個世界祇是一團霧。我祇挑剔這些分別一定都有的說法，而且有類似康德底範疇那樣無可更易（immutable）的想法。更清楚地說，如果個體底這些分殊是有的話，那末我們必須察覺語言在這裡幫了多少忙。我在這裡可以更進一步地指出，對於「個體化」之構成而看，愈是具體事物或低級建構則仰仗語言的程度愈少，而愈是抽離項目或高級建構則仰仗語言的程度愈多。具體的事物，如前所說，常常藉著明指動作就足以徵別它底「個體性」。「這是一匹牛」。藉著手一指即可明瞭。然而，另外許多事物就沒有這麼好辦。我們很難界說，「一個國」底「個體性」。復次，現在我們假設「0」所表示的是0這個符號，而『0』所表示的是0這個數。固然如果有「0」不必即有『0』；但是，如果沒有「0」則一定沒有『0』；至少，在這樣的情形之下，我們要確定是否有『0』，將爲一件極其困難的事。一個純數學系統之依賴語言尤其是一件明顯的事。如果沒有特別設計的符號語言，那末邏輯斯諦克系統（a logistic system）殆將無法構造。

㈡從型模化或製型作用（patternization）來觀察。

這是按著前面討論的更進一步的討論。除了專用名詞（proper name）以外，一切普通名詞都含有製型作用。如果一個名詞底記號設計（sign-design）是專用名詞，但是它底作用爲普通名詞，那末我們還是把它看作一個普通名詞。例如，「甘迺迪是當今的羅斯福」，或「日月潭是臺灣底西湖」。每一個普通名詞是一個類名（class-name）。每一個類名包含著一個類簇，一個類簇是具有某種性質謂詞的建構。這一建構既立，我們可依之容納具有這種性質的一切分子。於是，這就產生了分類作用（classification），分類作用是類簇底運作（operation）。例如，「男生歸男生類」，「女生歸女生類」。

類簇及其運作的分類作用，是我們安排宇宙間林林總總事物的較個體化進一步的一種基本方式。由這種方式，產生各種各樣的格式。但是，無論怎樣，這樣的格式是人爲的產品。這種人爲的產品與天然的產品有時相符，有時不相符，有時夠用，有時不夠用；如果不合用，就得改造；如果不夠用，就得新創。在生物學的分類（taxonomy）中常有這樣的事。

但是，無論那種情形，類簇一經形成，安排事物的型模即藉類簇分子依之而聚集的種種條件或性質而凝成，於是類簇對於引用它來安排事物的人在認知上發生了範限作用。這種範限作用，在一或長或短的使用時期以內，生產拘束思想的效應。許多價値判斷也寄生於其上而不自覺。例如，中國古人夷夏之嚴防，慈禧太后及倭仁先生對於「中國人」之類與「洋人」之類所劃鴻溝，中古時期教權者對於「正教」和「異教」格限之嚴，某些人士對於「富人」之類與「窮人」之類造型之兩極化，種種等等，除了若干別的原因以外，類簇格式之藉語言單位而釘牢，實在是重要的造因。這樣藉實例一引伸，我們就可以明瞭語言桎梏思想之一面。當然，在實際運用感到特別不便的時候，若干語言使用者有一種突破現狀的趨向。不過，在這一開頭，也常有一般維持現狀者出而阻攔。在語言世界，正猶之乎在人理世界之許多層面一樣，也常有這兩種不同的力量之對演。

㈢從成語底使用來觀察。

許多舊式的文人所認爲「好」的文章之最重要的條件之一是寫得流利。這些文人爲什麼特別喜讀或欣賞流利的文章呢？這是因爲流利的文章底表達方式是順著使用該一語言的社群比較共同習慣的方式。這樣的方式在一方面能刺激起最豐富的情緒，聯想，和意象，在另一方面在神經通路中抗力最小，因此讀者所需支付的心理能量較少，於是讀起來也可以得到一種快感。在這種場合，所含的基本單位是什麼？就是成語。

成語是若干文人所喜歡使用的，因此它對於一般人的影響也較大。成語對於一般人的影響在這幾方面：第一，限定思想的製模作用；第二，主導的刺激作用。

對於若干人而言，成語的製模作用遠較類簇底製模作用顯著。例如，中國人好說的「四喜」，「八福」，「十景」，「十八羅漢」，等等。這類成語一旦被大家接受了，便又衍出頗爲奇妙的作用：這些成爲一種觀念活動的模式，於是對一般人產生一種去迎合這些模式的強制力。如果說「四喜」，那末我們就覺得很「順」。如果說「五喜」，那麼聽起來怪不順的。其實，「五喜」比「四喜」還多一「喜」，有何不可？這主要是語言習慣凝固了使然；此外，除了中國人喜歡偶數以外，並沒有特別的大道理可言。「八福」也是如此。舊式中國人喜歡「八福」。《六福客棧》就不大順眼，放映不成，有許多地方明明沒有「十景」，也許祇有八景九景。但是，爲了湊足「十全」之數，硬把一個茅亭和一塊爛石頭扯進來，湊成「十景」之數。這是什麼原因呢？這是因爲，如果我們沒有滿足成語鑄成的既成的語言模式——有些所謂的思想模式是既躲在它裡面又撐支在它後面但又與它互爲表裡且在作用上不可分的東西——那末我們總像一個茶杯沒有放平因而重心不穩似的，總求這一形式之滿足。如果沒有滿足，那末就像打麻將三缺一似的，心裡總覺得行不通。這種語言構成的心理習慣也擴張到社會行爲的界域。許多人爲了一個名義，不惜打得頭破血流。學生們爲了爭「第一名」，不知傷了多少腦筋。現在雖然已到二十世紀六十年代，可是傳統的中國人還是拜名教（fetishism of name）底教徒。拜名教之所以勢力浩大而且維繫於不墜，主要的原因之一在此。

對於一般人而言，特別在傳統中，成語成爲定律。成語在傳統中對於一般人的思想影響力遠大於科學定律。一片語言如果成爲成語，在傳統中很少人懷疑它底眞實性而願意交付檢證的。一片語言之成爲成語的原因常常很複雜。證驗反而是其中最弱的一環。社會活動的背景，群體行爲趨向，文化型模，風尚和價值判斷，等等可作認知研究的題材，但它們本身卻不是認知的因素。這些因素是產生並且支持成語的有力因素。如果一個成語可巧是眞的，那末藉著它壓倒性的風行草偃之力把一個眞實的認知擴散到該一語言社群全體去。如果一個成語可巧是假的，那末它也同樣把一個假的認知擴散到該一語言社群全體去。因爲，就一個群體而言，眞假底決定，不是靠證明（evidence），而是靠從合（conformity）。例如，「有其父必有其子」，「青出於藍而勝於藍」，「物極必反」，「多行不義必自斃」等等，都是不可靠的話。但是，社會裡有些人把這些話看作至當不移的眞理，於是由之而產生出種種不可靠的信念和判斷。在一個社群中，特別在一個「尙同」的社群中，有幾個人有知力和勇氣突破大家共同接受的口頭語？

從另一方面觀察，語言格式或型模有一種良導作用（conductive function）或毛細管作用。有一句俗語說「水到渠成」，這是一方面的情形。這一方面的情形如前所說，就是我們因要「指謂」那「所指」而創造語言格式或型模。可是，在另一方面，卻是「渠成水到」。這也就是說，有了那些現成的語言格式或型模，我們底思緒或想像就像電流碰到電線或水碰到毛細管一樣，照著原有的路線發展下去。這種情形，使交通變得較爲容易。當然，我們底思緒也就於不知不覺之間受它導誘。所以，不同的自然語言對於思緒發生不同的導誘情形。中國從前科舉場中的八股就是很顯著的實例。駢體文也發生這樣的作用。當然，在思想方面原創力大的人，常因原有的語言格式或型模不適於表達新的思想，像舊瓶不能裝新酒，於是突破或放棄舊的格式或型模，而創造新的格式或型模。所謂「文學革命」，就含有這種動因在內。

四

除了上面所指陳的種種情形以外，語言常可構成一個「自治區域」。這種自治區域，從知識底衍發程序（genetic process）來觀察，是從具體的可觀察項經過許多步驟而延伸成爲各級的抽象建構。這一延伸的衍發，在我們底心理上常覺得很「自然」。作爲這種衍發之出發點的具體可觀察項一般人「感覺到」是實在的，於是以爲由之而層層衍出的抽象建構也是實在的。復次，如果稍有哲學訓練的人「覺得」這些具體的可觀察項在感覺形式上模糊，反而不及由之而建立起來的上層觀念建構之輪廓清晰，例如具體的圓總不及幾何中的圓那麼圓，於是他們勇敢地向上邁進一步，認爲具體的可觀察項之可靠性反而不及觀念建構，於是捨「感覺世界」而取「觀念世界」。

許多人以此自得。殊不知毛病就出在這裡。

在這類建構之中，最顯著的有玄學體系。那些玄學體系是不從屬於檢證（subject to test）的。這種所謂「不從屬於檢證」有三種意義：第一、不能在玄學名詞和觀察名詞之間安置座標界說（cooridinate definitions）。第二、玄學的語言表達（linguistic representation）沒有明文的指謂律（rules of designation），沒有明文的級距律（rules of range），沒有明文的眞理律（rules of truth）。第三、玄學體系所表現的是像法律中所說的「孤證」似的「孤理」（unique truth）。假設「孤理」是眞理底一種，而且我們找不出邏輯的理由說它不是眞理，我們也提不出任何理由來說它一定是眞理。這麼一來，我們勢必陷於重大的困境。然而，玄學家們似乎個個都是氣吞河嶽，人人想一統乾坤，要一口吞下整個宇宙。一元論者想用一個獨一無二的體系囊括宇宙人生一切大道理，而不像科學那樣一條一條地來。這樣的一大堆「孤理」，我們不知怎樣處置。基於這三種理由，玄學可以永遠享受「免於被批評之自由」。因此，我們分析「由具體到抽象」所易產生的毛病時不以玄學體系作題材。我們現在以一般知識由之而構成的一般程序作題材。

爲著易於了解起見，我們先從下面的例子著手例示從具體的可觀察項到抽象的建構之程序：

第一圖　F_1

橘子　1st次

這隻橘子，那隻橘子，……0次

第二圖　F_2

蘋果　1st次

這隻蘋果，那隻蘋果，……0次

第三圖　F_3

香蕉　1st次

這隻香蕉，那隻香蕉，……0次

現在，我們將F_1，F_2，F_3合起來，再給它們一個共名，於是可得第四圖於後：

第四圖

水果 2nd次

F_1 F_2 F_3 1st次

第五圖

B

……………………

第六圖

P

……………………

我們把第四圖，以及B，P合起來，可以給它們一個共名「食物」。「食物」是第三次（3rd order）的抽象。一直這樣上去，假若我們願意的話，我們不難得到若干哲學家用以炫示自己高人一等的名詞「實在」（reality）。（我們這裡的「實在」不是古典實在論裡的「實在」。）

我們現在要問：「實在」是否「實在的」（real）？除了說「色即是空」這一路的人（其實他們與我們一樣「好色」，否則這話本身也是多餘的。因爲這句話底本身也屬「色界」）以外，我們總不大好意思說「實在不是實在的」，而要說「實在是實在的」。

我們現在要進一步追問：當我們說「實在是實在的」時，與說這一「實在」基之建構而成的「橘子是實在的」中之「實在的」是否同一意義？這也就是說，「實在是實在的」這句話中的謂詞「實在的」與「橘子是實在的」這句話中的謂詞「實在的」是否同一用法？

我們平常所能拿得到或吃得到的「橘子」是這隻橘子或那隻橘子，嚴格地說，我們平常所能拿得到或吃得到的「橘子」是而且祇是「這隻橘子」或「那隻橘子」而已，我們永遠休想吃得到「橘子」。我們底運氣何以如此欠佳呢？這個問題要認眞解答起來非常煩難。我們在這裡祇略談一下。

「蘋果」，至少在目前與「這隻蘋果」和「那隻蘋果」相對待的場合，並不是一個具體的事物，而是我們創造來統稱「這隻蘋果」和「那隻蘋果」等等的一個類名。一個類名代表一個類簇。一個類簇，正如羅素所說，是一個邏輯建構（a logical construction）。總沒有人能拿一個邏輯建構來充饑。即令某哲學家是一位唯心論者，無論他底哲理怎樣高妙玄遠，他也無法把一個邏輯建構吞下肚裡去。一位唯心論者，當他回到現實世界的生活中時，和我們常人絲毫不能不同。如果我們底腸胃不能消化「蘋果之類」，那末他底腸胃還是不能消化「蘋果之類」。

至於「水果」，在上面所舉的安排中，則是「類簇之類簇」。一個類簇不能是它自己底分子。如果類族和它底分子層次的高下關係類似第二層樓與第一層樓的關係，那末類簇底類族與屬於這一類簇的類簇之分子的關係，相當於第三層樓與第一層樓的關係：中間隔著第二層樓。所以，類簇底類簇，是包含類簇為其分子的類簇。而不是包含分子為其分子的類簇。所以，前者在建構上高於後者一個層次（hierarchy）。這也就是說，後者低於前者一個層次，類簇底類簇，更是無助於營養的東西。循著這一條建構的階梯，可一直上昇到「實在」這一大共名。

所謂「實在」，從以上的解析看來，根本就是建構底結果。因此，如果我們一定喜歡由「實在」這樣寬泛之至的名詞以壯哲學家之行色的話，也未嘗不可。不過，在我們使用這樣的名詞的時候，必須特別當心。在我們說「實在是實在的」時，與說「蘋果是實在的」時，前後兩個謂詞「實在的」記號設計雖然相同，但是用法大有區別，區別在那裡呢？前一個謂詞「實在的」除了基底以外是有建構的；後一個是非建構的（non-constructional）。後一個「實在的」，如果尚有意義的話，那末它祇能是一個簡縮的表達方式（an elliptical way of expressing）來表達「紅的」，「甜的」，「圓的」，……等等性質。顯然得很，作為邏輯結構條件之一的謂詞不能是這些性質：沒有人能說「類族底類簇」是甜的，圓的，……。如果在常識的用名制度之下是將

「實在的」限制於用來陳謂具體的事物的話，那麼後者就是「實在的」，而前者除了基底以外祇能說是「非實在的」。許多玄學的名詞就是在這種打混之上寄生著。

也許有人會說，「實在」，「建構」，不祇於是名言而已，同時還是概念。如果不然，那末這類名言便無所從出，因此也就沒有意義可言。

「概念」一詞，我們有時也使用。可是，當我們使用這個名詞的時候，它底用法不多也不少相當於「名之可復現的型模」（repeatable pattern of name）。這一界說，至少在運作方面很是方便。如果離開了這條平坦大路，我們要認定「概念」是什麼，似乎祇有兩條道路可走：第一條路是歸納；另一條路是方範（prescription）。我們爲了說明這兩條道路，還是拿蘋果作例子。我們要藉歸納方法來建立「蘋果」的概念，勢必把過去，現在，和可能的未來的一切蘋果一隻不漏地採集在一起，將它們所有的通性都找出，憑此來建立蘋果的概念。這種方法並非在經驗上不可能，但是在技術上「礙難辦理」。另一種方法就是像柏拉圖之流所做的，事先建立一個標準，規定蘋果的完全形式是什麼一個東西，「應該」滿足那些條件才算是蘋果。這種方法似乎最省事，而且也頗有助於哲學家底權威之建立。但是，可惜得很，柏拉圖之流這種辦法行了幾千年，到現在大趨崩潰。爲什麼呢？因爲，什麼才是「完美的形式」，什麼才算「應該」，關於這類的問題，如果某些解答可巧被大家無異議贊同的話，的確不失爲一個設準方式；然而，如果不被大家無異議贊同，而且提出兩個以上「應該」的話，那末勢必需要在二者之上又提出什麼才算是「應該」的標準問題。這麼一來，難免弄出「無窮後退」（infinite regress）的情形。這種情形一發生，就一定弄得聚訟紛紜，莫衷一是。所以，這種方法也是不易行通的。爲了便於行得通，我採取與傳統中佔支配地位的實在論的概念觀不相容的概念觀。

上面所舉的例示容易使若干人發生思想上的攪混，因而易於引起無謂的論爭。爲了作顯明的說明，我們現在列舉集合論（theory of sets）裡的例子來顯示建構條件對於「結果」之決定作用。

茲假設有而且祇有1、2兩個元素。

茲提出下列約定（**conventions**）：

A：{ }表示集合；{{ }}表示集合底集合。

B：如果1、2中之任一出現的次數爲N≥2，則照一次計算。例如{1，1，2}＝{1，2}。

C：1、2出現的秩序不計。例如{1，2}＝{2，1}。

D：在1、2中之任一，不能在同一公式裡既爲一個集合底分子同時又爲集合底集合底分子。

依據這些約定，1、2二個元素底可能配列至少可以展開在後面：

(1) {1}

(2) {2}

(3) {1，2}

(4) {{1，2}}

(5) {{1}，{2}}

上面所列的(3)和(4)顯然不同。(3)說的是一個集合裡有1與2兩個元素。而(4)說的是在一個集合裡祇有一個分子，它就是{1，2}這一個集合。(5)也與(4)不同。(5)是說在一個集合裡有兩個分子，即是{1}和{2}。

我們所列舉的這個例子可以表示，即令僅僅有二個元素，但是放在上面所說的建構方式裡，便至少產生出前面所說的五種結果。關於邏輯和數學的建構，自*Principia Mathematica*以降，都有明文的約定可尋。我們循著上面的例示來觀察便不難發現，如果一位哲學家要建立一個形上學體系，他先抓住少數幾個名詞作基本出發點，沿途再加煤加水，實在下難建立一個「大體系」。因爲自然語言底組織不嚴密，發生這種沿路加添新的元素或「走私」的情形時，往往連玄學家自己也察覺不了。

現在我們所要提出的問題是：這樣建立起來的「體系」是否可能有錯？我們底答覆是：如果它不能有錯之可能，那麼便也不能有對之可能。這正猶之乎如果它沒有假之可能，那末便也沒有眞之可能。無論怎樣，我們取之作爲起點的任何始基項目沒有保證依之而作的建構一定爲對與或爲眞的專利。任何建構都無法決定它底眞或假或可解（solubility）。准此，我們不難知道，並非所有的架構擺出一副必然爲眞的架式就一定必然爲眞：同時，在有限的例子裡可以求證的建構，在推廣後不必然可能求證。有名的佛爾瑪最後定理（Fermat's last theorem）正可用來說明這一點。古代畢太哥拉斯定律用代數方程序寫出來便是：

(1) $a^2+b^2=c^2$

這個方程序引起一個問題：如果$a^3+b^3=c^3$或者是$a^4+b^4=c^4$時，整數a，b，c可否求出？或者，推廣地說，在

(2) $a^n+b^n=c^n$

中，如果n>2，那末(2)具有正整數時是否有解？佛爾瑪說(2)在n>2時不能有解。自佛爾瑪以降，許許多多優秀的數學家爲了這條定理絞了許許多多腦汁，但是到現在還無法求解。一九〇八年德國數學教授烏勒夫斯克勒（Paul Wolfskehl）懸賞十萬馬克以求對於這個定理之完全的證明。但是，迄無人能夠得到這筆鉅款。到了第一次世界大戰以後，由於德國通貨膨脹，這筆鉅款所值，竟不到一分錢。大概這就是這條定理底證明吧！

嚴格地說，這類的東西都是臆創（conjecture）。古往今來，不可解的臆創不知凡幾。抽象的建構對於好思想的人之誘惑是這樣大，所以古往今來不停地有臆創出現。但是，我們不要忘記，並非所有的臆創都有一指涉（referent）與之相應。這類高級抽象的臆創，常爲語言所誘發，並且釘著於語言結構之上。所不同的，是數學語言底結構精密，證法謹嚴，一個臆創有解無解，因此比較易於確定。而玄學體系主要是用自然語言構成的。自然語言底結構遠不及符號語言精密，更談不到有何謹嚴的證法。所以，一個玄學體系之眞假，對錯，根本無法確定。所以，它是一堆擬似陳述（pseudo-statements）。當著一堆說詞通不過這類嚴格的檢試時，就

需要訴諸人的尊敬，驚嘆，虔誠，景仰之忱。不過，可惜得很，這些情緒和態度，仍然不能使一堆廢話變成眞理。

依據以上的解析，古往今來的大言壯語，以及與之關聯的不著邊際的言論究竟可信到什麼程度，可思過半了。

Note

Note

國家圖書館出版品預行編目資料

英文譯作：哲學、科學與邏輯、語法，以及其他／殷海光著. 一一初版.一一臺北市：五南圖書出版股份有限公司, 2023.01
面；　公分
ISBN 978-626-317-769-7（平裝）

1.維也納學派　2.哲學

143.89　　111004868

1C1D 殷海光精選輯系列

英文譯作

哲學、科學與邏輯、語法，以及其他

作　　者— 殷海光
發 行 人— 楊榮川
總 經 理— 楊士清
總 編 輯— 楊秀麗
副總編輯— 黃惠娟
責任編輯— 陳巧慈
校　　對— 張耘榕
封面設計— 姚孝慈
出 版 者— 五南圖書出版股份有限公司
地　　址：106台北市大安區和平東路二段339號4樓
電　　話：(02)2705-5066　　傳　　真：(02)2706-6100
網　　址：https://www.wunan.com.tw
電子郵件：wunan@wunan.com.tw
劃撥帳號：01068953
戶　　名：五南圖書出版股份有限公司

法律顧問　林勝安律師事務所 林勝安律師

出版日期　2023年1月初版一刷
定　　價　新臺幣450元